KB150330

공연예술신서 26

달을 쏘다

공 연 예 술 신 서 26

달을 쏘다

김윤미 희곡집

평민사

1994년에 첫 번째 희곡집 『상자 속 여자』를 평민사에서 출판한 지 6년만에 두 번째 희곡집을 출판하게 되었다. 불만과 강박관념으로 둘둘 뭉쳐진 상태로 쉬지 않고 희곡을 써왔다. 또 하나의 성과물을 세상에 내놓는 두려움도 크지만, 이제는 더 이상 연극세계가 낯설지 않다.

이 희곡집에 첫 번째로 실린 「체어」는 이미지 중심 연극을 주로 공연하는 극단의 요청으로 일 년 동안 생각해오다 최근에 완성한 작품이다. 처음에 '의자'라는 물체에 대해 의미를 부여하면서 생각하기 시작했다. 그러면서 '의자'가 가지는 의미가 서구문명의 상징체계로 작용한다는 사실과 오히려 인체를 구속한다는 것을 알아냈다. 그래서 작품 「체어」에 나오는 의자를 아버지의 권위로 상징했다. 가족의 해체를 향해 치닫는 현대사회에서 한번도 권위를 인정받지 못한 아버지와, 그의 가족들이 겪게 되는 억압을 통해, 권위의 폭력성을 드러내려 했다. 또한 작품 속에 등장하는 가족들이 겪게 되는 '의자'에 대한 기억이나 감정은, 가족의 전통이 해체되고 그로 인해 겪게 되는 정신적 공항 상태를 상징하는 요소가 되기도 한다.

「아들에게로 떠나는 여행」은 모노드라마다. 3부로 구성된 이 짧은 모노드라마 역시 일 년 동안 극단의 요청으로 쓰여진 작품이다. 배우의 삶과 한 가정의 아버지로서의 삶이 어긋나면서 주인공의 예순한 번째 크리스마스날 저녁에 일어나는 환상과 회상의 형식으로 이루어지는 극이다. 배우의 요구조건과 연출가의 요구조건 사이에서 오래 미적거리다가, 어느 누구의 요청도 받아들이지 않고, 오기와 독단으로 완성한 작품이다. 연극도 사람의 일이라, 서로 협력하지 않으면, 내일 일은 알 수 없다는 생각을 하게 한 작품이지만, 역시 작품은 작가의 의지대로 탄생한다는 사실을 알았다.

「달을 쏘다」는 내가 생각해도 이상한 희곡이다. 이 희곡 속의 인물들은 모두 실재 인물들을 모델로 해서 재생산했지만, 내가 만났던 실재하는 인물들과 전혀 별개의 인물들이 된 것이다. 그럼에도 실재했던 인물들의 슬픔과는 많이 닮아있다. 어쩌면 나는 그들의 어두운 면만 기억하고 있는 것은 아닌지. 그 부분만 확대한 것이 아닌지… 만약 그들 중 한 명이 이 연극을 본다면, '어디서 많이 본 것 같은데 누구지?' 하고 말할 것이다.

「달을 쏘다」라는 제목은 윤동주의 산문제목에서 따온 것이다. 산문내용보다는 제목에서 어떤 강한 느낌을 받았다. 생의 이면, 어두운 밤과 꿈의 이미지. 우리는 어딘가 홀려 이 지난한 삶을 견디는 게 아닐까….

「달을 쏘다」는 문예회관 소극장에서 2000년 4월 20일에서 5월 7일까지 극단 반딧불에 의해 초연 되었다. 임경식 연출에 유태균, 이성후, 백경희, 김동찬, 오재균, 최병모, 김수현, 장은화, 이활경, 강효정, 남재욱, 김은주, 오동현, 김종대, 전세류의 출연으로 공연되었는데, 대본 그대로 공연되었다. 물론 연출적인 아이디어가 많이 가미되기도 했다. 비둘기 장면이 끝에서 다시 인용된 점이나, 배우들 연기의 그로테스크함과 코메디적인 요소가 가미된 것도 그것이다. 마치 죽은 글자들에게 생명을 불어넣어 배우라는 실체를 볼 수 있도록 한 마술사들 같았다.

「배꼽」은 산울림소극장에서 2000년 4월 20일에서 5월 20일까지 윤우영 연출가에 의해 초연되었고, 배우 이연규, 양재희가 출연하였다. 이 공연에서 연출가는 무대를 우물로 설정하여, 무대에 방수처리를 하고 물을 채워 공연했다. 푸른 색 무대배경에 푸른 조명, 스무 개의 등롱을 설치하고 물위에 섬처럼 떠있는 공간에서 배우가 연기를 하고, 회상과 분신은 물위를 걸어다니며 공연했다.

무대는 거대한 양수 속에 떠있는 것 같았다. 대본도 많은 부분 삭제하고 정리하여 공연되었는데, 연출가는 그 점에 대해 미안하게 생각했다. 그러나, 나는 신선한 충격을 받았다. 연극이 어떻게 희곡만으로 이루어지며, 그것을 작가만의 소유물이라고 주장할 수 있겠는가. 희곡이 연극이 된 이상, 그 작품은 공연되는 순간만큼은 배우, 연출가, 스텝들의 작품인 것이다. 결국 박제된 글씨로 희곡만이 홀로 남게 되겠지만….

「낙원에서의 낮과 밤」은 1995년 11월 21일에서 11월 29일까지 극단 작은신화와 김동현 연출로 연우소극장에서 배우 유하복, 최성희, 김소현, 양영조, 김왕근 출연으로 공연되었다. 가면 쓴 무리로는 배우 이은정, 장금준, 안혜정 등 세 명이 출연했다. 이 작품은 또한 '극작워크숍' 7기 작품집으로 『한국 극작워크숍 희곡집』(평민사)에 실려 있다. 시인이 등장한다는 사실이 이 책에 실린 희곡과 약간 차이가 나지만, 이야기 흐름은 크게 다르지 않다.

희곡을 계속 쓰게 된 힘의 바탕이 바로 '극작워크숍' 활동이었음을 고백하지 않을 수 없다. 한상철 선생님, 이강백 선생님, 김창화 선생님과 나중에 합류한 이재명 선생님의 헌신이 없었다면, '극작워크숍'이 9기, 10기로 지금까지 계속되기 힘들었을 것이다.

이 작품에서 노파와 노인이라는 연인과, 사내와 소녀라는 연인, 낙원산장이라는 여관에 숨어사는 지배인과 시인, 그리고 밤에 활보하는 가면 쓴 무리들이 밤과 낮을 통해 전혀 다른 모습을 보여준다. 나는 이들을 통해 어딘가 출구가 막힌 자의 막연한 공포를 그리려 했다. 사람들은, 내가 이 작품의 무대로, 삼팔선 부근의 모텔들에서 힌트를 얻었다고 하면 웃는다.

철조망과 국적불명의 모텔 건물들, 어딘가 숨어있을 지뢰와, 아스팔트,

그리고, 전쟁을 기억하는 노파와 노인세대, 이유를 알 수 없는 공포와 애증에 집착하는 사내와 소녀, 이들의 모습에서 나는 내가 사는 나라의 단절된, 대륙으로의 출구가 막혀 고여있는 듯한 답답함을 드러내려 했다. 길은 계속되어야 하고, 이념도 교환되어야 하고, 사람도 자주 떠나야 하는 게 아닐까. 1994년 그 해는 세기말이 먼 미래처럼 아득할 때였다.

「메디아 환상」은 「메디아 환타지」라는 제목으로 1995년 2월 3일에서 2월 16일까지 문예회관 대극장에서 공연된 작품이다. 김아라 연출. 강수연, 이용녀, 백은정, 김용선, 권용, 홍경연, 오해창, 이연규, 박현미, 강명주 출연, 박동우 이영란 무대미술, 임동창 음악 등으로 만들어졌다. 영화 배우 강수연의 연극 데뷔 작품으로, 화려한 스텝들로 활기찬 공연으로 기억된다. 유리피데스의 「메디아」와 하이네 밀러의 삼부 단막극 중 황폐한 강변, 메디아 소재, 아르고 선원이 있는 풍경을 중심으로 재창작한 작품이다. 쉽게 쓴 탓도 있지만, 대사를 만드는 즐거움도 누릴 수 있었다. 감정을 응축시켜 시를 쓰듯이 대사를 만들었는데, 배우 강수연에게서 뿜어나오는 광기와 잘 맞아떨어졌다는 생각이다.

「결혼한 여자, 결혼 안 한 여자」는 극단 서전의 28회 공연으로 1996년 7월 5일에서 9월 1일까지 샘터파랑새극장에서 초연된 작품이다. 첫 번째 희곡집 『상자 속 여자』에도 수록된 작품이지만, 공연대본 그대로 이번에 다시 싣게 되었다. 많은 부분 대사들을 연출가와 배우들이 자연스럽게 만든 흔적이 보였고, 그 흔적 그대로 옮겼다. 박계배 연출에 강명주, 김세연, 송영재, 윤수림 등이 출연하였다. 1996년 12월 5일에서 1997년 3월 2일까지 샘터파랑새극장에서 서전의 33회 공연으로 다시 재공연될 때는 강명주, 장설하, 송영재, 이미윤 등의 배우가 출연하였다.

그 후 다시 1998년 1월1일에서 3월 29일까지 서전의 39회 공연으로 샘터파랑새극장에서 또다시 공연될 때는 김정연, 장설하, 송영재, 이미윤, 오지숙 등의 배우가 출연하였다. 긴 시간 동안 재공연되었지만, 지칠 줄 모르고 관객을 끌어모은 작품으로, 배우들의 연기와 깔끔한 연출력 등이 작품을 매력 있게 만들었다고 생각되는 공연이었다.

희곡집을 정리하는 지금까지 열 두 작품 정도 공연된 것을 생각하면, 무대 운은 좋았다는 깨달음을 얻는다. 여러 명의 연출가와 작업했고, 여러 명의 배우들을 만났지만, 그들은 흐르는 강물처럼 지나쳐갔다. 가끔, 몇 년 안 만난 사이에 정이 들고, 우연히 무대에서 그들을 만나면 내 일처럼 기뻐진다. 작가의 작품을 최대한 살리면서 생명을 불어넣는 연출가도 만났고, 작품을 새로 구성하면서 자신의 색깔을 살리고 싶어하는 연출가도 만났다. 그들의 영역에 너무 깊이 관여해서도, 그저 방관해서도 안 되는 결론에 도달했다. 그러나, 시간만 충분하다면, 연출가의 재창작은 시도해볼 만하다고 생각한다. 배우의 감정을 끌어내고, 조명과, 스텝, 의상 등, 이 모든 것의 통일성을 조절하고 극의 물꼬를 트는 데도 상당한 시간이 걸리기 때문이다. 이미 창작된 희곡은, 내 의지와 상관없이 자신의 인연을 찾아 여행을 떠나는 것 같다. 만약 이 작품집에 미진함이 남아 있다면, 다음 작품집에서 좀 더 성숙한 작품으로 보상하고 싶다.

평민사에서 희곡집을 출판할 수 있게 되어 이정옥 사장님께 다시 한 번 감사드린다.

김 윤 미

차 례

<장막극>

체　어

등장인물

어머니
아들
딸
아버지
여자애
유리병 속 마네킹 여인

<무대>

무대는 허름한 사진관 내부.
피처럼 붉은 배경막 앞에 등받이 조각이 화려한 고풍스런 의자와 조명
등이 설치됨.
오른쪽 뒷면에는 막이 쳐지고, 삼발 카메라가 있고, 왼쪽 뒷면에는, 집
안으로 통하는 문이 있다.
단순하지만 폭포처럼 쳐진 붉은 배경막 때문에 위태하고 불안하다.

제 1 장 아버지는 누가 죽였을까?

빛이 들어오면, 의자가 보인다.
빛이 줄어들면, 막 건너편 삼발 카메라에 빛이 든다.
사이.
막 건너편 빛이 완전히 줄어들면, 다시 의자위로 빛이 든다.
의자는 텅 비어있고, 의자 양쪽으로 등받이 없는 의자에 앉은 어머니
와 딸이 희미하게 보인다.
어머니는 허벅지를 드러낼 만큼 짧고 검은 스커트에 하이힐, 딸은 남
자양복처럼 생긴 검은 정장차림에 남자용 구두차림. 어머니는 짙은 화
장에 긴 파마머리에 키가 크고 늘씬하며, 딸은 짧은 쇼트컷에 작고 뚱
뚱하다.
지직거리는 텔레비전 화면, 둘은 무표정하게 객석 쪽을 보고 있다.

어머니 저 남자 멋있다. 이목구비도 뚜렷하고, 키도 크겠어. 매너도 점
    잖고, 돈도 잘 쓸 것 같지 않니? 저런 남자들은 대개, 마누라가 못
    생겼어. 못생긴 여자들은 의외로 잘난 남자한테 시집가더라. 열이
    면, 여덟은 그래… 미인박명이라, 미인들은 대개, 팔자가 기구
    해….

    (딸은 별 반응 없이 빈 의자를 본다.)

어머니 기구한 내 팔자! 애는 왜 안 오니?
딸   (무미건조하게) 몰라요
어머니 탈영병이라도 부친상엔 보내주지 않을까?
딸   몰라요.
어머니 니 아버지 여자는 어디 간 거니?
딸   몰라요.
어머니 조선족 여자랑 위장결혼해서 산다더니 별거한 걸까?
딸   몰라요.
어머니 니가 아는 게 뭐 있니?

(리모컨으로 텔레비전을 끈다. 빈 의자를 본다.)

어머니 지긋지긋해! 진작 내다버리던지 부셔버렸어야 해.
딸 내다버렸었죠.
어머니 누가, 감히?
딸 제가요.
어머니 언제?
딸 집 나가던 날 밤에요. 요 앞 사거리 쓰레기 소각장에요.
어머니 그런데 도로 있잖니.
딸 아버지가 다시 주워놓은 거겠죠.

(의자에 앉는 어머니. 딸은 어머니 얼굴을 의아하게 바라본다.)

어머니 이 의자 정말 오랜만이다. 니 아버진 여기 앉혀놓고 고문하길
  좋아했지.
딸 뭐 좀 먹을까요?
어머니 수많은 사람들이 여기 앉아 사진을 찍었지. 화목하고 행복한 표
  정으로 김치….

(부엌에서 수돗물소리)

딸 수돗물을 잠가야겠어요. 아버지는 계량기가 오를까봐 늘 저렇게 틀
  어 놓았었죠.
어머니 (웃는 얼굴을 일그러뜨린다.) 까마득하지만, 니 아버지와 나도 한
  때는 행복했었다는, 생각이 드는구나.

(딸은 왼쪽 무대 뒤로 나가서 수돗물을 잠그고, 음식점 배달 스티커
를 몇 개 가져와 뒤적거린다.)

어머니 우린 가족사진을 찍은 적이 없어. 니 아버진 남의 가족사진에
  열올리느라 정작 자신의 가족사진은 한번도 찍은 적이 없지. 늘
  너와 나, 니 남동생, 이렇게 셋만 찍었어. 나중에 그나마 찍어주지

도 않았지. 얘야, 니 아버지 영정은 뭘로 했니?

딸   주민등록증에서 뽑아 확대했어요.

어머니 어머, 그랬니?

딸   엄마도 봤잖아요.

어머니 못 봤어.

딸   영안실에 눈에 띄게 걸었잖아요.

어머니 사실, 니 아버지랑 마주치지 않으려고 눈을 감고 들어갔단다.
      벌떡 일어나 소리칠 것 같아서 말이다. (주위를 둘러본다.) 영정이라
      도 차려야 하지 않을까? 49일 동안은 혼이 집안에 머문다지 않니?
      일 년 상은 못 차리더라도.

딸   누가요?

어머니 누구든지….

      (딸은 여러 개의 스티커 중에서 두 개를 골라낸다.)

딸   뭘로 할래요? 중국식? 일식? 분식?

어머니 얘가 오려면 벌써 왔어야지 왜 안 오니?

딸   짜장면이나, 초밥, 떡볶이나 김밥, 뭐 적당히 말해 보세요.

어머니 또 탈영한 게 아닐까?

딸   초밥이 좋겠어요. 먹어본 지도 오래 됐거든.

어머니 어제 온다고 전화왔었니?

딸   (핸드폰을 꺼내 누른다.) 엄마도 초밥이죠?

어머니 초밥? 그래, 아무거나. 얘가 오면, 초밥은 안 먹을텐데. 뭐라도
      요리를 해야하지 않겠니? 그 애가 혹시 늦게 오면, 밥이 있어야
      하지 않을까?

딸   (전화한다.) 여보세요? 여기, 고향 사진관인데요, 초밥 삼 인분, 배달
      해 주세요.

어머니 아, 초밥은 싫다.

딸   (수화기에) 잠깐만요… 뭘 드실래요?

어머니 된장국 먹고 싶어.

딸 (수화기에) 아저씨, 된장국 딸려 나오죠?. 빨리 갖다 주세요.

(딸은 전화를 끊고, 어머니는 신경질적으로 일어나 왔다갔다한다. 딸은 메마른 어머니의 다리를 본다.)

어머니 해주기 싫음 해주기 싫다 해. 매가리없는 왜된장 먹기 싫은 거 너도 알잖니.

딸 냉장고가 텅텅 비었어요. 시장도 봐야 하고, 된장도 퍼야 해요.

어머니 풋고추 종종 썰고, 애호박 썰고, 파 숭숭 썰어 한번만 후루룩 끓임 되잖니.

딸 (자신없는 목소리로) 한번쯤, 엄마가 끓일 수도 있잖아요

어머니 너도 직업이 돼봐라. 이런 날 하루쯤은 해방되고 싶은 거란다.

딸 어릴 땐 바빠서 그렇다지만, 지금은 노시잖아요.

어머니 애가, 뭘 몰라. 자격증만 빌려주고 노는 줄 아니? 일 주일에 이 삼 일은 주방관리를 해야하는 게 조리사야. 아, 조리사란 직업을 가져봐. 양념통만 봐도 신물난다 애.

딸 (못들은 척) 가게는 어떻게 처분하죠?

어머니 니 동생이 오면 상의하자.

딸 그 앤, 관심 없어요.

어머니 어쨌든 우린 가족이니까 그애가 오면 해결하고, 정말, 된장 안 끓일 거니?

딸 엄마, 저, 집안에 들어가고 싶지 않아요. 아버지가 불쑥 나타날 것 같아서요. 돌아가셨다는 게 실감나지 않아요. 다락이나, 옥상, 창고 같은 데 숨어서 지켜볼 것 같아요.

어머니 우리를 감시하는 거야. 더럽고 추잡한 상상으로.

딸 아버진 죽었으니까 이젠 그럴 필요가 없게 됐는데도⋯.

어머니 누가, 죽인 걸까?

딸 누가, 죽이다뇨?

어머니 믿어지지 않아. 더구나, 그렇게 엄청난 보험을 들어놓다니. 말 도 안돼. 니 아버지는, 보험들 인간이 전혀 아니야.

딸　일부러 죽였다는 말인가요?

어머니　아니, 대체 누가 그러니?

딸　엄마나 나, 동생. 우린 모두 그러길 바랬죠.

어머니　그랬어. 정말. 아, 어지러워. 끔찍한 상상이야.

딸　현실이에요 엄마.

어머니　너, 우리 중에 살인자가 있다는 말이니?

딸　아버지는 죽었어요. 심장마비라지만, 사인이 확실치 않아요. 장의사
　　가 아버지는 음독자살한 시체 같대요. 연탄가스 중독사한 시체 같기
　　도 하고, 어쨌든 오랫동안 약물중독이 된 몸이래요.

어머니　직업적인 직관이구나.

딸　(주머니에서 속달편지를 꺼낸다.) 그 앤 한 달 전에 제대했어요.

어머니　맙소사. 군대간 지 두 달만에 제대라니, 뭔 말이니?

딸　불명예 제대죠.

어머니　왜?

딸　모르겠어요.

　　(유리문을 두드리는 소리. 모녀는 긴장된 채 서로 바라본다.)

딸　누구세요?

소 리　누나, 문열어.

어머니　왔어, 내 아들! 아들아!

　　(딸이 오른쪽 막 뒤로 사라지면, 어머니는 따라나가려다 거울을 보
　　고 우아하게 양팔을 벌리고 눈을 감는다. 사이. 막 뒤에서 아들이
　　등장한다. 아들은 군복차림에 어딘지 여성스러운 몸짓으로 모자를
　　만지작거리며 등장한다.)

아들　엄마.

어머니　오냐, 내 아들.

　　(아들은 어머니의 품에 무표정하게 안긴다. 어머니는 몸을 떨며 아
　　들을 감싸안는다.)

어머니 아들아, 얼마나 보고싶었는지 모른다.
아들 저도요.

(어머니는 아들의 입술에 뽀뽀를 한다.)

어머니 이리 온.

(어머니 의자에 앉아 아들을 안는다. 아들은 어머니의 품에 안긴다.)

아들 엄마 냄새.
어머니 (아들의 머리냄새를 맡으며) 아, 나도 니 냄새가 좋다.
아들 아버지가 보시면 큰일날텐데.
어머니 걱정마라. 아버지는 죽었단다.
아들 (놀라지 않는다.) 죽어요?
어머니 그래. 자살 같아. 물론, 의문사야. 의사는 심장마비로 판단했단
      다.
아들 그랬군요.
어머니 … 몰랐니?
아들 어디, 여행간 줄 알았어요. 지금은 소백산 철쭉이 한창이잖아요.
      아버지는 이맘때쯤 거기로 사진여행을 가잖아요. 그래서 그 틈에
      몰래 들러, 옛날 일기장을 가지러 온 거예요.
어머니 일기장?
아들 아버지를 죽일 수 있는 방법만 매일 연구한 일기장이죠.
어머니 그게 아직도 있을까?
아들 있을 거예요. 다락 천정을 도배하기 전에 뜯어서 넣어뒀거든요.
어머니 애야, 너, 정말로 아버지가 죽은 걸 몰랐니?
아들 무슨 말이에요 엄마?

(오토바이가 무대 뒤로 도착한 소리. 이어 멀어지는 소리. 딸이 초밥
을 들고 등장한다.)

딸 배고프지? 초밥이야.

아들　난 초밥이 싫은데.

딸　싫음 먹지마.

어머니　니 누나가 변했다.

(딸은 초밥을 탁자에 펼쳐놓고 볼이 미어 터지도록 입에 넣고 씹는다.)

아들　어릴 때 누난 자기가 먹고 싶은 것만 요리했죠.

딸　내가 먹고 싶은 게 뭔데?

아들　김치볶음밥.

어머니　니들 만나자마자 싸울 거니?

딸　그땐, 김치밖에 없었으니까 그랬어. 우리도 남들처럼 엄마가 집에 있었다면, 김치볶음밥만 먹지 않아도 됐을 거야.

아들　하긴, 엄마가 집에 있었어도 마찬가지였지. 엄만, 소풍날 김밥 한 줄 싸 준 적이 없었으니까.

어머니　니들, 아버지가 돌아가셨는데, 먹는 얘기만 할래?

아들　왜 죽였죠?

(어머니와 딸은 서로 얼굴을 바라본 뒤 아들을 본다.)

딸　나?

어머니　아니, 넌 에미를 살인자로 보니?

아들　꿈이 아니라 현실이었던가?

어머니　(아들의 이마를 짚어보며) 애야, 괜찮니? 잘 봐, 내가 누구니?

아들　엄마.

(딸은, 계속해서 초밥을 입이 미어터지도록 먹는다.)

어머니　꿈이 아니라 현실이었다니, 너, 혹시?

아들　말도 안돼.

어머니　오늘 여기 처음 온 거니?

아들　예.

어머니   이미 한 달 전에 제대한 게 아니고?

아들   아, 그거… 불명예 제대긴 하지만, 뭐 상관없어요

어머니   무슨 일이야?

아들   누나한테 다 말했어요.

어머니   뭘 말이니? (딸을 돌아보며) 너, 아니?

(딸은 고개를 가로 저으며 마지막 초밥 하나를 입에 넣는다.)

아들   여긴 변한 게 하나도 없네.

(집안을 기웃거린다.)

어머니   (다급하게) 애!… 들어가지마.

아들   왜요?

어머니   니 아버지 만나면 어쩌려고 그러니?… 아니, 내 정신 좀 봐. 그
       인 죽었지. 죽었어… 그런데 이상한 생각이 드는구나. 니 아버지가
       거기 숨어서 우릴 노려보는 것 같아.

아들   노려보라지요.

어머니   불명예 제대라니. 니 아버지가 알면 또 한 타작 하겠구나.

아들   니 아버지, 니 아버지, 니 아버지, 니 아버지!

어머니   어머, 깜박했어. 니가 듣기 싫어도 그 인간을 니 아버지라 부르
       지 그럼 뭐라 하니.

아들   개나 돼지라고 하세요.

어머니   저런, 그럼 난 뭐니? 개부인, 돼지부인이 되니?

아들   난, 개자식이 되는 거죠 뭐.

(딸이 갑자기 웃음을 터트린다.)

어머니   세상에! 얼마만이니? 세 살 이후로 난 저 애 웃음소릴 들은 기
       억이 없단다.

아들   아버지가 웃지 못하게 창고에 가뒀다지요?

어머니   그러게. 니 아버지는, 어머, 미안하다 애, 개나 돼지는 구식이

잖니.

아들　누나는 가끔 저렇게 웃어요.

어머니　언제?

아들　개나 돼지 얘기하면요.

어머니　하긴, 시골에서 개하고 돼지 키우느라 좀 고생했니?

아들　누나, 배고파. 초밥 말고 뭐 먹을 거 없어?

딸　없어.

어머니　끔찍한 일이었어.

아들　그럼, 밥 좀 해줘. 오랜만에 김치볶음밥 먹고 싶다.

어머니　새벽에 나가 캄캄할 때 논에서 돌아오면, 온 집안이 강아지 똥에, 돼지새끼 똥으로 범벅이었다니까.

딸　싫어. 부엌에 들어가기 싫어.

아들　내가 할까?

어머니　오누이가 강아지 한 숟갈, 돼지새끼 한 숟갈, 지들 한 숟갈, 밥을 퍼먹고 있었지.

딸　어쨌든, 요리는 안 할 거야.

아들　아직도 부엌칼이 무서운 거야?

어머니　이러다간 자식들 개나 돼지 되겠다 싶어, 서울 온 거야. 그래서 온 거란다. 말새끼는 제주도 가고 사람새끼는 서울 가라는 속담도 있잖니.

딸　서울 온 뒤론 더 악몽이었어.

아들　지금도 악몽은 계속되고 있어.

어머니　차라리 꿈이라면 좋겠어. 아니야, 꿈을 깨면 누가 죽였는지 알게 될테지?

딸　우리 중 누군가 하나는 범인이야.

아들　어젯밤 꿈이 현실은 아니겠죠?

어머니　무슨 꿈이니?

아들　아버지가 엄마를 고문하고 있었어요. 저, 의자에 묶어놓고.

딸　(귀를 막는다.) 그만. 듣기 싫어.

어머니　하지만, 어제 일은 아니야… 집나가기 전 얘기잖니. 그러니까…
　　　오 년 전이니? 니가 중2 때였나? 고양이를 죽인 일 기억나니? 그
　　　날 밤, 우린 도망쳤잖니.
딸　　그만, 듣기 싫어. 듣기 싫어.

(어머니와 아들은 딸을 내려다본다.
막 뒤에서 카메라 플래시 펑펑 터지고, 둥근 스포트라이트를 받는
딸의 웅크린 등을 내려다보는 아들과 어머니. 카메라 플래시가 펑펑
터질 때마다 조명은 점점 오그라들면서 피아졸라의 강렬한 탱고음
악이 터진다.)

제 2 장　딸의 환상 ─유리병 속 여인─

무대가 한바퀴 돌면, 텅 비어진다.
어둠 속에서 마이크로 울려퍼지는 딸의 목소리.

딸의 목소리　나도 내 몸에 꼭 맞는 유치장을 가지고 있다. 붉은 병을.

(빛이, 오색빛이 반짝이며 유리병여인을 비춘다. 커다란 유리병 수족
관에 갇힌 나체여자. 여자는 게이여도 상관없다. 여자는 긴 머리카
락으로 몸을 가리고, 입에서는 쉴새없이 공기방울이 부글거린다. 입
술은 붉고, 얼굴은 회칠한 것 마냥 희다. 여자의 유방과 엉덩이는
유리병에 짓눌려 있다….
무대 구석에, 디제이처럼 마이크가 설치된 전자오르간 앞에 앉은 딸
은 검은 선글라스를 쓰고 있다.
한 어린 여자애가 낡은 원피스를 입고, 손거울과 빗을 들고 등장한
다. 여자애는 여장한 아들이어도 상관없다. 여자애는 콧노래를 부르
며 머리를 빗는다. 잠깐 콧노래를 멈추고 이리저리 머리를 돌려본
다. 손거울로 머리 뒤꼭지를 비춰보며 뱅그르르 돈다.
다시 콧노래와 빗질.

여자애의 얼굴에 미소가 떠올랐다가 사라진다.

전자오르간으로 탱고를 연주하는 딸.

여자애는 발뒤꿈치를 들어올린다.

여전히 손거울을 들고 스텝을 밟는다.

거울 속에 미지의 남자가 들어있는 것처럼 엷은 미소를 띠며 춤춘다.

여자애의 발은 능숙하고 새처럼 가볍다.

여자애는 이제 완벽하게 아름다운 드레스를 입고, 왕자와 춤추는 신데렐라가 되었다.

여자애는 끝없이 손거울을 들고 빙빙 돈다.

여자애의 얼굴은 흥분으로 붉어진다.

여자애는 야릇한 흥분으로 쿵쿵 뛰다가 쓰러진다

딸은, 전자오르간을 쾅쾅 치며 연주를 그친다.)

딸   그날은 해가 좋았다. 새들도 소들도 개들도 털을 말렸다··· 나는 머리를 감았다··· 해가 좋았던 것이다··· 열두 살이었을까, 그러니까···. 남자친구가 막 생기기 시작할 무렵이다··· 남자친구가··· 어쨌든 아버지는 굉장히 화를 냈다··· 어머니도 굉장히 화를 냈다··· 내가 너무 자주, 머리를 감는다는 것이다. 너무 자주. 머리를 감는 것은, 아버지에게도 엄마에게도 불안한 징조였을 것이다··· 불안한 징조였을 것이다. 불안한 징조였을 것이다. 화냥년!··· 빗자루를 집어던지며 아버지가 말했다··· 아버지가 말했다··· 화냥년!··· 달려가는 나를 향해, 엄마는 허둥거렸다. 이렇게 양손을 이렇게 벌리며, 이렇게 양손을 벌리며, 저 애가 저러는 것은 내 탓이 아니야. 내 탓이 아니야 내 탓이 아니야 내 탓이 아니야 라고 말했다. 나는 발을 멈추었다. 나는 발을 멈추었다. 나는 발을 멈추었다. 내 발은 멈추어졌다.

(딸은 다시 연주를 시작한다. 이번에는 슬프고 느린 탱고음악이다.

여자애는 어깨를 들썩이며 호흡을 한다.

거친 호흡이다.

여자는 만면에 가득한 미소를 머금으며 고개를 든다.

여자애는 손거울과 빗으로 시선을 교차한다.

생각났다는 듯이 손거울을 보며 머리를 빗는다.

잠깐 생각났다는 듯이 콧노래를 부르며, 거울로 가랑이 사이를 비춘다.

놀란 얼굴을 거울에 비춘다. 다시 가랑이 사이를 비춰본다.

거울로 입 속을 들여다본다.

가랑이 사이를 비춰본다.

다시 입 속을 들여다본다.

가능한 크게 벌린다.

다시 가랑이 사이를 비춰본다.

가능한 크게 벌린다.

더 크게, 더 크게.

여자애의 가랑이가 찢어질 것처럼 바닥에 닿는다.

꼼짝할 수 없을 정도로 주저앉은 가랑이 아래에 손거울이 깔린다.

여자애는 머리빗을 기타 줄처럼 빠르게 손가락으로 긁는다.

딸은 빠른 탱고음악을 연주하다가 갑자기 딱 멈춘다.)

딸 … 그날도 해가 좋았다. 나는 이도 닦지 않고 세수도 하지 않고 머리도 감지 않았다. 손톱도 깎지 않고, 발톱도 깎지 않고 목욕도 하지 않았다. 누군가 오물을 퍼부었다. 냄새나는 육체에 익숙해지는 것은 즐거운 일이다. 너무 하는군. 아버지는 얼굴을 찡그렸다. 그렇게 지저분한 여자는 아무도 사랑해주지 않을 거다. 다행히 아버지는 빗자루를 집어던지며, 화냥년이라고 소리치지는 않았다. 저 애가 씻기 싫어하는 것은, 내 탓이 아니에요 내 탓이 아니에요 하고 엄마는 말했다. 어쨌든…. 육체로부터 멀어지는 것은, 또 다른 감옥을 만드는 것이다…. 또 다른 감옥을 만드는 것이다. 또 다른 감옥을 만드는 것이다.

(딸이 느리게 연주하면, 딸의 자리 조명 점점 어두워진다

빛은 바틀우먼을 비춘다.

느린 탱고음악과 함께 무대 천천히 돌아간다.)

제 3 장 현실

사진관 내부.
1장과 연결된다.
딸을 중심으로 어머니와 아들이 마주보고 있다.

아들　누나가 아파요.

어머니　우린 모두 아파.

아들　아버지도 아팠을 거예요.

어머니　어유, 내 새끼. 어른이 다 됐구나.

아들　아프지 않게 할 수도 있었는데.

어머니　그럼, 네가 그랬니?

아들　뭘요?

어머니　아버지를 아프게 한 사람.

아들　우리 모두 공범이에요. 아버지를 죽인 건 우리들이라구요.

어머니　아유, 머리 아프다. 된장국 먹고 싶은데, 누가 끓여줬음 좋겠다.

아들　누난 요리하기 싫대요. 식칼을 만지면, 누구든 찔러버릴 것 같대
　　　요.

어머니　누굴 찌르고 싶다던?

아들　아무나요.

어머니　그래서 자해를 했을까?

아들　누나는 겁장이니까요.

어머니　겁장이라면 다른 사람을 찔렀을 거다.

아들　저처럼요?

어머니　너?

아들　예. 고양이를 죽였잖아요.

어머니　그랬지. 그땐, 왜 그랬니?

아들　아버지가 엄마를 팼잖아요. 아주 다정하게 어루만진 다음, 울게 하
　　　고, 그 다음 따귀를 때리고, 의자에 묶고 허리띠로 주어팬 뒤 그
　　　다음….

어머니 그만해라

아들 어느 날은 도저히 참을 수 없었어요. 아버지를 죽이고 싶었어요. 무조건 칼을 들고 나가려는데 누나가 뺏어요. 그래, 밧줄을 들고 나갔죠. 아버지가 좋아하는 고양이가 따라나왔죠. 생각이 바뀌었어요. 자살하는 거보다 고양이를 죽이는 게 낫다 싶었죠. 그래서 고양이 목을 졸랐어요.

어머니 고양이 배를 가른 건 누구니?

아들 누나죠.

어머니 그랬구나.

(딸이 고개를 든다. 딸은 기지개를 켠다.)

딸 이젠 괜찮아요. 말끔해졌어. 된장국 끓일까요?

아들 웬일이야?

딸 기분전환이 됐어. 김치볶음밥 해줄게.

아들 야, 정말이야?

딸 제대기념으로 말이야. 파티를 해야지. 정말 오랜만에 우리 모였잖아.

(딸은 일어나 집안으로 들어간다.)

어머니 넌 군에서 짬밥 만든다 하지 않았니?

아들 그랬어요.

어머니 군대선 삽으로 밥을 푼다며?

아들 무슨 말이세요.

어머니 국은 똥 푸는 걸로 푼다며?

아들 도대체 그런 말은 어디서 들으셨어요?

어머니 니 아버지한테서.

아들 그땐 그랬을 수도 있죠.

어머니 이유가 뭐니?

아들 뭐요?

어머니 불명예 제대한 이유 말이다.

아들 누나한테 물어보세요.

어머니 누나한테 말했니?

아들 예.

어머니 누나 직장에 갔었니?

아들 디제이 그만두고 보험설계사 한대요.

어머니 언제부터?

아들 한 일 년 됐나?

어머니 왜 말하지 않았을까?

아들 엄마가 묻지 않으니까 그렇죠.

어머니 그래, 어느 순간, 그 애한테 뭘 묻는 게 겁날 때가 있단다. 아예
안 물어볼 걸 후회하기도 해.

(챙그랑, 그릇 깨지는 소리. 딸이 파랗게 질려 등장한다.)

어머니 왜 그러니?

딸 방안에 누가 있어요. 수돗물도 다시 열려있고요. 자, 들어봐요.

(모두 귀를 기울인다. 뚝뚝 떨어지는 물방울소리)

어머니 니 아버지가 살아있는 건 아니니?

딸 농담마세요. 아버지는 땅에 묻혔어요.

아들 내가 가볼게.

어머니 애야 조심해라.

아들 걱정마세요.

(아들은 집안으로 들어가고, 딸과 어머니는 경직된 자세로 등받이
없는 의자에 앉는다.
그들 사이에 텅 빈 의자가 놓여있고, 조명은 줄어들며 의자만을 비
춘다.
의자를 비춘 조명이 완전히 어두워지면 막 뒤 삼발 카메라 쪽에 불
이 들어온다.

아버지의 그림자가 카메라 앵글을 조정하면서 경쾌하게 말한다.)

아버지소리　자, 김치하세요. 야쿠자가족 같습니다. 분위기를 띄우세요. 활짝 웃어요. 웃으면 복이 와요. 넝쿨째 들어옵니다. 자, 김치. 좋습니다… 서비스로 독사진 찍어드립니다. 우리 고향사진관에는, 덤이 많습니다. 덤. 인생에 덤이란 얼마나 기분 좋은 겁니까. 보너스보다는 덤이 커 보이죠. 덤으로 드리는 겁니다… 이미 돌아가신 부모님의 사진을 확대해 걸고 싶다면, 빛바랜 흑백사진이라도 좋습니다. 가져만 오시면, 똑같이 확대해 드립니다. 이미 죽은 시간을 확대하는 겁니다. 아니, 추억을, 기억을 확대하는 겁니다. 고통스럽고 힘들었을지라도 과거는 지금 묘하게 우리를 중독시키는 힘이 있는 법이니까요.

(카메라 플래시 펑펑 터지면서, 막 뒤의 조명이 꺼진다. 텔레비전 화면만한 빛이 어머니와 딸을 비춘다. 어머니와 딸은 무표정하게 텔레비전 화면을 보고 있다.)

어머니　세상의 모든 신부들은 좀 야한 데가 있어. 재물이 되려는 통닭 같단다. 너도 언젠가는 저런 날이 오겠지? 와야 할텐데. 처녀로 늙을 수는 없잖니. 그래도 쓴맛단맛 다 봐야 해방되는 거란다. 육체는, 그래, 한 많은 인생에서 놓여나는 거란다. 더 이상 겁날 것도 없어진단 다. 이판사판인 거야. 여자 몸은 몇 번의 고비를 넘기면서 점점 사막처럼 자유로워져. 널 처음 낳을 때, 단단하게 여문 땅이 갈아엎어진 것처럼 느껴졌단다. 피갈이. 그래, 우리는 한겨울에 식을 올렸지. 물 한 그릇 떠놓고 절하고 오두막집에 살기 시작한 게 고작이란다. 요즘 텔레비전에서 나오는 신혼여행이란 있을 수도 없었어. 한때, 니 아버지와 나는 행복했었다는 생각이 잠깐 드는구나… 어머, 저 남자. 참 멋지다. 돈 잘 쓰고 맘도 넓게 생겼지? 저런 남자와 하루라도 살았으면… 내 나이 오십을 바라보지만, 아직도 꿈이 있단다. 다시 시작할 수 있지 않겠니? 돈 많고 명 짧은 마누라 덕에 외로운 남자가 의외로 많다 애. 너, 그런 데는 생각 없니?….

(딸은 권태롭게 껌을 씹는다.)

딸　생각 없어요.
어머니　날 닮았다면 남자한테 인기가 많을 텐데. 넌 니 아버지를 닮았
　　　나봐. 니 아버진 나밖에 모르지. 키 작고 못생긴 남자를 누가 따라
　　　다니겠니? 나니까 살지… 하긴, 끝까지 살진 못했어. 마음이 좀 넓
　　　고 너그러웠다면 집 나가진 않았을 거야. 나, 일부종사하려고 무진
　　　애썼다. 니 아버지가 좀만 기다려줬음 이혼하지도 않았다 애… 정
　　　말, 사귀는 사람도 없니?
딸　없어요.
어머니　돈 많은 남자는 어떠니? 눈 딱 감고 살아. 사랑보다는 돈이 믿
　　　을 만하지 않겠니?
딸　그건 그래요.
어머니　너, 보험회사 다니니?
딸　예.
어머니　아버지 보험 들게 한 사람이 너니?
딸　예.
어머니　그럼, 죽게 한 것도?
딸　아뇨.
어머니　아무래도 이해할 수 없구나. 땡전한푼 안 남길 위인인데.
딸　애는 왜 안 나오죠?
어머니　불명예 제대한 이유가 뭐라니?
딸　말하기 곤란해요.
어머니　곤란할 게 뭐 있니? 모녀지간 사이에. 내가 너한테 비밀로 하는
　　　게 어디 있던?
딸　없었죠.
어머니　그러니까 말해봐. 어차피 알게 될텐데.
딸　모르는 게 약일 수도 있어요. 알게 된다면, 희망을 잃게 돼요.

어머니 돈 많은 남자를 만날 수 없게 되니?

딸 엄마는 담배 사러 간다며 집을 나갔죠. 엄마를 기다리는 동안 정원이 캄캄해지고 유리문에 놀란 내 얼굴이 비쳤어요. 난 울고 말았죠. 열 살인데, 엄마는 절 실망시켰어요. 남들처럼 엄마나 아빠, 둘 중 하나와 떨어져 살았다면, 가정에 대해, 결혼에 대해 희망을 가졌을지도 몰라요. 하지만, 결혼이라든가 가족적인 행복에 대한 기대를 처음부터 가지지 않았어요. 이건 더 비참해요. 아버지 엄마는 내 인생에 초를 쳤어요.

어머니 그래서 초밥을 좋아하니?

딸 (리모컨으로 텔레비전을 끈다.) 애는 왜 안 오죠?

어머니 그 애한테 내가 희망을 걸기라도 한다는 말이니?

딸 그럴 수도 있잖아요.

어머니 무슨 희망을 말이니?

딸 남자다워지는 희망요.

어머니 대체 그게 뭐니?

딸 적어도, 자기 성만은 지키는 것요.

어머니 그 애가 권씨지, 그럼 박씨니?

딸 그런 거 말고요. 아버지 소원대로 남자다워지는 거요.

어머니 남자답지 못하다는 거니?

딸 그럴 수도 있죠.

(음악이 흐르면서, 무대 돌아간다.)

제 4 장 아들의 기억

(조명이 들어오면, 의자에 묶여있는 아들.
허리띠를 손에 들고 뒷짐진 아버지는 아들을 향해 관객에게 등을 돌리고 서 있다.

아들은, 간간이 버릇처럼 턱을 흔든다.

그때마다 허리띠로 아들을 내려치는 아버지.

턱을 흔들지 않으려고 안간힘을 쓰는 아들.

초침시계 크게 울린다.

아들은 숨을 참는 것처럼 격렬하게 턱을 흔든다.

아버지는 이제, 사정없이 아들을 후려친다.

그래도 아들은 계속해서 턱을 흔든다.

아버지는 아들의 턱을 손으로 잡는다.

그래도 아들은 턱을 흔든다.

아버지는 아들의 뺨을 때린다.

아들의 코에서 피가 흐른다. 코피는 흘러 의자에 떨어진다.

아버지는 숨을 헐떡이며 땀을 흘린다.

아버지는 주전자 물을 마신 뒤, 아들 입에 물려준다.

아들은 주둥이에 입을 대지만 턱을 흔드는 바람에 물을 제대로 못 먹는다.

아버지는 주전자를 팽개치고, 담배를 꺼내 문다.

아버지, 느리고 억양없는 목소리로 말한다.)

아버지 새발의 피야. 총알이 빗발치는 전쟁터. 너, 그거 경험 못했지? 사는 거? 대충 살아서 될 일 아니야. 목숨, 그거 아무나 보존하는 게 아니지. 사내새끼가 칼 한번 뽑았으면 무라도 찔러야지. 새캬… 넌 시발, 내 새끼가 아냐. 권씨집 종손이다 새캬. 니가 나보다 귀한 몸이라 이거다. 우리 아버지, 나한테 물려준 건, 깡하고, 이 의자, 카메라 한 대가 전부다 새캬. 그 잘난 형. 호적상으로 니 아버지 말이다 새캬. 조상대대로 물려받은 옥답, 노름에, 기집질에, 아편중 독으로 다 날려버리고, 자손 하나 못 남구고 골로 갔어야. 복도 많 지. 족보에 이름 먼저 올랐다고, 내 자식까지 글로 가야허냐. 그래 도, 조상 몰라보면, 개새끼 소새끼지. 부모가 눈알을 빼라면 빼야 하고, 허벅지 살이라도 베라 하면 베는 거야. 부모 살리려고 자식 삶아 먹이는 게 효도야 알긴 아냐? 새캬. 니 할아버지, 나한테 물 려준 거라곤 깡하고 이 의자, 카메라 한 대가 전부다 새캬. 그 잘

난 형은 장남이라고 일본 동경유학까지 보내고, 난 천자문만 겨우 떼고 농사나 짓게 했지. 그래도 새캬 나 부모 원망 안 했어. 가만 가만 부모 속이며, 담배피고, 술 먹고, 아편중독자만치로 턱을 떨지도 않았어 새캬. 한번만 더 턱을 떨면, 그땐 살인날 줄 알어 새캬. 넌 시발, 내 새끼가 아냐. 권씨집 종손이다 새캬. 씨발, 조상이 내게 해준 게 뭐냐? 내 자식 뺏어간 거 밖에 더 했냐 새캬. 그래도 나, 한번도 부모한테 반항 안 했어 새캬.

(아버지, 체조하듯이 팔을 저으며 몸을 푼 뒤, 다시 아들을 내려치면서 암전)

제 5 장 어머니의 기억

흰 드레스를 입은 어머니는 의자에 앉아 집중조명을 받고 있다.
아버지가 피처럼 붉은 장미꽃다발을 들고 들어온다.

아버지 길 앞에서 누가 주더군.
어머니 어머, 예뻐라. 누가 줘요?
아버지 으응, 주웠어.
어머니 이렇게 예쁜 걸 누가 버렸을까. 더구나 오늘은 결혼기념일이고 내 생일날이잖아요.
아버지 그랬던가?
어머니 시치미 떼지 마세요. 당신이 산 거죠?
아버지 돈이 썩어나남. 차라리 화분을 사지.
어머니 하긴, 당신이 살 리 없죠. 그럼 누가 버렸을까. (장미꽃을 하나 둘 헤아린다.) 하나 둘 셋….
아버지 (담배를 꺼내 물려다 다시 도로 넣는다.) 생각난 건데 담배를 끊을까해.

어머니　서른, 서른 하나, 서른 둘.

아버지　어떻게, 생각해?

어머니　마흔, 마흔 하나, 마흔 둘.

아버지　사실, 고백할 게 있어. 화내지 마.

어머니　마흔 일곱. 어머! 내 나이하고 장미 갯수가 같아요.

아버지　많이 망설였어.

어머니　당신이 사다 준 거죠?

아버지　사실은, 강사장이야.

어머니　(얼굴이 굳어진다.)

아버지　여보, 미안해. 사실을 털어놓지 않음 죽을 것 같아.

어머니　죽음 안되죠. 무슨 일이죠?

아버지　식당 다니느라 힘들지?

어머니　아뇨. 당신 그게 궁금해요?

아버지　아니, 강사장이 많이 외로운가봐.

어머니　강사장님이야 그렇겠죠.

아버지　남자가 힘없어 여편네를 밖으로 내돌릴 땐 이미 내 여자가 아닌
　　　거지.

어머니　호호. 여자도 마찬가지예요. 집나간 남자는 이미 내 남자가 아
　　　니죠.

아버지　서울 오면 행복할 줄 알았는데, 그것도 아니라는 생각이 들어.

어머니　여보, 약해지면 안돼요. 우리 조금만 더 일하면, 아파트도 사고,
　　　애들 과외도 시킬 수 있잖아요. 고향에 있어봐요. 개새끼 돼지새끼
　　　에 치여 죽었을 거라구요. 난 서울이 좋아요. 시골 같으면, 여자가
　　　돈번다는 게 가능한 일이겠어요?

아버지　여보, 고백해야겠어. 나 말야. 외도를 했어.

어머니　(장미꽃다발을 떨어뜨린다.) 뭐라구요? 호호호.

아버지　왜 웃지?

어머니　당신이 대견해서요.

아버지　정말이야?

어머니 그럼요.

아버지 화 안나?

어머니 화는 무슨 화요.

아버지 (어머니 무릎에 머리를 묻는다.) 고마워. 여보. 한강에 빠져 죽을까 생각하기도 했어.

어머니 죽긴 왜 죽어요. 저도 안 죽었는데. 어머! (자기 입을 막는다.)

아버지 당신도?

어머니 (고개를 끄덕인다.) 이젠 다 끝난 일이에요.

아버지 죽으려고 했어?

어머니 예.

아버지 왜?

어머니 저, 몰랐어요?

아버지 몰랐어.

어머니 정말, 모르는 거예요?

아버지 응.

어머니 알고 싶으세요?

아버지 당신은?

어머니 당신은?

아버지 알고 싶어. 당신이 말한다면.

어머니 저도 알고 싶어요. 당신이 말한다면.

(아버지는 점점 침착해진다. 어머니는 점점 불안에 빠진다.)

아버지 누구야?

어머니 누구죠?

아버지 당신부터 말해.

어머니 당신부터 말해요.

아버지 그럼, 나부터 말할께. 강사장이야.

어머니 예?

아버지 남자지. 강사장이야말로 남자답지.

어머니　말도 안돼.

아버지　왜?

어머니　강사장이 그럴 리가 없어요.

아버지　강사장은 이미 오래 전에 당신하고 관계가 끝났다더군. 당신이 늦게 온 것도 그 작자 집에 머문 탓이지. 다 알게 됐어. 당신은 날 속이고, 가족을 배반했어.

어머니　오, 맙소사.

아버지　하긴, 그 자가 사업자금을 선뜻 대줄 때부터 알았어야 하는 건데.

어머니　실수였어요.

아버지　실수는 한두 번으로 끝날 때나 가능하지.

어머니　그럼, 당신은 남자랑 그 짓을 했단 말예요?

아버지　날 아직도 모르는군. 내가 그럴 것 같나? 내 좌우명이 한 우물만 파자라는 걸 잊었나?

어머니　거짓말이에요?

아버지　내가 좀 배웠다면, 고급첩보원이 됐을 거야. 아니면, 탐정사나 형사가 됐을 거야.

어머니　당신 날 심문한 거예요?

아버지　(부드럽게 어깨를 감싸며) 자자, 괜찮아. 우선 우리 사진부터 찍자구. 결혼기념일이 몇 년째인지 모르겠어. 어쨌든 당신 생일날에 결혼했지?

어머니　이십 년째예요.

아버지　대충 그 정도지. 제기랄 짧지도 않은 시간을 한 우물만 파다 볼일 다 봤어.

어머니　여보, 잘못했어요.

아버지　괜찮아. 그럴 수도 있지 뭐.

(아버지는 바닥에서 장미다발을 주워 어머니에게 정중하게 두 손으로 준다.
어머니는 불안하게 꽃다발을 받는다.

아버지는 전자기계로 펑펑거리며 조명도를 잰다.
빛이 껌벅거릴 때마다 어머니는 움찔움찔 몸을 떤다.
아버지는 어머니를 밧줄로 의자에 묶는다.
어머니는 오들오들 떨기만 할 뿐 반항을 하지 않는다.
아버지는 소피가 가득 찬 주전자로 어머니의 흰 드레스에 쏟아 붓
는다.
아버지와 어머니의 모습을 어둠 속에서 훔쳐보는 딸과 아들.
아버지는 막 뒤 삼발 카메라로 가서 카메라를 조절한다.)

아버지소리　자, 김치… 웃어. 여보. 오늘은 결혼기념일인데, 그렇게 울상
　　　　이면 어떡해. 자, 웃으라구. 하나, 잘 찍어서 강사장한테도 주지.
　　　　결혼기념일 사진이라고 줘. 신선하다 못해 쇼킹하다 할거야. 이색
　　　　적인 이벤트냐고 묻겠지. 다, 김치… 웃어. 웃으라니까.

（조명, 점점 어두워지면, 어머니는 억지미소를 짓는다.
카메라 플래시 펑 터지면서 암전된다.）

제 6 장　딸의 환상

빛이, 오색빛이, 반짝이며 유리병 속 여인을 비춘다. 커다란 수족관에
갇힌 나체여자.
여자는 게이여도 상관없다. 여자는 긴 머리카락으로 몸을 가리고 입에
서는 쉴새없이 공기방울이 부글거린다. 입술은 붉고, 얼굴은 회칠한 것
마냥 희다. 여자의 유방과 엉덩이는 유리병에 짓눌러 있다.
짧은 원피스를 입은 딸이 긴 머리를 빗으며 등장한다.
무대 중앙에 붉은 의자가 놓여있다.
딸은 의자에 앉아 긴 머리를 나른하게 빗는다.
막 뒤에 조명이 들어오면, 딸을 보는 아버지의 그림자.
아버지의 그림자는 천천히 담배를 피고 있다.

딸의 소리 그날은 해가 좋았다. 사람들은 야외로 소풍을 나갔다. 하수구
로 빠져나가는 오물같이 사람들은 서울을 빠져나갔다… 나는 머
리를 감았다. 실로 오랜만에 머리를 빗었다… 남자가 필요할 때가
된 건지도 모른다… 아버지는 불안하게 나를 힐끔거렸다. 머리를
감는 세수대야 물위로 아버지 얼굴이 지나갔다… 아버지는 무엇이
불안한 걸까. 아버지는 혹시, 내가 바람이라도 날까 감시하는 건지
도 모른다.

(낡은 턴테이블에서 지나간 유행가 '서울탱고' 같은 음악이 나온다.
딸은 일어나 춤을 춘다. 흐느적거리고, 약간 저속한 춤이다. 카바레
나 디스코텍 같은 데서 남자를 끄는 몸짓이다.)

딸의 소리 아버지가 불쌍하다. 아버지는 엄마처럼 나를 의자에 묶어놓
고 자주 패고 싶을지도 모른다. 불쌍한 아버지. 엄마에게 버림받은
아버지. 하나밖에 없는 아들을 조상에게 뺏긴 아버지. 엄마와 동생
이 집을 나간 뒤로 아버지는 겁이 더 많아졌다… 때때로, 난폭한
네로 같기도 했지만….

(아버지는 가위를 들고 등장한다. 딸은 뒷걸음친다. 딸은 의자에 주
저앉는다. 아버지는 담배를 입에 꼬나물고 가위로 딸의 머리를 자른
다.)

딸의 소리 우리가 사는 언덕 아래 더러운 개천이 흘렀다. 개천을 건너
면 홍등가가 있었다. 홍등가에는 여고 때 짝이 살고 있었다… 나
는 짝을 만나러 갔었다. 소개 좀 해줘. 명함을 내밀며 여고 때 짝
이 말했다… 소개 좀 해줘… 아버지를 소개할까? 외롭고 가여운
아버지… 아버지는 짝을 만나지 않았다. 돈이 아까웠던 걸까. 병이
무서웠던 걸까.

(아버지는 딸의 원피스를 좍좍 찢는다. 가위로 갈기갈기 찢어낸다.
속옷이 드러나는 딸의 몸.
아버지는 청바지와 남방을 던져준다.

딸은 청바지와 남방을 입는다.

아버지는 조명을 설치하고 딸을 의자에 앉힌다.

딸은 남자애처럼 짧은 머리에 맨발로 두 손을 가지런히 모으고 앉는다.

아버지는 조명기계로 조명도를 측정한 뒤, 막 뒤 삼발 카메라로 간다.)

딸의 소리　그날은 해가 좋았다… 이제 아버지를 버려도 상관없을 것 같았다. 집을 나간대도 걱정 없을 것 같다. 아무도 내게 관심을 가져주지 않는 한 안심이다. 안심. 여고 때 짝을 만나러 갔다. 멋져. 생각보다 넌 보이시해. 여고 때 짝은 다락방에 머물러도 좋다고 말했다… 짝은 지쳐있었다. 직업병이 심했던 것이다. 짝을 길러준 마담은, 먼지 낀 시골 신작로에서 울고 있는 짝을 데려왔다고 했다. 그때, 짝은 열 살이었다. 짝은 고아원을 도망쳐, 엄마를 찾아가는 중이었다… 우리는 서로 엄마를 찾기에는 너무 나이들이 많았다. 짝은 마담을 엄마라 불렀다. 정말 고마운 엄마다. 마담은 짝을 여고까지 보냈으니 말이다. 가엾게도 짝은, 약물중독이 심했다. 짝이 죽었을 때, 아버지가 찾아왔다. 아버지는 울었다. 정말 고마운 아버지다. 정말 고마운 아버지.

(아버지는 삼발 카메라를 조정한 뒤 단조롭게 말한다.)

아버지　김치….

(딸은, 억지 미소를 짓는다.)

딸　김치….

(플래시가 터지면서 암전. 낡은 턴테이블에서, 소음과 함께 '서울 야곡'과 같은 유행가가 흐른다.)

제 7 장 살인의 경계

1장과 같은 장면이다.
어머니를 중심으로 아들, 딸이 앉아 있다.
막 뒤에서 희미하게 카메라를 조정하고 사진인화하는 아버지 그림자가
비친다.
지직거리는 텔레비전 화면.

어머니 저 남자 멋있다. 이목구비도 뚜렷하고, 키도 크겠어. 매너도 점
잖고, 돈도 잘 쓸 것 같지 않니? 저런 남자들은 대개, 마누라가 못
생겼어. 못생긴 여자들은 의외로 잘난 남자한테 시집가더라. 열이
면 여덟은 그래… 미인박명이라, 미인들은 대개 팔자가 기구해….

(아들과 딸은 별 반응이 없다.)

어머니 기구한 내 팔자! 쉰도 안 됐는데 과부가 되다니.
아들 과부라뇨?
어머니 니 아버지가 죽었잖니.
아들 또, 니 아버지, 니 아버지, 니 아버지!
어머니 미안하다 애. 하지만 사실인걸 어떡하니. 나 혼자 널 만들진 않
았으니 말이다.
아들 맘 같아선 폐기하고 싶어요.
어머니 반은 내 거다. 니 아버지 것만 갖다 버려!
딸 둘은 섞여서 투쟁을 하고 있어요.
어머니 어떻게 말이니?
딸 서로 미워하고 있단 말예요.
아들 그래서 말인데, 성전환수술을 할까 생각도 했어요.
어머니 말도 안돼.
아들 말이 돼요.
어머니 너 지 정신이니?
아들 멀쩡해요.

어머니   넌, 종손이야.

아들   하! 엄마 왜 이러셔.

딸   늦었어요 엄마. 가족 중 동의를 해야 하는데, 내가 찬성해줬어요.

어머니   애들이 무슨 말을 하는 거냐?

(어머니, 갑자기 아들의 허벅다리 사이로 손을 집어넣는다.)

아들   악! 아프단 말예요.

어머니   없어!

딸   제게 있어요.

(어머니, 딸의 허벅지 속으로 손을 집어넣는다. 움찔한다.)

어머니   있다!

아들   이왕이면, 무성이면 더 좋겠어요.

딸   보셨죠? 엄마? 그러니 된장국 끓여달라 하지 마세요.

어머니   애들아 우린 꿈을 꾸는 게 아닐까?

(아들과 딸은 가방을 열고 옷을 입는다.
아들은 여자 파마머리 가발을 쓰고, 원피스를 입고 하이힐을 신고
딸은, 턱시도를 입는다.
엄마는, 그들을 물끄러미 쳐다보다가 자신의 손을 내려다본다.)

어머니   혹시, 우리가 아버지를 죽인 거니? 우리 셋이 공모해서?

아들   몰라요.

어머니   애야 넌 아니?

딸   몰라요.

어머니   어떻게 된 거니? 내가 뭘 잘못했니?

아들   엄마는 잘못한 게 없어요.

딸   우리도 잘못한 게 없어요.

어머니   그럼, 우린 왜 이렇게 된 거니?

아들   도대체 뭐가 어때서요.

딸　니들은 왜 바뀐 거니?

아들　지루해서요.

딸　따분해서요.

어머니　난 뭘 하니?

아들　멋진 남자를 찾아가세요. 엄마 인생을 보상받으세요.

어머니　늦은 게 아닐까?

딸　늦다뇨. 아직 일흔도 안 됐는데.

어머니　누가 날 기다릴까? 주글주글한 육신을 누가 좋아하니?

아들　돈 많고 명 짧은 마누라 둔 남자들요.

어머니　돈 많은 늙은 남자는 어린 여자를 좋아할 텐데.

아들　어쨌든 아버지도 죽었는데 아무렴 어때요.

딸　엄만 아직도 멋져요.

어머니　넌 생각 없니? 니 육체가 너무 아깝지 않니?

딸　상관없어요.

아들　자, 우리 사진이나 찍어요 엄마.

어머니　니 일기장은 찾았니?

아들　없어요.

딸　아버지가 불에 태웠어요.

어머니　큰일날 뻔했구나.

아들　걱정마세요. 방법은 다 알고 있으니까요.

어머니　니가 죽였니?

아들　아뇨.

어머니　그럼 애야 너니?

딸　엄마, 전 고양이 배밖에 못 갈라요.

어머니　그런데 내 손에 왜 피가 묻어있을까.

아들　(들여다본다.) 없는데요.

어머니　(냄새를 맡는다.) 비린내가 나지 않니?

딸　(냄새를 맡는다.) 고등어 냄샌걸요. 엄마, 어제 식당 갔다 왔구나.

어머니　니 아버지 말고, 난 아무하고 안 살았다. 그게 잘못이니?

딸 아뇨. 엄마가 홍등가에서 살았대도 잘못은 없어요.

어머니 그런데, 뭔가 잘못 산 것 같다 애.

(막 뒤 조명 밝아지면, 아버지 경쾌하게 말한다.)

아버지 자, 김치 하세요. 야쿠자가족 같습니다. 분위기를 띄우세요. 활짝 웃어요. 웃으면 복이 와요. 넝쿨째 들어옵니다. 자, 김치… 좋습니다… 서비스로 독사진 찍어드립니다. 우리 고향사진관에는 덤이 많습니다. 덤. 인생에 덤이란 얼마나 기분 좋은 겁니까. 보너스보다는 덤이 커 보이죠. 덤덤. 덤으로 드리는 겁니다… 이미 돌아가신 부모님의 사진을 확대해 걸고 싶다면, 빛바랜 흑백사진이라도 좋습니다. 이미 죽은 시간을 확대하는 겁니다. 아니, 추억을, 기억을 확대하는 겁니다. 고통스럽고 힘들었을지라도 과거는 지금 우리를 묘하게 중독시키는 힘이 있는 법이니까요.

(아들과 딸은 일어나 어머니를 가운데 앉히고 양쪽에 선다.)

아들 엄마. 제대기념 사진이나 찍어요.

딸 그래요. 가족사진을 찍는 거예요.

어머니 누가 찍니?

아들 아버지가 찍고 있잖아요.

아버지 소리 자, 김치….

어머니 아버지라니. 대체 우린 어디 있는 거니?

딸 우리가 아버지를 죽인 게 아니라 어쩌면.

아들 아버지가 우릴 죽인 건지도 몰라요.

어머니 그럼, 난 유령이니?

딸 아무럼 어때요. 어서 사진이나 찍어요.

어머니 그럼 다행이다.

아들 뭐가요 엄마?

어머니 적어도 살인죄는 면하잖니.

아버지 소리 어서, 찍습니다. 김치….

어머니 김치….
아들 치….
딸 치즈….
아버지소리 하나, 둘, 셋!

카메라 플래시 펑펑 터지면서, 암전.
완전한 어둠 속에서 유리병 속 여인이 유리병을 깨고 나오는 모습이
희미하게 비친다.
암전.
피아졸라의 경쾌한 탱고음악이 흐르면서 막이 내린다.

—막

<모노드라마>

아들에게로 떠나는 여행

제 1 부 출발

소형 아파트 거실.
어둠 속에서 날카롭고 경쾌한 바이올린 음악이 울리면, 희미하게 형광
별이 반짝이는 크리스마스 트리. 음악이 끝날 때쯤, 현관문 밖에서 열
쇠를 철렁거리는 소리. 한참, 열쇠를 맞춰보고 문을 열려고 쿵쾅거린
다.
사이. 간신히 문을 열고 들어서는 아버지. 산타 복장에 커다란 선물상
자를 들고 벽을 더듬거리며 무대로 등장. 전화벨이 울린다.

아버지 스위치가 어딨지. 아 참, 전화도 받아야겠어. 대체 애는 어디 간
거야. 여긴가?

(액자를 건드린다.)

이런….

(액자를 바로 한다. 전화벨)

알았다, 알았어. 여깄군.

(스위치를 켠다. 장식이 반쯤 되다 만 트리가 놓인 실내가 드러난다.
전화를 받는다.)

여보세요? 아니, 너 어디냐?… 굴뚝으로 들어왔지. 농담이 아니야.

(거울을 본다.)

요즘 산타는 엘리베이터 타고 오지. 물론, 열쇠는 수위한테 받고.
이럴 땐 스타가 편해. 한눈에 알아보고, 모래시계 후속편 언제 찍
냐고 묻더라.

(모자를 벗는다.)

아저씨 말이, 허겁지겁 뛰어나갔다던데, 강아지가 아프냐?… 휴!

그럼 됐다. 맹장염이나 뭐 급체한 줄 알았다. 그럼, 무슨 일이냐?… 나중에 말하겠다니. 바쁜 애비 초대해놓고 급한 일이라니. 너가 스타냐? 시끄럽다. 스케줄 관리를 어떻게 하길래. 일없다. 강아지나 바꿔. 자?

(수염을 뜯는다.)

차 안에서 분장하느라 늦었다… 산타분장이지 뭐냐. 전화만 하고, 얼굴 못 본지, 오 개월이 넘었어. 오 개월. 강아지 생일이 크리스마스 이브라 큰맘 먹고, 왔더니… 화도 안 난다… 이해해 달라니. 할 말 없으면 이해해 달란 소리밖에 않지. 그럴 수도 있다? 하! 세상이 니 사정 내 사정 다 봐줄 줄 아냐?… 됐다… 너 내가 얼마나 바쁜지 알지? 영화시사회가 오늘 저녁 8시다. 물론 주인공은 아니지. 주인공 아버지다. 멋진 아버지지. 내일 아침 7시엔, 야외촬영이야. 팔당호에서. 새벽엔 출발해야 하는데, 어찌어찌 해서, 내 역만은 한강에서 처리하기로 했어. 한 달 전부터 계획한 거다. 요번만은 강아지 생일날 함께 하려고 말이지. 깨워봐. 꽥꽥 짖어보라해. 볼을 꼬집어 봐.

(선물봉지에서 맥주캔을 꺼낸다.)

강아지 주려고 멋진 선물도 준비했다… 죄송할 거 없다. 대체 얼마나 급한 일이길래 애비 약속까지 취소하냐. 누가 죽기라도 하냐?… 나중에? 하 답답다. 뭘 나중이냐 애비 죽은 뒤에 설명하지 그러냐….

(귀를 기울인다.)

너, 우는 거냐? 감기가 아닌데… 너 애비가 호통치는 게 그렇게 서럽냐? … 지금 어디냐? … 고속도로? 어딜 가길래? 양평? 거긴 왜? … 나중에 설명한다고? 허허. 또 나중이냐… 네 엄만, 시드니로 날아갔어. 막내가 아프대. 둘이서 오붓하게 크리스마스를 보내겠지. 굳이 집에 들어갈 일은 없지… 강아지랑 자려고 잠옷까지 가져왔는걸… 그래, 저녁 늦게라도 오겠다고?. 그래. 혼자 크리스마스 이브를 보내긴 싫으니까 빨리 와.

(전화를 끊고 맥주를 마신다.)

양평엔 왜 가지? 누가 살길래. 사위집은 원주니까, 그쪽 끄나풀이 죽었나? 그건 말 못 할 이유가 아닐텐데… 사위가 러시아로 발령 난 지 몇 개월 됐더라?… 한 오 개월 됐군… 젊은 부부가 오 개월씩이나 떨어져 지내도 되는 건가? 딸애는 독한 데가 있지만 (신혼부부 사진에 눈길을 준다.) 사위는 물렁해서 걱정이란 말이야.

(주위를 둘러본다.)

살림이 많이 늘었네.
트리도 장식하다 말았고, 선물도 포장하다 말았어.
대체 얼마나 급한 일일까.

(벽에 걸린 아이 얼굴에 눈길이 멈춘다. 얼어붙는다.)

세상에! 이게 누구야?… 똑같아. 어쩌면 이럴 수가 있지?

(사진을 엎는다.)

사진일 뿐인데… 뭐, 민감할 필요 있나… 그래, 사진일 뿐이지… 살다보면, 내 얼굴에서 아버지 얼굴을 발견할 때처럼, 놀랄 일이긴 해… 닮을 수도 있지… 그래도 너무 닮았어… 다시 볼까?… 강아지가 벌써 이렇게 자랄 줄은 몰랐는데… 하긴, 시간이 갔지….

(사진을 자세히 들여다본다.)

누구라도 이걸 보면 시간이 흐른다고 말하진 못하겠지.
아들의 마지막 모습을 지금도 잊을 수 없어.
딸애가 낳은 이 애와 너무나 닮았어.

어릴 때 죽은 지 오라비를 낳은 건지 아들을 낳은 건지 모를 지경 이군.

(사이)

동그랗게 치켜 뜬 눈, 말간 이마, 단단한 콧망울…
딸애가 커갈수록 지 어미를 닮아가는 것처럼, 외손자는 내 첫아들 과 닮아가는군. 언젠가 딸애가 지 아들을 안고 내게 말을 거는 모 습을 자세히 보다가 시간이 멈춰버린 게 아닐까… 과거 한 시점에 서, 그 시절, 나는 이렇게 딸과 닮은 아내와 외손자와 닮은 내 첫 아들을 바라본 적이 있었어.

(거울을 본다.)

그렇다면, 환갑을 앞두고, 만성위장염에, 핏발이 벌건 눈으로, 지칠 대로 지친 이 늙은이는 대체 누구인가? … 딸애 눈을 쳐다보지 못 한지가 얼마나 됐지? 어느 순간 눈을, 눈을 똑바로 볼 수 없게 됐 지. 눈이… 딸애 눈이 지 어미를 닮은 걸 깨달은 순간부터. 그럼, 저 녀석… 훌렁 벗겨진 이마에, 어린애답지 않게 깊은 눈빛을 가 진 저 녀석은, 내 아들이 환생하여 나를 만나러 온 것인가?

(사이)

묘한 시간인걸. 좀 낯설고, 공중에 붕 뜬 느낌이야.
오늘 일진은 '과거 시간에 지배를 받다' 였지.
과거시간… 가만있자. 사진이 더 있을 텐데….

(유아용 침대에서 네 살 아이와 똑 같은 크기의 인형을 집어든다.)

누구냐?

(굳어진다.)

우리 강아지와 똑같은 모습이야. 똑같애… 이럴 수가… 이건 사진보다 더 똑같군… (손으로 키를 가늠한다.) 키도, (팔로 안아본다.) 몸체도… 똑같아… 그애가 죽었을 때, 요만했었지… 딱 요만한 항아리에 가득 찰 만큼. 딱 이만한 크기….

(인형을 와락 품에 안고 쭈그려 앉는다.)

비명도 지를 수 없었지. 세상에서 처음 아버지라 불러주던 아들의 유골을 부모님은 화장도 않고 단지에 넣어 보냈어.
봐라. 고운 모습으로 간 니 자식 얼굴이다.
아아, 이렇게 안아보지도 못했지.

(일어난다. 인형을 보지 않고 내려놓는다.)

잊으려고, 잊으려고 애만 썼을 뿐이지…
잊을 수는 없었어.
한번도 잊을 수는 없었지.

(전화벨. 전화를 받는다.)

여보세요? 왜 또 전화냐?… 괜찮다. 난, 괜찮아… 저녁은, 생각 없다. 걱정마라. 강아지가 좋아하는 피자 사왔으니 같이 먹음 된다… 트리 장식을 할까 생각 중이었단다… 선물? … 나도 강아지 선물 사왔다. 강아지가 어때서? 귀한 자식일수록 천한 이름 붙이랬다. 옛날엔 임금님도 어릴 땐 똥개라고 불렀다… 선물? 애비한테 줄 크리스마스 선물이라… 포장하다 만 거냐?

(탁자에 포장하다 만 선물을 뜯어본다. 머플러를 꺼낸다.)

좋은 걸. 색깔도 맘에 들고. 비싸겠어… 화 안 났다. 아직도 화났다면 벌써 떠났을 거다. 낚시나 가지. 내 자주 가는 곳 말이다. 용설저수지. 거기 공기가 속을 뻥 뚫어주거든. 좀 춥긴 하지. 그래도 겨울 낚시는 할 만해. 얼음이 꽁꽁 어니까 얼음낚시엔 제격이거든.

(갑자기 수화기에 귀를 기울인다.)

오늘 저녁에 못 올 거 같다고? 아니, 무슨 일이길래 그러냐? …
병원? 누가 입원했냐?… 뭐가 급하게 돌아가. 생명줄이 왔다갔다하
는 일이냐? 시댁식구냐? 내가 알아서는 안될 사람이냐? … 뭐? 내
가 알아서는 안될 사람이기도 하고 알아야만 하는 사람이기도 하
다. 무슨 수수께끼 같은 소리냐….

(전화 갑자기 끊어진다.)

핸드폰 빳데리가 다 된 모양인데. 원래 비밀이 많은 애긴 하지만,
오늘은 왠지 이상한·걸. 나 몰래 탤런트 시험보고 합격된 뒤 알렸
으니까. 애비 덕에 컸다는 소리 안 듣게 하려고 방송국에서 마주
쳐도 아는 척도 안 했어. 얼마 못 가 결혼하더니, 덜컥 애를 낳더
군. 뭐든 저질러 놓고 통보하는 게 이애 무기지. 그래도 그렇지.
오늘은 도저히 용납이 안돼….

(크리스마스 트리 쪽으로 다가가 형광별 하나를 들어 장식하고, 뒤
로 물러나 본다.)

내가 알아서는 안될 사람이기도 하고, 알아야만 하는 사람이기도
하다?
스핑크스의 수수께끼 같은 걸.

(은종을 흔들다가 천천히 멈춘다.)

혹시?
그럴 리가…
그렇게 잘해줬는데… 설마….

(전화벨. 전화를 받는다. 다짜고짜)

누구냐? 내가 아는 사람이지?… 여보… 응. 잠이 안 온다고?… 시

차겠지. 여긴 여덟 시야. 저녁 여덟 시. 시드니는 새벽이겠군… 잠 한숨 못 잤다고?… 시차 탓이야. 한 이삼 일 지나면 그쪽 리듬에 맞추겠지. 크리스마스 이브가 아니라 크리스마스 새벽이군… 녀석은 어때? … 영화공부 하는 게 쉽진 않을 테지. 말도 안 통하니까 더 어려울 거야… 희진이는 어디 잠깐 나갔어. 강아지도 많이 컸던걸… 내년엔 나도 당신과 시드니에 갈 수 있을 거야. 거기 호수 어때? 낚시하기 좋아?… 낚시밖에 모르는 사람이라고? 그러니까 당신도 낚시하면 되잖아. 하하… 청승은 무슨… 낚시는 혼자 있는 연습이라구… 당신 마음이 시드니에 가 있으니 혼자 있는 거나 매한가지지. 당신이 막내녀석 가졌을 때, 연습하는 도중에 전화를 걸어왔지. 난 리어왕을 연기했었어. 연극은 마지막이다 생각하고, 연습할 때지. 영화 만추를 찍고, 텔레비전 연속극에 출연할 예정이라, 무대는 시원섭섭할 때지. 마지막이라는 생각은 언제나 비감한 기분을 들게 해. 그 뒤 연극을 아예 그만 두진 않았지만, 그래, 난 양지로 옮겼어. 음지를 생각한다는 건 생각하기도 싫은 과거를 떠올리게 하니까… 아, 아니야. 여보. 우울하지 않아. 이번 크리스마스 이브는 좀 묘해서 말야. 뭔가, 막다른 곳에 도달한 기분이야. 정신없이 치달리다가, 막다른 골목에 다다른 것 같거든… 여보?… 여보?… 자? 아, 괜찮아. 잠 올 땐 자는 거야. 무슨 말을 했냐고? 아무것도 아니야… 당신 질문을 피하는 게 아니야… 또 도망가는 게 아니라구. 그냥, 다시 설명하기 힘들어서 그래. 잡음이 심한 걸… 여보 잘 자라구.

(전화를 끊는다.)

당신 말이 맞을지도 몰라. 난 낚시를 통해 내게로 달려가지. 어느 순간, 가장 가까운 사람으로부터 도망치고 싶을 때가 있는 법이니까. 부처가 왕국을 버리고 떠나듯이, 고갱이 서른이 넘어 가족을 버리고 타이티로 떠나듯이, 숨고 싶을 때가 있어. 하하. 굉장한 사색가 같은걸….

(인형을 들어올린다.)

나는 죽은 아들을 사색가라 불렀지.

(사이)

애야, 너야말로 굉장한 사색가였지. 말이 없었으니까. 아니, 넌 말을 할 줄 몰랐지.
어어어.
어, 어, 어.
어….

(조명이 어두워진다. 트리의 형광별이 반짝인다. 살아있는 아이를 대하듯이 말을 한다.)

트리다. 크리스마스 트리.
아기예수의 탄생을 축하해 주기 위해서지… 또, 너의 탄생을 축하해 주기 위해서다. 아기예수와 같은 날에 태어나서, 대단한 녀석인 줄 알았다. 뭔가 특별한 놈일 줄 알았어. 하하. 진짜 머리가 컸어… 넌, 대가리가 단단한 놈이었어.

(선물장식을 주워든다.)

우리 정서엔 좀 낯설지만, 아버지는 네게 트리를 만들어주지 못한 게 후회스럽다. 이걸 여기 이렇게 장식하고….

(흰 솜뭉치를 장식한다.)

흰 눈이 내린 것처럼 솜으로 술술 뿌려주자.
어떠냐? 멋지지?
너가 태어났을 땐 누구나 먹고사느라 바빴지.
크리스마스 트리 장식품도 많지 않았을 때였고, 반짝이나 뭐 그런 걸 몇 가닥 걸치기만 해도 그만이었지.

(선물꾸러미를 안겨준다.)

　자, 받아라. 넌 한번도 크리스마스 선물을 받은 적이 없지.
괜찮아. 강아지도 이해할 거다. 풀어봐.

(푼다. 로봇이다.)

　어떠냐? 너 같은 사내녀석들은 로봇이 혼을 뺄 거다. 여기 건전지
를 넣고, 빨간 스위치를 누르면, 알아서 걸어가지.

(로봇을 탁자에 놓는다. 로봇이 자동으로 움직인다.)

　시익 풋… 시익 풋… 시익 풋… 로켓 발사. 풍풍.

(로봇이 탁자 끝에서 떨어진다. 바닥에 놓는다. 로봇이 다시 작동되
어 멋대로 움직인다…. 허탈하다.)

　기분이 이상한걸…
　대체 내가 지금 무슨 짓을 하는 거지?

(사이)

　마치 연기를 하는 것 같군.

(인형의 눈을 들여다보고, 주위를 둘러본다.)

　혼자 있다는 생각이 들지 않아.

(핸드폰이 울린다. 주머니에서 핸드폰을 꺼낸다.)

　여보세요?… 말똥구리? … 아, 조태수!… 이름을 아직도 기억하냐
고? 말똥구리하면, 조태수지… 야, 오랜만이다. 너하고 꿀통하나
다 먹고 나자빠졌던 거 생각하면, 지금도 웃긴다. 그게 몇 년 전이
지?… 오, 벌써 그렇게 됐나? 와 징하다. 사십 년. 부곡고등학교

동창회가 아직도 유지되다니 말야. 질기다 질겨. 글쎄, 시간 내서 연말 모임에 한번 참석해보지. 그러게 말야. 아직까지도 날 불러주니까… 날마다 행복하지 뭐. 일일연속극이 그래. 바뻐. 촬영 스케줄에 맞춰야 하니까. 하하. 요즘 줄창 아버지 역이지. 나이가 나이니만큼. 로맨스의 주인공이 되긴 너무 늙었지. 하하… 말만 들어도 젊어지는군.

(아무말 없이 듣고 있다.)

듣고 있네… 벌써 열 명이나, 갔군… 심장마비, 간암, 교통사고… 이민간 친구까지 합하면, 삼분의 이는 만날 수 없군 그래… 아, 축하해. 올해 결혼했는데 벌써 손자를 봐?… 손자가 아니라 아들? 어떻게 된 거야… 으응… 서른 먹은 노처녀와 재혼을 했어?. 환갑에? 여복 하나는 타고났군 그래….

(당황한다.)

으응… 나야 그렇지 뭐. 집사람은 시드니에 갔어… 아들이 유학하고 있거든. 아니, 장남이 아니라 막내야… 장가? 아직 멀었어… 또 무슨 소식인가? 내가 꼭 나와야 할 일이 있다고?… 왜?… 신당을 창당한다고? 자네가?… 축하하네… 도움이 돼야지. 나야 배우일 뿐이지… 나보고 출마하라고? 하하하… 농담말게… 그래, 어쨌든 만나면 얘기하세… 직접 전화줘서 고맙네.

(핸드폰을 끈다.)

세상이 어떻게 돌아가려고 이러는지 모르겠다. 어디든 권력의 틈바구니로 비집고 들어가 기생하는 구더기들이 들끓게 마련이지. 그렇다고 내버려두면 더 썩은 악취를 풍기니 말이야.

(전화벨. 전화를 받는다.)

여보세요?… 나다… 니 엄마한테서 전화왔다… 네 전화만 기다릴 이유가 뭐냐?… 집에 갈 거다… 새벽에 오든 말든 니 맘대로 해라… 강아지는 뭐해?… 바꿔. 바꿔봐… 어쿠! 우리 강아지. 할아버지다. 할아버지… 오냐. 우리 강아지… 할아버지가 생일축하 케일도 사고, 로봇도 사왔다… 그래, 보고 싶다… 뭐? 할머니가 아프다고?… 어디?… 가슴이?… 나다. 할머니라니 무슨 소리냐? 안사돈은 돌아가셨지 않아?… 누구?… 너, 지금, 엄마라고 했냐?

(멈칫한다.)

… 병원에 입원한 사람이 그럼… 나 몰래 계속 연락하고 지냈냐?… 언제부터냐?… 십 년!… 맙소사! 애비한테 여태까지 숨겼단 말이냐?… 됐다. 너하고 말도 하기 싫다… 그만. 됐다.

(전화를 팽개친다.)

또 뒷통수를 치는군… 애비를 놀래켜도 분수가 있지. 오늘 일진이 틀리진 않군 그래….과거는 늪이었어. 거대한 늪. 빠져 나오려 버둥거릴수록 더 깊은 곳으로 가라앉았으니까.

(전화벨. 전화기를 노려본다. 전화를 받고 아무말도 안한다.)

… 듣고 있다… 널 키워준 엄마한테 미안하지도 않니?… 너에게 좋은 엄마가 되려고 십 년 동안 애도 갖지 않았어. 너가 중학생이 될 때까지 말이다. 뭐?… 난 버리지 않았어. 견디지 못한 거지. 누구나 자기 몫의 짐이 있는 거야… 긴말하고 싶지 않다. 지금 당장 올라와… 너가 왜? 왜? 말이 되냐?… 남편도 있고, 자식도 있을 텐데… 시드니에서 니 엄마가 이 사실을 알면, 배반감 느낄 거다. 배반감은 너가 느껴? 누구한테?… 그게 무슨 소리냐? 혼자라고? 그럴 리가… 심장마비?… 오늘밤이 고비라고? 아무도, 옆에, 아무도 없단 말이냐?… 듣기 싫다. 잘 들어. 난 곧장 나갈 테다. 낚시를 가든지… 그래, 애비는 비겁하다. 진작 알려줬어야지. 이건 기습이야… 너한테 화를 내는 거다. 애비를 감쪽같이 속였어… 적어

도 한번은 귀뜸을 했어야지… 사람 잡는구나. 사람 잡아… 됐다. 열쇠는 수위한테 맡기겠다!

(전화를 끊는다. 벨이 울린다.
화가 나서 외투를 집어들고 현관문과 거실 사이를 왔다갔다한다.
유리문 밖으로 폭죽이 터지며 불꽃놀이가 화려하다.
전화벨 계속 울리다 그친다.
아버지, 결심한 듯 현관문을 반쯤 연다.)

아이 소리 아빠….

(아버지, 환청처럼, 그를 불러 세우는 소리에 돌아본다.)

(암전)

제 2 부 죽은 아들과의 대화

(조명 유아용 침대에 놓인 인형을 비춘다.
인형을 들여다보고 서 있는 아버지)

아버지 (어린아이 소리로) 아바… 아아바… 아아아… 너가 날 부를 땐 겨우 이 정도였지. 한번도 분명한 소리로 아빠라고 부르지 않았어. 네 또래의 아이들은 모두 아빠, 엄마, 빠빠 주세요. 했는데, 겨우 소리만 질렀어.

(천천히 인형을 들어 이유식 의자에 앉힌다.)

자, 여기 앉아라.
엘리베이터 앞에서 잠깐 생각했다. 지금 나는 어디로 가는가. 도망 치는 건가? 예전에 그랬던 것처럼? 널 버려두고? 아, 내가 널 버렸 다? 너로부터 도망쳤던가? 맹세컨대, 널 버리지 않았다는 오기와,

널 버린 자책과 긴 세월 싸웠다.

(트리의 플러그를 꽂고 전원을 켠다.)

사람에 따라서는 고통을 느끼는 시차가 있는 법이야. 난 말이다. 좀 늦어. 너를 잃고 난 뒤, 십 년쯤 지난 뒤에야, 견딜 수없이 힘들었다. 누구나 살아가면서 자신의 모습을 당당하게 드러낼 때가 반드시 온다고 생각한다. 그때가 오면 도망칠 수도, 숨을 수도 없지. 고통도 그와 마찬가지지. 느끼지 못한다고 고통이 지나가는 것은 아니니까.

(사이)

한동안 뜸하더니, 오늘 다시 네 생각이 나는구나.

(인형에게 눈길을 돌린다.)

아무도 여기까지 (자기 가슴을 가리킨다.) 못 들어왔다. 너만이 여기 있다.
이렇게 깊고 컴컴한 구덩이에 너를 담고 혼자 있을 때마다 너를 만나지.
더구나 오늘은 네 생일이기도 하고, 강아지 생일이기도 하지.
그리고….
널 낳아준 엄마가 너가 있는 곳에 가려하는 밤이기도 하다.

(인형에게 산타분장을 한다.)

멋지구나. 작은 산타할아버지… 많은 것을 주고 싶었는데, 너무 빨리 왔다가 너무 빨리 가버렸구나.

(아버지는 이제 완전히 인형에게서 떨어져나와 내면으로 들어간다.)

배우가 아니었다면, 더 좋은 아버지가 될 수 있었을까?
난 가난한 연극배우였다.

연기를 한다는 것은, 나 아닌 타인의 영혼을 받아들인다는 것이야. 뭔가에 홀려 신들린 듯, 감당할 수 없는 마력으로 무대는 나를 잡아끌었다.

어쩌면, 나는 내 영혼을 입증하기 위해 무대위로 길을 나선 건지도 모른다.

고리끼의 '적'이라는 희곡 중에 이런 대사가 있어.

(사이)

무대 위에 서서 사람들을 바라보면 난 불안해. 사람들의 냉정한 눈초리는 마치 '다 아는 얘기를 하고 있군. 낡아빠졌어. 지루해'라고 떠들고들 있는 것 같애. 사람들 앞에만 서면 난 나약해지고 무방비한 상태가 되고 말지. 그들을 사로잡을 수도 없고 흥분시킬 수도 없어. 공포와 희열의 짜릿함을 맛보고 싶어. 그들 앞에서 말야. 불꽃처럼 튕기는 대사, 정열을 폭발시키는 말들, 분노를 일으키는 순간들을 갖고 싶단 말야. 칼날처럼 예리한 말들, 횃불처럼 타오르는 말들, 가슴을 꽉 채울 수 있는 말들을. 그들은 흐느끼겠지. 멋있는 눈물들을 흘리겠지. 박수갈채를 보내고, 꽃으로 날 파묻겠지. 자기들 어깨 위에 날 올려놓고 환호성을 칠 거야. 그 순간… 그들 위에서 흔들거릴 그 순간 내 삶은 거기 있는 거야. 그 한순간에 내 모든 삶이, 그 한순간에….

(하늘을 향해 팔을 벌리고 위를 쳐다본다.)

배우로서 최소한의 생활이 불가능했어. 연극계는 학연 지연 줄서는 운에 따라 이리저리 갈라지고 배우에 대한 대우도 형편없을 때였어. 연극해서 개런티 받는다는 건 상상할 수도 없는 시대였으니까. 자비로 무대의상을 마련할 때라, 몇 푼 받고, 옷값 내면, 또 빈털털이가 되는 거지….

(의자로 가서 앉는다.)

연기력이 형편없는 작자가 줄 잘 타서 국립극장 전속 배우가 되는 걸 지켜보았고, 주연배우하는 것도 지켜봐야 했지. '만선'을 공연할 때였나?… 나 같은 신인들은 뱃사공1,2 중 대충 나눠서 했는데, 그중에 아부대장이 있어 미움을 받았지. 배가 출항할 때, '돛 달아라!' 외쳐야 하는데, 우리는 평소, '좆 달아라!'하고 외쳤단 말이지. 아부대장만 빼고 우리끼리 짜고, '돛 달아라!' 외쳐야 할 때 아무도 소리치지 않았어. 그 아부대장만, 목청껏 '좆 달아라!' 외쳤지. 하하… 불안한 기다림 속에 시간만 흘러갔어… 열차 바닥에 신문지 깔고 앉아 상경해서 변변한 주역 하나 해보지도 못하고 주변머리만 빙빙 돌던 때였지. 세상은 공정하지 못하다는 것을 도저히 받아들일 수 없었고 이해할 수도 없었어. 빌어먹을! 나는 한 마리 피래미에 불과했다. 밟아도 보복해줄 후원자, 든든한 백그라운드가 없는 놈이었던 거지. 온전히 나 자신의 능력 하나만으로 세상을 뚫고 나가기엔 배우라는 직업은 너무 나약했던 거다.

(사이)

너가 태어났을 때, 준비가 전혀 안 되어 있어서 내 런닝으로 너를 감쌌어.

(팔로 뭔가를 안는 몸짓을 한다.)

오냐 오냐. 아가 울지마. 아버지다. 아버지… 뚝… 허허. 정말 뚝 그치네. 어디서 왔냐? 바오밥나무 별에서 왔냐? 은하수 건너서 왔냐?… 하하. 정말 이쁘게 생겼구나… (여자 목소리로) 남자애는 이쁘다고 하는 게 아니에요. 핸섬하다고 하는 거지… (남자 목소리로) 여자애보다 더 이쁜 걸. 이쁜이라고 부를테다. 우리 이쁜 장꾼님. 하하….

(사이)

우리는 난민촌에 살았다. 여러 세대가 같은 화장실을 쓰고, 쓰레기

가 지천으로 쌓인 곳이었다. 내가 믿을 수 있는 것도 ,내가 가진
것도 연기에 대한 열정뿐이었다… 능력 없어도 백 있는 자에겐
쉽게 길이 열리는 부조리한 세계… 나는 울분으로 가득 차서 누구
라도 싸울 듯이 덤벼들었다. 나는 미친 햄릿 같았다.

(사이)

사느냐 죽느냐, 이것이 문제로다! 모멸을 참고 삶을 택할 것인가.
죽어 잠들 것인가. 잠들면 꿈을 꿀 테고, 꿈은 어떤 것인가? 미지
의 세계에 대한 불안 때문에 삶에 집착하는 것인가? 어째서 가난
한 자는 죄책감을 가져야 하는 거지? 성경말씀에도 부자는 가난한
자에 비하면 죄책감이 훨씬 덜하지. 반성은 약한 자의 것이니까.
강자는 반성을 하지 않아. 반성할 필요가 없으니까. 반성이란 강자
가 약자입장이 되어야 가능할 테니까. 생이 주는 치욕을 견디는
힘이 뭐냐. 천민자본가의 멸시, 권력자의 횡포, 동료의 배반감, 사
랑에 버림받음, 학연 지연 따돌림, 어딜 가나 거만한 관료체제, 유
덕한 사람에 가하는 쫄따구들의 오만불손. 이 모든 걸 어떻게 견
디느냐!

(사이)

타락하고 부정하게 흘러가는 세상을 도저히 용납할 수 없었어.
진흙탕과 낄낄거리며 흘러가는 인간들… 나는 그들을 미워했다.
죽도록 미워했다.

(아이를 안은 모습)

아가, 울지 마라. 낮에 뭘 먹였어? 애가 왜 이러지? 대체 왜 우는
거야?
넌 밤마다 울기 시작했다.
당신이 소리지르니까 애가 놀란 거잖아요!
우리는 매일 밤 싸우기 시작했다.

당신이 뭘 알아! 밖에서 얼마나 힘든지 알기나 해.
난 널, 집어던졌다.

(아이를 침대로 집어던지는 시늉)

아가, 아가…
이불 위로 살짝 집어던졌을 뿐이다. 나를 무능력자로 취급하는 네
어미의 잔소리를 벌하기 위해서지. 아비는, 부드러워질 수 없었어.
폭발하기 직전의 화산처럼 우르릉거렸다.

(소리친다.)

야, 개자식들아. 그것도 연기라고 하냐?
야, 지랄 같은 세상! 뒈져버려라!

(왔다갔다한다.)

누구라도 죽이지 않으면 견딜 수 없었어.
무조건 걸었다.

(무대 앞으로 걸어나온다.)

닥치는 대로 약국에 들어갔다.
며칠 동안 잠 한숨 못 잤습니다. 제발 잠 좀 재워주시오… 정말입
니다. 잘 수 있다면, 소원이 없겠습니다.

(손바닥에 약을 올려놓고 세는 시늉을 한다.)

한 알, 두 알, 세 알, 네 알…
명동에서 종로까지 반나절을 걸어다니며 50알을 샀다.

(다시 걷는다.)

이상한 일이지.

수면제를 한 알, 두 알 사 모으면서, 한 놈, 두 놈, 미웠던 놈들이 한없이 측은해지는 거다. 그놈들도 살기 위해 몸부림치는 거다. 뒤에서 욕한 놈들, 이간질한 놈들, 밀어낸 놈들, 배반한 놈들… 그들 대신 나를 죽이기로 하는 순간, 용서가 되고, 말할 수 없는 평화가 밀려드는 거다.

(천천히 거울 앞으로 걸어간다.)

그 자식! 성질은 더러워도 연기하나는 끝내줬어.
자식들. 내가 죽으면 뭐라고 떠들어댈까.

(알약들을 땅콩을 먹듯 하나하나 씹어먹는 시늉을 한다.)

집에 가는 버스에서 50알을 물 없이 하나하나 씹어먹었어.
너에 대한 생각도, 늙으신 부모 생각도 할 수 없었어.
다만, 나는 죽는구나. 이런 생각뿐이었다.

(침대에 눕는다. 사이. 여자 목소리로)

여보, 정신차려요. 왜 그래요? 뭘 먹었어요?

(아이 목소리로)

아아아빠… 아빠… 아아아
허둥거리는 네 엄마와, 아빠를 부르며 웃고있는 너를 보고서야, 미쳤어. 정말 내가 미쳤구나. 생각했다.

(일어나 앉는다.)

눈을 뜨니, 이불 위에 시커먼 약을 토해 놓았더군.
죽는 것도 맘대로 되지 않았지. 대신 위장만 작살낸 거다. 평생동안 위장약을 끼고 산 것도 그 때문이다.

(속쓰린 표정을 짓는다.)

지금 대체 몇 시지?

(시계를 본다.)

밤 열 시. 저녁 먹긴 틀렸다. 뭐라도 먹어야지 빈속이면 더 쓰릴 텐데….

(냉장고에서 물병을 꺼내 위장약과 함께 마신다.)

어느 정도 자라면 너하고 낚시도 하고 등산도 할 생각이었지.

(인형을 들어올린다.)

넌 뭘 좋아했더라?… 껌을 좋아했다… 풍선껌… 종종 삼키기도 했어. 어떤 날은 한 통을 다 먹기도 했다.

(산타복을 벗긴다.)

아홉 시면 잠을 재웠지. 자자, 옷 벗고 자야지….

(침대에 눕힌다.)

그놈 누굴 닮았는지 자알 생겼네.

(인형의 얼굴을 들여다본다.)

아가… 아가!… 왜 이렇게 떨지… 아가 아가 정신차려! 아버지야 아버지.

(인형의 팔다리를 마구 주무르기 시작한다.)

굳어진다! 굳어진다! 새파랗게 굳어진다! 여보, 가서 의사를 불러 와! 의사를! 아니야, 아니야. 가는 게 빠르겠어!

(아이를 안고 뛰는 시늉을 한다. 여기저기 병원문을 두드리며 소리

친다.)

아이를 살려주시오! 급해요, 급해!… 의사는 어디 갔소? 의사는, 의
사는 어디 갔소?… 딴 병원 가라니? 지금 시간에 어딜 간단 말이
오? 의사를 깨워요. 의사를!… 출장 중이오? 제기랄!

(다시 뛰기 시작한다.)

환자요 환자! 문 열어요! 문!

(다시 뛰기 시작한다.)

문 열어요! 문! 제발, 문 좀 여시오!

(아이를 안고 주저앉는다.)

막다른 골목이었지. 새벽이 밝아오고 있었어… 니 엄마가 신발을
들고 달려왔다. 난, 신발도 신지 않고 뛰었던 거지… 신기하게도,
평온하게, 내게 안겨, 새근새근 자고 있더구나. 아아, 괜찮아. 이젠,
괜찮아!

(다시 달린다.)

나는 한달음에 달려와 널 눕혔다.

(침대에 아이를 눕히는 시늉을 한다.)

이젠 괜찮을 거야. 괜찮아… 괜찮아….

(검지로 입을 막으며)

쉿….

(발뒤꿈치를 들고 살금살금 식탁 앞에 가서 앉는다.)

내가 여덟 살 때, 아버지는 나를 이층 난간에 올려놓으시고는 품

속으로 뛰어들라고 하셨다. 겁이 나서 머뭇거리니까, 염려말고 뛰라고만 그러셔. 그래 뛰어내리니 비켜서는 거야… 나는 다리를 부러뜨렸지. 땅에 떨어져 아파서 절절맬 때, 아무도 믿지 말아라 아버지라도 믿어선 안돼 하고 말했어….

(숨을 몰아쉰다.)

난, 아버지가 싫었다. 내 아버지와는 다른 아버지가 되고 싶었는데….

(두 손으로 얼굴을 가리고 웅크린다.
기억하고 싶지 않은 장면이 떠오른 듯 머리를 흔들며 신음한다.)

난 방법을 몰랐다. 아, 몰랐던 걸까. 알았다 해도 그땐 방법이 없었어.

(고개를 든다.)

넌 또다시 발작을 했어. 네 엄만, 내가 소리를 질러서, 너가 놀랐다는 거야. 그래서 발작을 한다는 거지. 그 말이 맞을지도 몰라. 하지만, 병원에선, 돌이킬 수 없는 병이, 이미, 너와 함께 만들어졌다고 했어.

(사이)

제발, 발작만이라도 멎게 해주시오.
고통스런 몸부림을 지켜볼 수 없어서, 뇌성마비 보호병원에 맡겼는데, 한 달 병원비가 난민촌에 살고 있는 우리 생활비와 맞먹었지.
못된 놈들! 천벌을 받을 놈들!
약이라곤, 수면제만 줄 뿐, 다른 처방도 없이 그저 사육하듯이…
아, 그땐 그게 최선이었다. 아비로선 유일한 해결책이었어. 한가닥 희망만을 가지고, 기적이 일어나길 빌었어. 꿈이길, 나쁜 꿈이길,

어서 빨리 깨어나는 짧은 꿈이길, 빌었어.

(의자에서 일어난다.)

 하루는 면회를 갔다.

(침대로 간다.)

 자니?…. 아버지다….

(인형을 안아 일으킨다.)

 힐끗 올라간 눈초리로 씨익 웃더구나.
 알겠냐? 아버지다. 아버지… 아버지, 불러봐.
 부끄러워? 고개 돌리지 마. 웃지만 말고, 날 좀 봐.
 이리 와. 얼마나 컸는지 안아보자.

(인형의 팔을 만진다.)

 팔이, 팔이 어떻게 된 거야. 아, 이럴 수가! 팔이 부러졌어. 팔이
부러졌어!
 간호사! 간호사! 이봐요. 팔이 부러졌어. 언제, 언제 부러진 거
요…. 모른단 말이오? 이렇게 퉁퉁 부었는데, 어떻게 모를 수가 있
소.

(인형의 팔을 조심스레 모아 안는다.)

 여전히 넌 웃었다.
 화내는 날 보고, 반가워서 웃는 거냐?
 발작을 일으킬 때 이층 다락에서 굴러 떨어진 모양이라는구나.
 그날로 당장 집에 데려왔다.

(침대에 눕힌다.)

깊은 절망에 빠졌을 땐, 오히려 평안을 느끼지. 바닥을 짚을 때, 누구나 거기 오래 머물러 있지는 못해. 바닥은, 공처럼 튕겨오르게 하는 힘을 줘. 바닥에는 그런 힘이 있어. 밑바닥은 기댈 곳 없는 나약한 자를 강하게 해줘. 하지만, 꼭 그런 것은 아니지. 어떤 사람은 바닥에서 영원히 주저앉아 버리니까.

(생각에 잠겨든다. 망설인다.)

너가 정상이 아니라는 거. 평생 따라갈 장애를 가졌다는 걸, 인정해야 했다. 인정하길 거부한 네 엄마에 비하면, 나는 빨리 현실을 인정했다. 함께 바닥에 주저앉을 수는 없었지. 그렇다고 우울증에 빠진 네 엄마를 위로할 여유도 없었어. 난 더욱 일에 빠졌고, 지방 무대도 마다하지 않고 다녔다… 막이 내리면, 깊은 우울증에 빠진 네 엄마와, 시한폭탄처럼 터질 너의 발작이 기다리는 현실로 돌아왔다…. 나는 늪을 빠져나와야 했지. 네 할머니는 한창 치솟는 인기에 지장이 생길까봐 너를 시골로 데려갔다. 그렇다고 널 포기한 건 아니야. 내겐 다른 세계가 있었어… 새로운 역을 맡으면, 접신하려는 무당처럼, 부글부글 끓어오른다. 이스트 반죽이 부풀어오르듯 세포 하나가 분열에 분열을 거듭하여 나를 점령하는 거다. 눈, 귀, 가슴, 다리, 팔, 손….

(손을 떤다. 무대 위로 빠르게 구름의 그림자가 지나간다.)

이 손은, 알고 있었어. 내가, 내가 벗어나려 한다는 걸. 물에 빠진 사람이 지푸라기라도 잡듯이, 나는 다른 세계를 붙잡았다. 현실이 비참하면 비참할수록, 무대의 환상을 벗어나긴 힘들었다. 나는 세느강에 몸을 던지려던 여주공 안나의 팔을 잡으면서, 지푸라기를 잡은 거지. 차가운 파리, 자살하려는 여자. 여주인공의 절망은 내게로 번지고, 마약처럼 나를 마취시켰다. 사랑으로 죽음에서 벗어난 안나처럼, 가망없는 현실로부터 도망치기 위해 열병에 걸린 거다.

(거울로 다가간다.)

　자, 나를 자세히 봐. 내가 누구지?….
　누구나 언젠가는 진실과 맞닥뜨려야 할 때가 있어. 진실을 뒤늦게
안 오이디푸스처럼 사람들은 현명하지 않아. 그가 잘못을 저지르
는 순간을 알지 못하기 때문이지.

(사이)

　나도 그 순간을 알지 못했다.
　너와의 시간이 영원히 계속될 줄 알았어.
　넌, 이미 떠났고, 난 황폐해졌다.
　그래, 진실을 말하마.

(두 손으로 얼굴을 문지른다.)

　연기 속에 빠지면, 상대배우를 사랑할 수도 있게 되지.
　홍역을 치르듯이, 절제할 수도 없이 사랑에 빠진 거다.
　우리는 도피여행을 떠났지.

(사이)

　막이 내리지 않게 하기 위해….

(사이)

　홍역이 끝나면, 열꽃이 피듯이, 우리를 기다리는…. 현실이 두려워
서… 돌아갈 수도 없었다.

(파도소리 아련하게 들린다.)

　땅끝 바다 앞에 섰을 때, 그대로 바다로 뛰어들던지, 돌아가는 수
밖에 없었지… 붉게 물든 바다가 검게 사라졌을 때, 니 얼굴이 떠

올랐다. 사랑 때문에 운 게 아니라, 널 생각하며 난 울었다.

(사이…)

내가 돌아왔을 때, 이미 넌 죽었다.
내 손에는 화신백화점에서 산 케익이 들려져 있었다.

(케이크를 식탁 위에 올려놓고 네 개의 초를 천천히 꽂는다.)

너가 죽은 지 십 년이 지난 어느 날 방송국에서 어린이 종합병원
에 위문공연차 간 적이 있어. 거기서 너와 똑같은 아이를 보았다.
자라지 않고 그대로 멈춰버린 너. 한없이, 한없이 울었다. 주체할
수 없을 정도로 울고 또 울어도 눈물이 나오는 걸 어찌 해볼 도리
가 없었어. 같이 갔던 방송국 피디가 왜 그러냐고 묻더군. 처음엔,
동정심으로 우나보다 여기는 것 같더니, 내가 너무 우니까 뭔가
이상한 눈으로 봐. 내 아들이 저기 있어요. 나는 쉼호흡을 하며 말
했어. 피디는 그저 고개를 끄덕이고 더 이상 묻지 않았어. 그들이
자신의 아들일 수도 있다고 여긴 건지도 모르지.

(사이)

땅끝 바다에서 운 뒤로 십 년 동안 울지도 못했다. 아니, 울 자격
이 없다고 생각했지… 병든 널 버려두고, 도대체 나는, 무슨 꿈을
꾼 거지?

(사이)

당신 부모가 내 아들을 죽였어. 니 엄만 밤마다 소리쳤어. 그리고
그렇게 믿었지. 그러나 그건 사실이 아니야. 경기를 일으킬 때마다
약국에서 잠오는 약을 먹인 것 같아. 잠자는 동안에는 경기를 하
지 않았으니까. 어머니로서는 약사가 주는 약을 믿고 먹였겠지. 아
주 조금씩 약에 중독된 너는 영원히 깨어나지 않았어. 부모님은
죽은 너를 단지에 넣어 보냈다. 넌 잠자는 모습으로 단지 속에 들

어 있었다.

(귀를 막고 웅크린다.)

니 엄만 비명을 질렀다.
아, 지금도 끔찍한 비명소리가 들리는 듯 하다.

(환청처럼 들리는 여자의 비명소리)

아주, 오래, 오래, 질러댔지. 나에 대한 배신감, 임신한 아이에 대한 두려움… 그래, 니 엄만, 다시 아이를 뱄지.

(천천히 사진을 올려다본다.)

바로 니 여동생. 저기, 웃고 있는 아이의 엄마다.

(라이터로 촛불을 하나하나 붙인다.)

니 엄마의 신뢰를 찾기 위해 노력했지만, 불가능했어. 한밤에 눈을 뜨면, 옆자리에 누워있어야 할 사람이 사라져 버리는 일도 있었지. 건강한 아이를 낳았지만, 깊은 바다가 우리 사이를 가로막았다. 어쩌면, 슬픔 때문에, 우린, 서로 미쳐버린 건지도 모른다… 결국, 우리는 이혼을, 했어.

(촛불을 뚫어지게 쳐다본다.)

열이 나면 다른 열을 쫓아 버리듯이, 새 가정을 꾸려, 지난날의 상처를 씻어내고자 했다. 나는 좋은 아버지가 되고자 노력했다.

(사이)

사람들은, 누구나, 자신이 사랑하는 사람으로부터 도망치려는 습성이 있는 게 아닐까. 그러나, 분명한 사실은… 이제, 더 이상 도망갈 곳이 없다는 것이다.

(벽의 스위치를 끈다.)

　어쩐 일인지 오늘밤이 익숙해.
　매일 맞이해 온 밤처럼 낯설지가 않아.

(인형을 안고 의자에 앉는다.)

　자, 촛불을 꺼야지?

(촛불을 불어 끈다. 트리의 불빛만이 반짝인다.
전화벨…. 아버지는 전화를 보고 꿈쩍도 않는다.
사이…. 아버지는 담담하게 일어나 전화를 받는다.)

　나다… 울지 말고 말해… 지금, 떠났단 말이지?….

(수화기를 내려놓으면, 암전된다.)

제 3 부　영혼을 위한 긴 여행

(무대는 어항처럼 물고기떼 그림자로 가득 찬다.
외투를 입고, 떠날 준비를 하고 의자에 앉아 있는 아버지.
인형은, 이유식 의자에 앉혀져 있다.
창 밖으로 새벽빛이 들어온다.)

아버지　낚시하기에 좋은 날이다.
　애야, 너에게만 말하지.
　낚시할 때, 난 한번도 찌를 단 적이 없어.

(사이)

　왜 그랬는지 아니?

너의 유골을 호수에 뿌렸었기 때문이야.

(사이)

이젠,. 외롭지 않겠구나. 니 엄마가 유언하기를, 화장해서, 너가 뿌려진 호수에 뿌려달라고 했단다.

(사이)

그곳이 어디인지 나만이 알아.
내가 자주 가는 낚시터란다.

(사이)

누구나 잘못을 저지르고, 누구나 나이를 먹는다는 게 인생의 비극인지도 모른다… 내가 살아온 대부분의 날은, 비슷한 무대장치들을 빠르게 거쳐 지나가는데 쓰여졌다는 생각이야. 낯선 인물, 조금은 나와 닮은 인물을 받아들이고 이내 잊어버렸어… 환영을 쫓는데 너무 바빠 현실을 똑바로 볼 수 없었던 걸까?… 그래, 환상이 날 살게 한 거야. 아니, 그게 아니야. 어딘가 사로잡혀, 널 잊으려 한 건지도 모른다.

(사이)

널, 보내지 않은 건 나야. 여기 이 캄캄한 가슴속에 널 가두고, 열어준 적이 없지… 한번도, 열어준 적이 없어… 이제 널, 보내마.

(물무늬가 가득 진다.)

누구나 언젠가는 자신에게 솔직해져야 할 때가 반드시 오는 거야 그때는 도망칠 수도, 숨을 수도 없지.

(아득한 물소리)

저, 소리 어떠냐.

(물소리)

어릴 때 난 이런 장난을 좋아했다.
한쪽 귀를 막고, 친구녀석의 등에 나머지 한쪽 귀를 대는 거란다.
….
그러면, 녀석의 몸 속에 물소리가 들리지.
잘 들어봐라.

(물고기 한 마리가 무대 위를 가로지르며 헤엄쳐 간다.
조명은 은빛 찬란한 물고기를 향해 점점 줄어든다.)

슐라슐라….

어딘가 막힌 곳이 있을 게다. 탁한 물소리를 내는 곳.
내 생에 문제가 있다면, 거기다.
바로 너가 떠났던 자리구나.

(물고기가 무대 밖으로 사라질 때까지 아버지는 제자리에 화석처럼
앉아 있다.
음악과 함께 암전.)

—막

<장막희곡>

달을 쏘다!

등장인물

실장	정말희	의사
김장호	아내	여자
김과장	노모	중년여자
이기자	아이	양복 입은 인형
미스최	회장	비둘기 분장을 한 배우

장소

사무실
병원
벤츠 안
지하 방
김장호 아파트
호스트바
공항대기실

<무대>

무대는 자유로운 변형이 가능하도록 한다. 그러나 크게 두 부분으로 나눌 수 있는데, 지하와 고층빌딩 두 공간이다.
두 개의 공간은 각각 분명한 차이가 나타난다. 이 공간을 구분 짓는 것은 주로 유리창이 있는 사무실과 계단이 중첩된 공간들이다. 이들 공간들은 필요에 따라 다양한 장소로 사용된다. 연극은 서너 개의 장면이 동시에 진행될 수도 있다.

프롤로그

고층 사무실.
푸르스름한 달빛이 거대한 유리창을 통해 들어온다.
음악.
무대 구석에서 맨몸의 남자가 날개짓을 하고 있다.
그는 새처럼 자유롭게 비상한다.
바람소리.
추락하는 남자.
푸른 조명이 꺼지면서 유리창 깨지는 파열음이 울린다.
조롱 섞인 웃음소리와 함께 음악이 터진다.

제 1 장 미스 최를 유혹하는 실장

실장실.
황혼이 붉게 스며드는 유리창. 멀리 도시의 네온사인이 깜박인다.
관객을 등지고 거대한 의자에 앉은 실장의 뒷모습.
서류를 들고 미스 최가 등장한다.

미스최 실장님. 회장님께 올릴 보고서입니다.

실장 오늘 몇 일이지?

미스최 5월 23일 금요일입니다.

실장 금요일이라. (보고서를 보지도 않고) 다시 정리해.

미스최 예. (돌아선다.)

실장 미스 최.

미스최 예?

실장 그만해. 회장님은 귀국하시지 않아. 보고서는 쓸모 없어.

미스최 예….

실장 미스 최가 사회생활 처음이니까 배려하는 거야. 이것도 하나의 훈

런이거든. 나란 위인은 너그러움과는 거리가 멀지만, 종아리가 쭉 빠진 여자에겐 치명적인 중독증세가 있지. (미스 최의 허벅지에 시선을 준다.) 애인은?

미스최 (치마 끝을 내린다.) 있습니다.

실장 몇 살이지?

미스최 동갑입니다

실장 뭐해?

미스최 군대갔습니다.

실장 잘됐군. (양말을 벗는다.) 여길 좀 봐. 가시에 찔린 거 같아. 좀 빼줄 수 있을까?

미스최 (무릎을 꿇고 발바닥을 들여다본다.) 어디죠?

실장 (몸을 부르르 떤다.) 더 아래.

미스최 (엄지발가락을 만진다.) 여긴가요?

실장 아니야.

미스최 (발뒤꿈치를 들여다본다.) 여기요?

실장 아니.

미스최 여기요?

실장 시원하군.

미스최 가시는 없는데요.

실장 그야 당연하지. 미스 최 손끝에 녹아버렸을 테니까. (어깨를 내민다.) 여길 주물러주겠어? 뻐근해서 말야. 시원하군. 시원해. 손끝이 아주 단단해. 그런 손으로 하루 종일 컴퓨터를 만지겠군. 부러워. 컴퓨터가 부럽군. 언제 결혼할 건가?

미스최 동생들이 대학 졸업할 때까지 안 할 작정입니다.

실장 모두 몇 명이지?

미스최 세 명입니다.

실장 몇 학년이지?

미스최 중 3, 고1, 고3입니다.

실장 애인은 부자인가?

미스최 아뇨.

실장 돈이 필요하겠군. (선물을 준다.) 생일 축하해.

미스최 (감동한다.) 어머! 실장님. 어떻게 아셨어요?

실장 미스 최는 음력 4월 생이잖아. 음기가 가장 승할 때 태어났어. 그런 사람들은 한 남자로 만족하지 못해. 청춘은 잠깐. 노세노세 젊어서 노세. (미스 최, 수영복을 들어 보인다.) 어때? 내가 다니는 멤버십 수영장에 갈까? 금요일 저녁이면 나는 거기서 수영을 하지. 미스 최는 상류가 되고 싶지 않아?

미스최 사실, 전 수영선수였어요.

실장 어쩐지 몸매가 달라.

미스최 다이빙에 천재죠.

실장 좋아. 지금 그걸 갈아입도록 해.

(미스 최는 한 손에 수영복을 들고, 한 손으로 원피스 위에 걸친 가디건을 벗어 던진다. 끈적끈적한 섹스폰 연주와 함께 암전된다.)

제 2 장 강박관념

비뇨기과 진료실.
의사는 책상에 앉아 서류를 기입하고 있다.
벽에는 확대된 남성의 고환을 그린 그림이 걸려있다.
김장호는 맞은 편에 앉아 손수건으로 계속 손을 닦는다.

의사 선생의 정자는, 세계보건기구 기준에 부합되는군. 평균농도가 2000만 마리 이상이어야 하는데 겨우 400마리밖에 없어. 더구나, 정자 운동 능력면에서도 훨씬 뒤떨어지는군. 생존경쟁에서 탈락된 종자란 말이지. 활발하게 운동하는 놈은 겨우, 100마리야. 100마리. 이건 아주 심각해.

김장호 그럼, 불임입니까?

의사 내 생각엔, 강력한 흥분을 느끼지 않는다면, 불가능해.

김장호 어떻게 방법이 없을까요, 박사님?

의사 내가 준 링은 사용하고 있겠지?

김장호 사용합니다만.

의사 내가 준 주사는 어떻게 해?

김장호 기회가….

의사 없으시단 말이군. 선생은 신경성 조루증도 원인이야. 선생은 하루
      에 몇 번 손을 씻지?

김장호 자주, 자주 씻는 편이죠.

의사 횟수는? 대충 계산해서?

김장호 (손가락으로 세다가 포기한다.) 수시로, 아마 100번쯤.

의사 부부관계는?

김장호 한 달을 기준으로… 하는, 겁니까?

의사 일 주일.

김장호 (멍하다.) 모르겠습니다.

의사 그럼 한 달은?

김장호 … 한, 번? (손을 비벼댄다.)

의사 성공률은?

김장호 (고개를 숙인다.) 없습니다.

의사 좋아. 그렇게 자주 손을 비벼대나?

김장호 예, 아닙니다. (손을 턴다.)

의사 왜 그러나?

김장호 바이러스 때문에….

의사 밖에서는 식사를 못하겠군.

김장호 (주머니에서 수저통을 꺼내 보인다.) 만약을 대비해 가지고 다니죠.

의사 세상이 바이러스 천국으로 보이겠군.

김장호 그렇습니다.

(김장호는 계속 손을 비벼대고, 의사는 팔짱을 끼고 바라본다.)

의사   선생께서는 아주 심각한 강박관념에 시달리고 있어. 이건 아마도 정신의학적인 측면에서도 조사될 문젠데… 그 방면으로 내가 아는 유명한 신경정신과 의사 한 분을 추천해줄까? 그분의 도움이라면 선생의 손버릇은 고칠 수 있을 거야. 아, 참. 한 가지 의문점이 있어.

김장호   무슨….

의사   부인은 미인이야?

김장호   (자랑스럽게) 여고 메이퀸으로 뽑혔습니다.

의사   … 알겠군. 선생은 부인이 부담스럽지? 아니, (은근하게) 부인은 처녀였어?

김장호   처녀, 였냐고요?

의사   선생은 어떻게 생각할지 모르지만 이건 아주 중요한 사실이야. 당신이 어떻게 발기부전이 됐는지 열쇠가 여기에 있으니까.

김장호   제가 발기부전인 거하고, 아내가 처녀인 것하고 무슨 상관이죠?

의사   곤란하면 대답하지 않아도 돼. (기록을 보며) 여길 보면, 당신은 서른 일곱, 부인은 서른세 살에 결혼했군.

김장호   아내는 미인입니다. 아내는, 키도 크고, 늘씬하고, 쌍거풀도 졌고, 코도 오똑하고, 무엇보다 머리숱도 많습니다!

의사   부인의 성욕은 어떤가?

김장호   그걸, 싫어합니다. 착실한 기독교 신자가 될 때 아내는 나를 맞이한다고 했습니다.

의사   왜 기독교 신자가 되지 않나?

김장호   전, 싫습니다! (갑자기 흥분하며) 전, 아내의 남편이 아닙니다. 아내는 내 월급을 몽땅 교회에 갖다 바치죠. 새벽마다 하나님이란 남편한테 발정난 개처럼 짖어댑니다. 그것도 모자라 일 주일에 세 번씩이나 목사라는 젊은 놈한테 흥분해 다니죠. 그렇습니다. 아내는 저 같은 마귀는 상대도 하기 싫다는 거죠. 결혼할 때 하나님을

영접하겠다는 거짓 약속을 했지만, 도저히 그 짓은 못하겠단 말입
죠. 그, 그거 말이죠. 기도할 때 울부짖는 거 말이죠. 우스꽝스럽고
바보 같단 말이죠. 아내가 오르가즘을 느낄 땐 기도할 때뿐이라는
생각. 아, 난 말이죠. 살아있지도 않은 주 예수 그리스도 때문에
도통 기를 못 편단 말입니다.

의사 내 생각엔 말이지, 대화부족이야.

김장호 대화부족?

의사 커뮤니케이션의 단절이라구.

김장호 (깨닫는다.) 아!

의사 자네는 슈퍼맨 행세를 했지? (김장호 고개를 끄덕인다.) 솔직히! 아
내가 슈퍼우먼이길 원했지? (김장호 고개를 끄덕인다.) 이 두 가지
욕구 때문에 분열을 일으켰어. 자, 한 가지만 더 묻겠네. 아내에게
도움을 요청한 적이 있는가? 솔직하게 (김장호 고개를 가로젓는다.)
왜? 왜 그랬는가? 아하! 자존심 때문이지. 그 알량한 자존심. 남자
라는 자존심. 인간이기 전에 남자의 우월감. 당신의 약점은 남자의
약점이야. 남자의 자존심보다 인간의 자존심이 더 중요한 거지. 그
차이를 아는가?

김장호 (멍하다.) 아뇨.

의사 정자를 살 생각은 없어?

김장호 저는, 뼈대있는 집안의 장손입니다.

의사 족보에 집착하는군. 선생의 이름은 계속되는데, 그게 무슨 상관인
가.

(의사는 서랍에서 약병을 꺼낸다.)

의사 (득의 만만한 미소를 짓는다.) 이 약에 대한 소문 들었어?

김장호 에로그라?

의사 연구결과에 따르면 이르면, 30분, 늦으면 4시간 후 발기되지. 하루
1회 복용하며, 가격은, 좀, 비싸.

김장호 얼마나 비싸죠?

의사   한 알에 200만원. 놀라지 마. 다음달엔 300만원으로 오를 테니까.
       없어서 못 팔아. 이걸 한 알 먹어본 자는 한 달 밤낮을 가리지 않
       아. 핵폭발이야. 핵폭발! 인간이 달을 정복한 이래 최대의 쾌거야.
       어떻게 하시겠어?

김장호   먹어도 효과가 없으면 어떡하죠?

의사   내가 보증해. (은근하게) 오늘도 세 건이나 뛰었어.

김장호   카드도 됩니까?

의사   물론이지. (문밖을 향해) 간호사! 다음 손님!

       (김장호 진료카드를 건네 받고 어리둥절하게 일어나면 암전)

제 3 장   일상의 표면으로 튀어오르는 물방울

어둠 속에서 전화벨.

중년여자   (심한 허스키) 김과장 왔어? 내가 누군지 알 거 없고, 그 여자
       출근했는지 안 했는지 대답만 해. 나, 아침부터 욕하고 싶지 않아.
       출근 안 했지? (숨을 거칠게 헐떡인다. 심장박동도 쾅쾅 울린다.) 그
       년이, 어젯밤에, 또, 잤어! 악! (뚜뚜 끊어지는 신호음)

조명 들어오면 사무실.
책상에 두 다리를 올려놓고 엉덩이로 회전의자를 빙글빙글 돌리며 인
쇄본을 읽는 정말희. 한껏 멋을 냈으나 피에로같은 복장. 뽀글파마에
주근깨 투성이. 원색적인 옷차림은 전혀 배색이 맞지 않는다.

정말희   직장에서의 성희롱에 관한 기록은 아무리 늦게 잡는다 해도 영
       국의 산업혁명 때부터 발견된다. 여성이 농촌을 떠나 공장으로 와
       서 일하기 시작하던 때인 산업혁명 이후 성희롱에 관한 일화들이
       쏟아져 나온 것이다. 예컨대, 19세기 말과 20세기 초 사이에 미국

뉴욕시의 의류 공장은 러시아로부터 이민 온 젊은 여성들을 값싼 임금으로 고용했는데, 남자 상급자들의 가장 손쉬운 성희롱의 대상이 되었다. 그래서 영어를 제대로 익히지 못한 러시아의 어린 여공들이 가장 먼저 배운 영어가 "제발 내 몸에 손대지 마세요" 였다는 기록이 있다. 다음 달 기획기사로 어때?

(조명, 밝아지면 미스 최 꽃꽂이를 하고 있다.
출입구 바로 옆에 이기자의 책상. 무대 안쪽에 김과장과 김장호, 정말희의 책상.
실장실로 통하는 문 앞에 미스 최의 책상이 놓여있다.)

미스최　실장님이 허락하실 지 몰라. 성희롱은 좀 민감한 문제거든.
정말희　섹슈얼 허레스먼트. 성희롱은 번역된 말이야. 원래. 섹슈얼은 성적이란 뜻이고, 허레스먼트는 괴롭히다. 귀찮게 굴다. 지긋지긋하게굴다라는 뜻인데, 우리말로 번역된 성희롱이라는 용어는 '그럴 수도 있지 않느냐' 는 뉘앙스를 풍기는 바람에 원어에서 갖는 고통스러움과 지긋지긋함이 빠지는 기분이 들어, 유감이야.
미스최　말희 언니. 성희롱 당한 적 있어?
정말희　오, 노! (복사물을 정리한다.) 넌?
미스최　…. 내 몸에 손대지 마세요가 영어로 뭐더라?
정말희　플리즈. 돈 터치 미. (자기 가슴을 더듬으며 콧소리로) 오, 플리즈. 플리즈 돈 터치 미. 오, 오, 플리즈. 흥흥 플리이즈….
미스최　제발 만져달라는 것 같은데.

(문이 활짝 열리며 김과장이 등장한다. 짝 달라붙는 검은 슈트 차림에 카메라 가방을 매고 손가방을 들었다. 짧은 단발머리에 붉은 립스틱이 요염하다.)

김과장　(코맹맹이 소리로) 굿모닝! 회의 있는 거 아시죠? 김장호씨는 안 나왔어?
미스최　예. 아직요.

김과장　그 사람 홍보실에서 뭘 하라는 건지 몰라. 나 같으면 사표 쓰겠
　　　어. 영업부에서 이쪽으로 밀려올 땐 알아야 하는 거 아니니?

미스최　실장님께서 마지막 기회를 주신 거죠. 여기서도 적응 못하면, 그
　　　사람은 끝장이에요.

김과장　설마, 내 자릴 넘보는 건 아니겠지?

미스최　설마 과장님 자리 넘보겠어요?

정말희　설마가 사람잡아요.

김과장　어머! 정말희. 머리가 그게 뭐야. 옷하고 콘셉이 전혀 안 맞잖
　　　아. 세상에 그런 옷엔 컷이야. 컷. 정말 컬트같이 입고 왔다 애.

정말희　컬트영화, 좋아하거든요.

김과장　명색이 사보기잔데, 그런 옷차림으로 취재하러 갔다간 무시당하
　　　기 딱 알맞아. 정말 감각이 제로야. 하긴, 실장님은 의외로 백치미
　　　를 좋아하거든.

정말희　백치미요?

김과장　(손을 내밀며) 담배 있어?

정말희　없는데요.

김과장　글쟁이들은 담배가 필수 아니니?

정말희　못 피는데요.

김과장　어머 애 좀 봐. 근성이 없잖아. 우리 사진하는 애들은 끽연과 연
　　　애는 기본이야. 이쪽 잡지 일이라는 게 근성이 있어야 돼. 강한 승
　　　부근성. 그게 프로야. 프로는 아무나 되는 줄 알아? 쟁이가 되려면
　　　외모부터 쟁이 기질을 뿜어봐!

정말희　그럼, 머릴 칠까요?

김과장　치든 말든 니 멋대로 해. 전화 온 건 없어?

정말희　(작은 소리로) 그 여자한테 왔어요.

김과장　어디? 천호동?

정말희　구의동요.

김과장　완전 사이코야. 지 남편이 누구랑 바람 났는 줄 감도 못 잡고
　　　난리야. (책상 위에 놓인 기획안을 펼쳐본다.) 미스 최, 회장님 오늘

몇 시에 도착하니?

미스최 전용 비행기로 오시니까 시간 같은 건 정해지지 않아요. 더구나 회장님 성격은 즉흥적이라 어떻게 방향을 바꿀지도 모르죠. 실장님께서도 그 점에 주의하시느라 늘 신경이 날카로워요.

김과장 정말희! 기획기사로 적절하다고 생각해? 안 그래도 여직원 많다고 소문났는데, 성희롱 문젤 꺼내봐. 제일 먼저 실장님이 의심받아. 실장님이니까 여직원 뽑지. 무서워서 여직원 뽑겠니.

미스최 실장님도 반대하실 걸요.

정말희 설문조사 결과 49.9%가 직장생활의 복병을 성희롱이라고 말했는걸요.

김과장 내 선에서 캇트야. 커피나 마시자. 김장호씬 보고서 다 썼나 몰라.

(김장호 서류가방을 들고 귀를 후비며 등장)

김장호 늦어서 죄송합니다. 죄송합니다.

김과장 어머 양반은 못 돼. 호랑이도 제 말하면 온다고 김장호씬 양반 되긴 글렀어.

정말희 커피 드실래요?

김장호 아니. 커피 안 마셔요. 내가 아는 사람 중에 하루에 커피 일곱 잔 마시는 녀석이 있었는데 어느 날 갑자기 죽었어요. 은행원이었는데, 커피 마시고 계산하다가 어 어 하더니 쓰려져 죽었대요. 어 어 하더니. 그게 말이 되요? 죽을 때 어어만 하다가 죽는다 말입니다. 어어가 무슨 뜻이냐면, 어어는 하나의 의문문이죠. 아니면 감탄사.

정말희 감탄사예요 (커피를 탄다.)

김장호 녹차를 마시세요. 똑같은 카페인이라도 녹차의 카페인은 커피의 카페인보다 카페인의 종류가 다른 카페인이니 만큼, 이는 녹차의 카페인이 커피의 카페인보다….

김과장 보고서나 줘봐요. 간단명료하게 최근의 주요기사를 요약했나 몰라.

김장호 여기 있습니다.

김과장 어머, 이건 너무 두꺼워. 빡빡해. 회장님은 돋보기를 쓰셔요. 더 크게, 글자를 더 크게 키워요.

미스최 회장님이 돋보기를 쓰시는지 어떻게 아세요?

김과장 노인들은 모두 돋보기를 써. 더구나 회장님은 팔순이 넘었잖아.

미스최 전, 여기 일 년째 근무하지만, 한번도 회장님을 직접 본 적이 없어요. 회장님은 언제나 로마 아니면, 그리스, 영국, 미국, 캐나다, 브라질, 등지에 계시거든요.

김과장 미스 최! 경고하는데, 윗사람이 말할 땐 샷터내리고 가만있어.

미스최 예.

김과장 이봐요. 김장호씨. 적당히 알아야 할 것만 써요. 이게 뭐예요. 논문 쓰는 것도 아니잖아.

김장호 (귀를 후빈다.) 신문의 기사 요약은 일어난 사건만 제시할 뿐 원인이나 전망은 없이 그저 표피적이고 과장되고 위선적이고….

김과장 귀는 왜 후비세요

정말희 (김과장 앞에 커피를 놓는다.) 면봉 드릴까요?

김장호 (새끼손톱을 보이며) 요만한 도청장치 본 적 있어요? (모두 어리둥절하게 고개를 젓는다.) 보시겠어요? (정말희 들여다보려 한다. 귀를 내밀며) 여기, 여기 들어있나 볼래? 도, 도청장치 같은 거. 자세히 보면 보일 거야. 쏘니에서 만든 최첨단 도청장치지.

김과장 오마이갓! 나까지 돌아버리겠어.

정말희 어디?… 안 보이는데요.

(정말희와 김장호는 귀를 맞대고 귀를 기울인다.)

김과장 (미스 최 팔을 끌며) 미스 최 잠깐 나 좀 봐. 오후에 편집회사 사장을 만나야 하니까 진행비 지금 줘.

미스최 아직 못 받았어요.

김장호 들려?

정말희 아뇨.

김과장 어떻게 된 거야. 실장님은 통장을 줬다는데.

미스최 진행비 주라는 명령은 내리지 않으셨거든요.

정말희 (김장호에게) 안기부에 쫓기세요?

김장호 외계인일지도 몰라.

김과장 오마이갓! 두 번 말하지 않겠어. 미스 최는 실장님 비서지. 여기 홍보실 과장은 나야. 사보에 관련된 진행비는 내가 관리해야 되는 거 아니니?

(김과장과 미스 최는 서로 팽팽하게 대립한다.)

김장호 혹, 인도 가봤어?

정말희 아뇨.

김장호 인도가면 180도 돌아버리나 봐. 내 친구 하나가 인도로 배낭여행 가더니, 직장도 때려치고, 태백산에서 도 닦고 있어. 나보고 갠지즈강에서 목욕하고 오래. 안 그러면 기가 막힌대.

(미스 최 서랍에서 봉투와 도장을 김과장에게 준다.)

미스최 비밀번호는 몰라요. 죄송합니다.

김과장 죄송할 건 없어. 미스 최는 비서의 업무에 충실하고 있으니까. 하지만, 미스 최. 정도를 넘진 마.

(이기자 헐레벌떡 들어온다.)

이기자 인쇄소 들렀다 오느라 늦었습니다.

김과장 다음부턴 인쇄소엔 퇴근 시간에 들려.

김장호 재미로 하는 말이 아니야. 시간 나면 나도 갠지즈강에 목욕하러 갈 생각이야.(귀에서 면봉을 꺼낸다.) 봐 도청장치.

김과장 실장님이 오기 전에 기본적인 아이템을 정리해야 하니까. 문닫아.

(이기자 투덜거리며 쾅 문을 닫는다.)

김과장 (훑어보며) 인물포커스에 비중을 두자구. 사회 각계각층의 인물취
　　　재를 매달 한 명씩 하는 거야. 그들의 성공과 좌절. 특히 세계적인
　　　성공을 거둔 자들에 중점을 두자는 거야. 이번 달 인물은 오페라
　　　가수 우수미잖아. 출발이 반이야. 인물취재 성공하면 우리 사보 품
　　　격뿐만 아니라 회사 이미지도 상승된 거야.

이기자 저, 제가 우수미 취재할게요.

김과장 서열! 이기자는 정말희보다 학번도 늦고, 회사경력도 한 달이 늦
　　　어. 고작 하루 일찍 입사했어도 하늘과 땅 차이야. 나하고 한 살
　　　차이라고 사회경력도 일 년이라고 생각하면 오산이야. 난 사회경
　　　력 10년이야. 이기자는 올해 졸업하고 사회경력 빵이야. 명심해.
　　　정말희가 우선권이 있다는 걸. 알겠어?

이기자 알겠습니다.

정말희 과장님. 이기자가 해도 괜찮아요.

김과장 일 욕심이 있는 거야 없는 거야?

정말희 이기자가 하고 싶다잖아요.

　　　(경보)

미스최 실장님요!

　　　(모두 경직된다. 김장호는 빠르게 자판을 두드리고, 뜨거운 커피를
　　　한꺼번에 마시는 정말희, 책상을 반듯하게 정리하는 이기자. 미스
　　　최는 옷매무새를 단정히 하고 문 쪽을 향해 차렷 자세로 서 있다.
　　　김과장만 여유를 부리며 꼼꼼하게 립스틱을 칠한다. 사이)

정말희 누가 울린 거야?

미스최 수위아저씨.

정말희 참, 친절하시다.

　　　(문이 왈칵 열린다. 실장이 들어온다. 직원들은 인사한다. 미스 최는

잽싸게 가방을 받아들고 실장실 문을 연다. 실장은 직원들의 인사를 받지 않고 곧장 실장실로 들어간다. 재빠르게 뒤따르는 미스 최.
실장실에 조명이 켜진다.
미스 최와 실장의 행동은 무언으로 보여진다. 실장이 양복윗도리를 벗어 던지면 미스 최가 잽싸게 받아 옷걸이에 건다. 실장은 가죽의 자에 주저앉아 등을 기대고 눈을 감는다. 실장은 마라톤을 끝낸 사람처럼 굉장히 지쳐있다. 미스 최는 물컵을 탁자에 놓고 로얄제리 하나를 꺼내 실장의 입에 넣어주고 물도 먹여준다.
사무실의 직원들은 실장실의 문을 향해 부동자세. 김과장은 김장호에게 보고서를 손으로 재촉하여 받아들고 문 앞에서 귀를 기울인다. 실장이 고개를 들면, 미스 최 서류를 준다. 실장은 사인을 하고, 엄지손가락을 움직이며, 볼펜을 집어던지듯이 책상에 놓는다.
미스 최 사무실로 나온다.)

미스최 과장님 들어가 보세요.

(김과장 실장실로 들어간다. 직원들은 노심초사 실장실 문에 귀를 기울인다. 김과장, 요염하게 웃으며 인사한 뒤 보고서를 책상에 펼쳐놓는다. 실장은 화난 표정으로 대충 훑어본 뒤 갑자기 바닥에 획 집어던진다. 직원들은 모두 움찔 몸을 떨고, 김장호는 거의 사색이 되어 광적으로 귀를 후벼댄다. 김과장은 흩어져 날리는 보고서를 주워 모은 뒤 경직된다. 실장은 자리에서 일어나 낚아채 듯이 김과장의 손에 들린 보고서를 뺏어들고 사무실로 나간다. 김과장은 멍하니 자신의 빈 손을 보다가 얼른 실장의 뒤를 따른다.
사무실에 실장이 들어서면, 정말희와 이기자는 본능적으로 자신의 책상으로 피한다. 실장은 곧장 김장호의 얼굴에 보고서를 집어던진다. 보고서는 김장호의 이마에 직통으로 떨어지며 산산이 흩어진다.)

실장 야, 너 정말 최고대학 나왔어?

김장호 예.

실장 최고대학놈들! 이제 보니 완전히 똥통 수준이잖아. 이것도 보고서라고 썼어? 도대체 몇 번째야! 말해봐!

김장호 여, 여섯 번째입니다.

실장 오늘까지 합해 일곱 번째야.

김장호 에, 그러니까 그건, 에, 애초부터 잘못된 겁니다. 저는 회계사입니다. 숫자나 계산하고 통계나 낼 뿐이지 신문기사 요약은 제 체질에 맞지 않습니다.

실장 안 맞으면, 관둬!

김장호 (손을 심하게 비빈다.) 저….

실장 지금 맞는지 안 맞는지 그거 따질 때야? 자넨 감원대상자야. 사돈의 팔촌이 무슨 봉인줄 알아? 응? 이 바보 같은 인간아.

김장호 그렇게 말씀하시다니, 너무 심합니다. (가방을 주섬주섬 챙긴다.)

실장 어딜 가.

김장호 (용기를 내어) 개 같은 놈! (퇴장한다.)

실장 허! 저놈이 뭐라고 그랬지?

정말희 개같은 놈요.

실장 그래, 개 같은 놈! (웃는다.) 살았군. 살았어. 완전히 죽진 않았군 그래. 보고서 미스 최가 요약해. 밤을 세워서라도 다시 뽑아서 정리해.

미스최 예.

실장 그리고 정말희씨. 사보 목차는 뽑았지?

김과장 예.

실장 난 정말희씨에게 물었어요.

정말희 예?

실장 (실장실로 들어가며) 정말희씨 가지고 와요. 미스 최 커피!

정말희 예, 실장님.

    (미스 최 나가면, 김과장은 팔짱을 끼고 실장실 문을 노려본다. 이기자는 슬금슬금 다가온다.)

이기자 괜찮으세요? 과장님?

김과장 왜 남자직원이 한 달도 못 견디고 사표 쓰는지 알아? 일부러 호랑이 새끼를 키울 필요가 없거든. 어쩜 그게 실장님 장점인지도 몰라.

이기자 　우수미는 저랑 여고동창이에요. 저도 한때는 음대를 가려고 했
　　　　죠. 팔 년씩이나 재수했거든요.

김과장 　성악으로?

이기자 　아니, 피아노예요. 아무리 연습해도, 시험장에만 가면 엉망이 돼
　　　　요. 건반만 짚으면, 줄에 달린 인형같이 누군가 내 팔을 마구 조종
　　　　하는 거예요.

김과장 　그래서?

이기자 　아무나 인터뷰 요청 못 할 거예요. 우수미와 전 아주 절친한 사
　　　　이에요.

김과장 　말희씨가 허락한다면 해도 좋아.

이기자 　감사합니다. 그리고, 저, 말희씨와 책상을 바꾸고 싶어요.

김과장 　왜?

이기자 　문 옆에 있으니까, 도무지 일할 수가 없어요.

김과장 　책상의 위치가 서열의 위치와 같다는 건 알고 있겠지?

이기자 　예.

김과장 　원하는 게 뭐야?

이기자 　(문옆의 자리를 가리키며) 저 자리만 벗어나고 싶어요.

김과장 　말희씨가 승락한다면 그렇게 해. 어차피 내 자릴 위협하는 건
　　　　말희씨니까.

이기자 　예?

김과장 　아니야 아무것도.

제 4 장 유 혹 1

(실장실에 조명 들어온다. 실장은 가죽의자에 앉고, 정말희는 책상 앞에 선다. 실장은 의자에 앉은 채 팔만 움직이며 천천히 중국식 기공체조를 한다.)

실장 (부드럽게) 어때? 서울생활은 힘들지 않아요?

정말희 예.

실장 머리를 볶았군.

정말희 과장님이 볶으라고 해서 볶았어요.

실장 (여전히 체조를 하며 보고서를 본다.) 목차가 좋군. 나도 한때는 시 쓰고 돌아다닌 적 있지.

정말희 어머, 그러세요?

실장 (손바닥으로 바람을 잡는 시늉을 하며) 애인은 있어요?

정말희 없어요.

실장 정말?

정말희 예. 제가 좋아하는 남자는 절 안 좋아하거든요.

실장 흠흠. 말희씨는 소설로 등단했던가?

정말희 예. 우리 엄만 내가 컨닝해서 등단했대요. 등단이 무슨 시험인줄 아나 봐요. 하긴 시험이지만. 옆에서 훔쳐볼 순 없는 거잖아요.

실장 소설 쓴다니 믿어지지 않아.

정말희 저도 그래요.

실장 하하. 말희씨가 어떤 소설을 쓰는지 궁금해 (호흡을 조절하는 운동을 한다.) 하!

정말희 태어나서 처음 쓴 작품이 당선된 거예요. 저도 깜짝 놀랐어요. 노인이 식물이 돼.

실장 하.하.하

정말희 발에서 뿌리가 생기고 땅에 묻혀 점점 딱딱한 나무가 된다는 그런 이야긴데요.

실장 (점점 빨라진다.) 하하하…. 하하하….

정말희 (점점 빨라진다.) 꿈 장면을 쓴 거예요. 꿈의 시간은 현재의 시간도, 상상의 시간도 아닌 그 중간단계거든요, 말하자면 천국도 지옥도 아닌 연옥을 닮았어요. 가만히 있으면 그런 시간이 내게 다가오는 걸 느껴요. 그럼 전 한없이 행복해지거든요. 실장님도 꿈을 많이 꾸세요. 그럼 저처럼 그걸 소설로 쓰면 등단하실 거예요.

실장 휴! (시가를 꺼내 피운다.) 저, 말야. 말희씨. 편집장의 능력에 대해 어떻게 생각해.

정말희 과장님요?

실장 투서가 들어왔어. 김과장의 문란한 사생활 때문에 회사 이미질 망칠 순 없으니까.

정말희 과장님은 능력 있으신 분인데요.

실장 원래 사진도 찍으니까 우리로 봐서는 김과장이 제격이지. 왜냐면 앞으로 사진 찍을 일이 많으니까. 홍보 브러쉬도 만들어야 하고, 사사편찬도 하려면 정말 많은 사진이 필요하니까. 그런데 말이지. 김과장을 내쫓지 않으면, 나도 곤란하게 생겼어.

정말희 왜요?

실장 내가 김과장과 연관되어 있다는 게지. 난 그 여자와 아무 연관이 없어. 오히려 회장님과 아니, 회장님의 친구 딸이지. 그게 연관이 있는 거라면 몰라도 말이지. 하여튼 내 과거가 술술 새나가게 생겼단 말이지.

정말희 무슨 과거가요?

실장 내 나이가 되면 과거가 풍부해지는 법이지. (담배연기를 정말희의 얼굴에 뿜어낸다. 정말희는 기침을 콜록콜록한다.) 자취하나?

정말희 예.

실장 혼자?

정말희 예.

실장 얼마 짜리에 살고 있나?

정말희 15만원 짜리 월세방에 살고 있어요. 왜요?

실장 돈이 궁하겠군. 자서전은 쓸 생각이 없나? 달라는 대로 줄게.

정말희　실장님 자서전인가요?

실장　회장님이야. 사십에 이미 구두잡화, 백화점, 전자회사까지 네 개의 계열회사를 거느리셨지. 어때? 해보겠어? 물론, 지은이는 자서전이니까 회장님 명의로 나가지.

정말희　자서전은 써본 적이 없는데요.

실장　쓰면 돼.

정말희　전 회장님을 한번도 뵌 적이 없는 걸요. 알지도 못하고요. 그런데 어떻게 써요?

실장　회장님의 사진을 보여주지. 녹음된 그분의 강의도 들려주고. 오늘날 그분이 있기까지의 좌절과 성공담에 관한 거야.

정말희　회장님을 꿈에서 만나야 하는 걸요. 전, 꿈을 꿔야 쓰거든요.

실장　그거야. 꿈꾸듯이 쓰는 거야. 사원들에게 꿈을 주는 것이 목적이야. 인생은 빵만으론 행복할 순 없는 법이지. 학번이나 경력으로 보나 말희씨가 이기자보다 한 수 위니까 특별임무를 내리는 거야.

정말희　멋져요. 특별임무!

실장　이기자말야. 나이 값하면 곤란한데. 군기 잘 잡아. 사회생활은 나이 순서가 아니야. 오직 능력! 이것 뿐이야. 실력 앞에서는 모두 고개를 숙이는 법이지. 날 봐. 임원들 모두 오십대 후반이야. 이제 겨우 사십 먹은 놈은 나밖에 없어. 지도자는 카리스마가 있어야 해.

정말희　카레라면 몰라도 전 카리스마에는 흥미 없어요.

실장　(목차를 보며) 좋아. 김과장이 삼 개월 끈 작업을 말희씨는 이틀만에 끝냈어. 자, 이러면 어떨까. 말희씨가 편집장을 하고, 편집장은 권고사직을 하는 게. 어차피 회사 사정도 어려워서 김과장의 체면 유지를 시킬 수가 없으니까 말야.

정말희　그건 안돼요. 전 입사한 지 두 달밖에 안됐는데 어떻게 과장을 몰아내고 제가 그 자리에 앉겠어요? 전 못해요. 도리가 아녜요.

실장　도리?

정말희　예. 만약 그렇게 된다면 저도 사표를 쓰겠어요.

실장 그래?

정말희 (단호하게) 예. 난, 그렇게 못해요!

　　(실장은 의자에 기대 누워 눈을 감는다. 정말희는 그가 다음 말을
　　할 때까지 기다린다. 실장은 천천히 사이비 교주처럼 두 팔을 들어
　　올리며 기공 체조를 한다.)

제 5 장 김과장, 딸을 만나다

　　병원 침대.
　　환자복을 입은 아이가 침대에 앉아 풍선껌을 씹으며 풍선을 불고 있
　　다.
　　老母는 옆에서 아이의 발톱을 깎는다.
　　김과장이 등장한다.

김과장 엄마.

노모 이제 오냐.

아이 엄마 풍선 불 줄 알아?

김과장 고모라고 불러, 고모.

아이 고모 풍선 불 줄 알아?

김과장 엄마, 애 껌 씹어도 되는 거야?

노모 턱을 자꾸 움직이면, 머리에 좋다해서 놔둔 거다. (아이 발을 찰싹
　　때리면서) 가만있어. 엄지발가락만 깎으면 다 했어.

아이 봐라. 나 크게 만든다. (풍선을 크게 분다. 풍선은 터지면서 얼굴에
　　붙는다.)

노모 도대체 말을 안 들어. 자라 해도 안 자고, 오줌을 누라 해도 안
　　누고 꼭 이불에만 싼다. 일곱 살 짜리가 소변도 못 가리면, 지나가
　　는 개도 웃어.

아이 할머니 미워. 나보고 자꾸 죽으래.

노모   떽기놈! 내가 언제 죽으랬어. 자라했지.

아이   자는 거나 죽는 거나 그게 그거지 뭐야.

노모   하이고. 의사 선상님이 많이 재우라 캤는데 자긴 글렀다 글렀어.

김과장   바보. 자는 건 죽는 거하고 달라.

아이   엄만, 죽어봤어?

김과장   고모라고 불러. 고모.

아이   고몬, 죽어봤어?

노모   아가, 착하지. 그만, 자. (아이를 눕히고 가슴을 토닥토닥 두드린다.) 자장자장.

아이   자기 싫어.

김과장   할머니 말 들어.

아이   엄마가 자장가 불러 줘.

김과장   고모라고 불러 고모.

아이   아이, 싫어. 엄마라고 부를래.

노모   그래, 니 에미다. 에미보고 에미라 부르지. 웬 고모냐. 그지? 아가?

아이   에미가 아니라 엄마야.

노모   그래, 니가 맞다. 엄마다 엄마. 그러니 이젠 자. 천사가 동무하자고 놀려올 테니 눈감고 기다리거라.

아이   정말? (눈을 감는다.)… 엄마… 엄마?

노모   에미 고만 불러 옆에 있어.

김과장   (아이가 손을 내밀면, 아이 손을 잡고 가슴을 두드리며 노래한다.) 잘자라 우리 아기. 앞뜰과 뒷동산에 새들도 아가양도 다들 자는데. 은구슬 금구슬이… (아이의 눈앞에서 손을 흔들어 본다.) 잠들었어.

노모   휴! 다행이다. 에미가 좋긴 좋은갑다.

김과장   (백에서 통장과 도장을 꺼내준다.) 이거 병원비야. 이번 달 생활비는 다음 주에 온라인으로 부칠 테니 전화하지마. 비밀번호는 1234. 통장 위칸에 적어놨어.

노모   (통장을 보고) 이렇게 많이?

김과장   맨날, 우중충한 바지만 입지 말고 옷도 사 입어. 난, 바빠서 그만 가봐야 해.

노모　장사장인가 하는 사람 아직도 만나냐?

김과장　끝났어. 엄만, 그런 거 상관마.

노모　또 회사 가서 난리칠까 그런다.

김과장　걱정말라니까. 내가 어디 한두 번 겪어? 그리고 이번엔 진짜 끝
　　　났어.

노모　그렇다면, 다행이다만.

김과장　오빠 사업은 잘 돼가?

노모　또 노름 빚잔치하게 생겼다.

김과장　경찰에 신고해.

노모　빨간줄 않으면, (아이를 가리키며) 얘 앞날도 시원찮아.

김과장　아님, 정신병원에 집어넣던지.

노모　말도 안돼.

김과장　어차피, 오빠 피는 정상이 아니잖아.

노모　(발끈한다.) 그래도, 니 자식 친자 입적한 사람이야!

김과장　(백에서 손거울을 꺼내 화장을 고친다.) 내가 누구 때문에 이렇게
　　　됐는데. 엄마가 술집마담만 안 했어도, 나, 그 사람이랑 결혼했어.

노모　그래, 내가 죽일 년이다.

김과장　수술이나 시켜버리던지. 왜 애는 낳게 했어.

노모　첫애는 유산하는 게 아냐.

김과장　내 친구들 시집가서 잘만 낳더라.

노모　(점점 짙어지는 화장을 보고) 이번엔 누구냐?

김과장　홍콩에서 사업하는 나이스 박이야. 홀애비고, 딸린 자식도 없
　　　어.

노모　그걸 어떻게 믿냐?

김과장　상관하지마.

노모　필시 부인이 있겠지.

김과장　(히스테릭하게) 내 나이에 총각이 어딨어.

노모　또 헛짚은 게로구나.

김과장 (냉정하게) 상관없어. 나, 갈게.

노모 언제 또 오냐?

김과장 돈 생기면 올게. (무대를 가로질러 나간다.)

아이 (잠꼬대로) 엄마… (걸음을 멈추는 김과장)

노모 (아이를 토닥이며) 자장자장 우리아가. 잘도 잔다 우리아가.

(김과장 빠르게 퇴장하고 무대 돌아간다.)

제 6 장 유혹 2

회장의 박물관.

두 개의 조명이 왼쪽 무대에 떨어진다.

고딕양식으로 장식된 직사각형의 액자틀 속에 실제크기의 회장이 한 손에 파이프를 든 채 고풍스런 의자에 앉아 정면을 응시하고 있다. 회장의 인상은 영양상태가 아주 고른 얼굴로 대체로 기름지다는 느낌을 주어야 한다. 백발의 노인답지 않게 건장한 체구는 동물적인 감각이 묻어나 있다.

왼쪽에서 실장과 정말희가 등장한다. 정말희는 실장의 설명을 간간이 수첩에 받아 적는다.

실장 그분의 첫 번째 성공비결!

회장 (사진틀 속에서 말한다.) 줄을 잘 잡아라.

실장 두 번째 성공비결!

회장 (사진틀 속에서 말한다.) 허풍을 잘 쳐라.

실장 세 번째 성공비결!

회장 통크게 놀아라!

실장 회장님의 배포는 하늘같아서 땡전 한푼 없이 오늘날 국제적인 수준의 대기업으로 이룩해 놓았지. 어때? 굉장하지?

정말희 연보를 보니까 회장님은 전쟁 때 굉장히 많이 버셨네요.

실장 바람과 함께 사라지다를 읽었나?

정말희 영화로 봤어요.

실장 거기 남자 주인공 레트 버틀러가 여주인공 스칼렛 오하라에게 이렇게 말하지.

회장 (사진틀 속에서 말한다.) 부자가 되는 기회는, 나라가 흥할 때와 나라가 망할 때다. 나라가 망할 때는 벼락부자가 되고, 나라가 흥할 때는 서서히 부자가 된다.

정말희 어머! 희한한 논리야. 여길 보면, 회장님은 밀수도 하고 사채도 했네요.

실장 어디 그런 기록이 있나?

정말희 회장님의 고향 분을 취재했거든요.

실장 그건 헛소문이야. 다 중상모략이야.

정말희 (사진을 멍하니 보며) 회장님은, 드라큐라 백작 같아요. (회장 찔끔한다.)

실장 무슨 소릴! 회장님은 완전한 부처상이야. 저 귀를 봐. 축 늘어진 귀밥. 돈이 절로 들게 생겼잖아?

정말희 눈빛이 너무 강렬해요. 저런 눈빛의 노인들은 잔인하고 음탕한 법이거든요.

실장 무슨 소릴! 회장님은 투철한 정신의 소유자야.

정말희 제 말은, 육체가 시들 때 눈동자도 부드러워야 한다는 얘기예요.

실장 거, 재미있는 논리야. 그럼, 회장님을 묘사할 때 그 부분을 강조해. 부드러운 눈빛! 적어!

정말희 부.드.러.운. 눈.빛.

실장 좋아!

(실장이 손뼉을 두 번 치면, 커튼이 내려와 사진을 가리고, 내부가 드러나는 벤츠가 무대 건너편에 등장한다.)

실장 (자동차 키를 철렁거리며) 자, 회장님 성공담은 이쯤하고, 타. 바래다 줄 테니까.

정말희 저, 버스카드 있어요.

실장 (차문을 열어주며) 성공하려면 상사의 친절을 무시하지 않는다. 따라해.

정말희 (운전석 옆에 앉는다.) 성공하려면 상사의 친절을 무시하지 않는다. 따라해.

실장 하하. 재밌군. 무공해야 무공해. 자, 오늘 저녁은 내가 무공해 식당에서 한턱 사지. 뭘 먹고 싶나?

정말희 아이스크림이나 먹고 싶어요.

실장 오! 아이 러브 아이스크림!

　　　(실장은 뒷 의자에서 작은 아이스박스를 꺼낸다. 아이스박스에서 아이스크림 두 개를 꺼내 하나는 정말희에게 주고, 하나는 자신이 가진다.)

정말희 굉장한데요.

실장 젊을 땐 아이스크림 대신 시집을 탐식했지.

정말희 어머! 멋져요.

실장 시집은 내 영혼의 아이스크림이야.

　　　(무대 뒤로 남산타워의 불빛이 보인다. 둘은 아이스크림을 먹는다.)

정말희 정말 굉장한 표현이에요.

실장 시집을 안 먹으니까 이렇게 살이 쪘어.

정말희 그럼, 다시 시집을 드세요.

실장 먹으려고 했지만, 잘 먹히지 않아.

정말희 포기하지 말고 계속 드셔 보세요. 방귀가 잦으면, 정말로 똥이 나오는 법이거든요. (실장, 방귀를 붕 뀐다.) 거봐요. 어머! (코를 잡는다.) 변비세요?

실장 사흘째야.

정말희 변비에는 우선, 물을 많이 드시고, 변기통에 앉아 아랫배를 살살 문지르세요.

실장 어떻게?

정말희 (아이스크림을 실장에게 건네주고, 자신의 아랫배를 문지른다.) 이렇게요.

실장 (두 개의 아이스크림을 번갈아 먹으며) 어떻게? 내 배를 만져봐.

정말희 (가만히 아랫배를 본다.) 어머! 브레이크가 왜 거기 있죠?

실장 (자신의 아랫도리를 멍하니 본다.) 이건 브레이크가 아니야. 말희씨는 성교육이 전혀 안되어 있군.

정말희 (껍질만 남은 자신의 아이스크림을 뺏어들고) 어머! 실장님. 이러실 수 있어요?

실장 (자신의 아이스크림을 주며) 그럼, 이걸 먹던지.

정말희 싫어요. 실장님 건 다 녹았잖아요.

실장 (음탕하게 아이스크림을 핥아먹으며) 남자하고 키스한 적 있어?

정말희 수도 없이 많아요. 아빠가 출근할 땐 뽀뽀뽀. 엄마가 안아줘도 뽀뽀뽀.

실장 뽀뽀하고 키스는 다르지.

정말희 (시계를 보고) 어머! 늦었어요. 오늘 시골에서 아빠가 오신댔어요.

실장 몇 시에 오시지?

정말희 지금 도착하셨어요.

실장 그래?

정말희 어서 가요.

실장 (손을 뻗어 정말희 어깨에 걸친다.) 말희씨.

정말희 (손을 밀치며) 이거 놓으세요.

실장 어험! 난 실장이야. 명령에 복종하는 게 좋을 걸. 안 그러면 잘라버려.

정말희 (한동안 멍하다.) 어머! 실장님! 지금 저한테 성폭행 하시는 거예요?

실장 (머리를 만진다.) 성폭행? 흠흠. (손을 치우며) 이걸 성폭행이라 하면 감옥이 넘쳐나겠군.

정말희 (점점 빨라진다.) 소설 속에선 여자가 성폭행을 당하죠. 불행해진 여자는 복수를 꿈꾼다. 그래서 어느 날 남자의 집을 찾아간다. 남자에겐 아내와 아이가 있다. 여자는 가정부로 취직해서 복수를 시작한다. 우선 남자의 아이를 유괴하고, 남자를 외딴 섬으로 유인한다. 남자는 아이를 찾기 위해 권총을 숨겨 가지고 온다. 하지만 치밀한 여자, 남자를 올가미에 씌운다. 꼼짝없이 당하는 남자. 여자는 남자의 다리를 잘라, 곰탕 통조림 회사를 차린다.

실장 (문을 열어준다.) 내려!

정말희 싫어요. 진짜 깡패가 있을 거예요.

실장 성폭행이 어떤 건지 체험하는 것도 좋잖아. 소설 쓰는데 도움이 될걸.

정말희 만약 그렇게 된다면, 그놈들을 하나하나 찾아서 죽이는 소설을 쓸 거야.

실장 무섭군.

정말희 실장님. 고백할 게 있어요. 전, 매독 3기예요.

실장 거짓말하지마.

정말희 정말이에요. 유산으로 물려받은 걸요.

실장 하하. 웃기는군.

정말희 웃지 마세요. 전 심각해요. 결혼도 못 할 거고, 아이도 못 낳아요. 머리 깎고 중이 될까해요.

실장 (운전을 한다.) 걱정마. 순진한 아가씨야. 매독에 걸렸다면, 건강진단서에서 탈락됐을 테니, 뻔한 거짓말 마. 난, 지발로 걸어오는 여자만도 감당 못해.

정말희 고맙습니다. 실장님. 다신 이런 일이 없도록 하겠습니다.

실장 무슨 일?

정말희 하늘이 두 쪽 나도 실장님 차는 안 탈 거예요.

실장 좋아. 우리 게임하자구.

정말희 어떤 게임요?

실장 내 발 밑에 엎드리면, 1억을 줄게.

정말희 지금 엎드릴까요?

실장 발라당 호텔로 직행할까?

정말희 실장님은 매독에 걸릴텐데요.

실장 (정말희의 머릴 잡아당긴다.) 놀리지 마!

정말희 어머! 내 머리!

(정말희의 파마머리가 벗겨진다. 멋대로 삐친 정말희의 머리통. 실
장, 브레이크를 밟으면 끽 멈춰지는 차. 가방을 뺏어들고, 도망치는
정말희. 실장은 멍한 얼굴로 앞을 바라보다가, 자신의 머리를 벗긴
다. 드러나는 대머리. 그는 자신의 대머리를 한번 쓱 만져 본다. 실
장은 카세트 테잎을 끼운다. 피아졸라의 '리베르 탕고'가 흐른다. 조
명이 어두워지면, 무대 뒤에 남산타워의 불빛만 남는다.)

제 7 장 김장호의 아내, 지하철 전도나가는 첫 날

김장호의 아파트.
어둠 속에서 김장호와 아내는 정사를 한다.

아내 그만… 그만 해. 늦었어.

김장호 조금… 조금만 더. .

아내 아… 그만 하라니까… 아. (필사적으로 김장호를 떼낸다.)

김장호 (아내의 팔을 뒤로 꺾는다.) 조금만 기다려. 다 끝나가.

아내 (김장호의 턱을 물려고 고개를 이리저리 흔든다.) 그만해. 그만. 개새
끼.

김장호 그래 난 개새끼야.

(김장호는 갑자기 힘을 잃고 무너진다.
아내는 서둘러 원피스를 입고 붉은 십자가가 그려진 띠를 매고, 한
손에는 성경책을 들고, 자신의 몸매를 이리저리 거울에 비쳐본다.
김장호는 천천히 수건을 감고 일어나 소파에 앉는다.)

아내　회개하시라! 천국이 가까이 왔노라.! 주님을 믿으면 살고, 주님을 버리면 죽을 것이니! 자, 선택하라!

김장호　(무감각하게) 사느냐, 죽느냐 이것이 문제로다.

아내　사느냐, 죽느냐 이것이 문제로다! 주님을 믿으면 영생을 얻을 것이니, 너희들은 회개하고, 회개하라! (구호처럼 외친다.) 회개하라! 회개하라! 회개하라!

김장호　배고파!

아내　배고파라!

(아내는, 깜짝 놀라 행동을 멈춘다.)

김장호　밥줘.

아내　(돌아보지도 않고 자신의 몸을 비쳐보며) 밥솥에 밥 있고, 냉장고에 반찬 있으니까 차려먹어.

김장호　전기냄새 나. 밥을 먹는 건지 전기를 먹는 건지. (팔을 내밀며) 만져봐. 쩌릿쩌릿하지 않아? 이 만 볼트쯤 되면, 당신은 흔적 없이 타버릴걸.

아내　농담마. 전도하러 간단 말야.

김장호　볼 만하겠어.

아내　회개하고 주님을 영접하라니까.

김장호　(소파에 비스듬히 누우며) 인류 종말은 언제오지? 하나님한테 지금 끝장내라고 해. 종말을 기다리기엔 너무 지루하다고 가서 말해.

아내　아, 참. 월급이 입금되지 않았던데 웬일이야?

김장호　얼마 남았어?

아내　당신 실직당했어?

김장호　회사가 망해도 난 실직당하지 않아.

아내　하긴, 실력 빼면 당신은 시체야.

김장호　그 말은, 시체 빼면 실력만 남는다는 건데, 실력은 혼자 남아 뭘 하지?

아내 엉뚱한 소리 집어치우고 돈 좀 줘.

김장호 당신 예수는 시체 빼고 말만 남은 거지?

아내 그분의 시체는 부활했어.

김장호 영생을 얻었단 말이군.

아내 어머, 당신 많이 진전했어.

김장호 서당개 삼 년이면 풍월을 읊는 법이야.

아내 오늘은, 왠지 감이 좋아. 성령이 충만한 전도를 할거야. (손을 내민다.)

김장호 또 십일조를 하겠군. (돈봉투를 준다.) 자, 여깄어. 돈이야. 돈. 나의 주인이고, 나의 신인 돈이야.

아내 물질이 가는 곳에 마음이 있나니.

김장호 그렇겠지. 당신의 젊은 목사놈은 그 돈을 보면 즐거워하겠군.

아내 여보!

김장호 난, 누룽지가 먹고 싶다.

아내 전기밥솥에 밥이 넘쳐.

김장호 그 밥은 싫다.

아내 그럼 짜장면을 시켜먹던지. 난 바빠. 연습해야돼. (거울을 향해 선다. 무대에 등장하기 직전의 배우같이 긴장하고 안절부절한다. 호흡을 조절한다.)

김장호 당신은 바람났어. 그놈의 예수. 우리 사이에 예수가 끼여들지 않았다면 당신은 날 위해 따뜻한 밥상을 차렸을 거야. 옛날처럼 당신이 차려주는 밥을 먹고 싶어.

아내 (짜증스럽게) 밥타령 그만 해!

김장호 우리한테 아이가 있다면 달라졌을까?

아내 (거울을 향해 귀를 막고 외친다.) 오, 주여! 절 시험하지 마소서. 시험하지 마소서.

김장호 (소리친다.) 기형이었다는 걸 어떻게 증명해.

아내 아, 여보!

김장호 (벌떡 일어난다.) 당신이 죽인 거야. 그 아인 기형이 아니야. 의사

놈이 건수 올린 거야. 태어나지도 않은 애를 어떻게 기형이라고
판단해. 원인불명? 과학이 신이야? 인간의 몸을 기계가 알아? 그럼
원인도 알아야하는 거 아냐. 원인불명? 이런 무책임한 결론이 어딨
어. (아내를 돌려세운다.)

아내　오, 제발! (몸을 부르르 떨며 주기도문을 중얼거린다.)

김장호　(아내를 흔들며) 당신 하나님한테 따져봐 .왜 그런 아일 주냐? 기
도가 부족했냐? 아님 돈이 부족했냐? (아내의 손에 들린 돈봉투를
찢어 공중에 날린다.) 가져가! 돈이야. 돈! 당신이 환장하는 돈! 온
세상이 미쳐 날뛰는 돈이다! 돈! (제자리에서 빙빙 돌다가 소파로 걸
어가며 한 손으로 박자를 맞추며 중얼거린다.) 돈. 돈. 돈. 퓨슈… 돈
돈돈 퓨슈… 머니, 겔트, 라그종… (소파에 털썩 주저앉는다.) 엽
전… 퓨슈….

(주기도문을 마친 아내는 침착하게 돈을 주워 모아서 핸드백에 넣
고, 곧바로 나간다.)

김장호　아멘….

제 8 장 일상의 표면으로 튀어오르는 물방울 2

실장실.
실장은 거대한 소파에 늘어져 있다.
미스 최는 각각 빨간색, 주황색, 노랑색, 초록색, 파란색, 남색, 보라색
약이 든 일곱 개의 투명한 유리병이 담긴 약상자를 꺼낸 뒤 익숙한 솜
씨로 순식간에 뚜껑을 연다. 약사같이 일곱 개의 알약들을 두 개, 혹은
세 개씩 접시에 가득 담는다. 미스 최는 실장이 깨어날 때까지 쟁반을
들고 기다린다.
실장이 손짓한다.
미스 최는 접시에 담긴 알약들을 실장의 입에 하나씩 넣어주고 물을

먹여준다.

일곱 개의 약을 먹을 때까지 실장은 미스 최가 주는 알약과 물들을 얌전하게 받아먹는다.

미스최 이건, 간장약입니다. (먹인다.) 이건 혈압약이고요, (먹인다.) 이건, 신경안정제,(먹인다.) 당뇨병약, (먹인다.) 종합비타민 (먹인다.) 효소 (먹인다.), 고단백 (먹인다.) 자, 죽 들이키세요. (강압적으로 물컵의 물을 다 마시게 한다.) 어때요? 실장님?

실장 (목쉰소리) 좋아

미스최 또 편도선이 부었군요. 항생제를 첨가할까요?

실장 됐어. (양말을 벗는다. 미스 최, 재빨리 세면실에서 뜨거운 물이 담긴 대야를 가져온다.) 뒤꼭지에 뜨거운 피가 몰려 있어. 이럴 땐 족탕이 최고야. 안 그래?

미스최 예, 실장님. (실장의 발을 담그게 하고 두 발을 마사지한다.)

실장 앗 뜨거!

미스최 죄송합니다. 찬물을 섞을까요?

실장 됐어. 이야기 하나 해줄까?

미스최 예, 실장님.

실장 옛날 옛날에 명의가 죽었는데, 그는 아주 두꺼운 책 한 권을 남겼어. 전국의 의사들이 다 모여들었지. 인간의 신체 비밀은 어디에 있을까. 드디어 책을 펼쳤는데 빈 백지만 있는 거야. 사람들은 실망했지. 그런데 책 중간쯤에 딱 한마디가 적혀 있었어. '머리는 차게, 발은 뜨겁게!'

(미스 최는 부채로 실장의 머리를 부친다.)

실장 별일 없나?

미스최 예.

실장 목소리가 불안한걸.

미스최 회사가 망한다는 소문이 돕니다.

실장 (단호하게) 안 망해.

미스최　저.

실장　또 뭐야?

미스최　김과장이 공금을 횡령했습니다.

실장　얼마?

미스최　사보 제작비 모두 은닉했습니다.

실장　(심드렁하게) 그래?

미스최　(실장의 눈치를 살핀다.) 오후 2시까지 지급하기로 했습니다.

실장　어음을 끊어줘.

미스최　인쇄소에선 현금을 요구합니다.

실장　어음.

미스최　네, 실장님.

실장　미스 최, 여우가 사람을 어떻게 잡아먹는지 아나?

미스최　저….

실장　먼저 이리저리 뛰어넘으면서 혼을 빼놓지. (한숨을 쉰다.) 인간을 동물로 생각하면 돼. 포악한 짐승은 따로 있는 법이지. 김과장의 생존방법이 뭔 줄 아나?

미스최　모르겠습니다.

실장　끈끈이 주걱이야. 번들거리는 향기로 나비, 벌, 파리를 유혹해서 쩍! 삼켜버리는 거지.

미스최　그래봤자 곤충들만 포식하는 걸요.

실장　말희씨가 재택 근무한지 얼마나 됐나?

미스최　3개월쨉니다.

실장　다 썼겠군.

미스최　자서전 말입니까?

실장　미스 최. 인간은 동물이라고 내가 말했나? 동물 중에도 종류가 있는 법이지. 포악한 동물. 온순한 동물. 예를 들면, 초식동물, 육식동물, 이도저도 아닌 잡식동물. 곤충도 있지. 그래, 곤충 같은 인간도 있는 법이지. 하루살이 같이. 인생의 작은 면만 알고 죽어버리는 거지. 아, 식물 같은 인간도 있지. 어떻게 생각하나?

미스최 저… 식물인간 말입니까?

실장 식물 같은 인간. 그러니까 피가 다르다고 할까. 녹색피를 가진 인간들이지. 언제나 그 자리에 있는 인간들이지. 멸망하지 않는 인간들이랄까. 그래, 간혹 착각을 일으키기도 하지. 예를 들면 뿌리 없는 식물도 있는 법이거든. 거머리처럼. 줄기로 달라붙어서 모든 에너지를 흡수해서 고사시키는 거야. 아, 인간이란 얼마나 재미있는가. 그의 어머니가 아니면 도저히 사랑할 수 없는 속성을 가졌어. 미스 최는 한 인간을 얼마나 깊이 사랑해줄 수 있을 것 같나?

미스최 잘 모르겠습니다.

실장 아무도 장담할 수 없어. 그래, 장담할 수 없는 거야. 아, 지겹다. 사십대. 사십을 넘어가는 일이 왜 이렇게 힘든가. 고비 사막도 이보다 더 어렵진 않을 거야. (실장은 늘어지게 하품을 한다.) 미스 최 나의 생존방법은 뭔지 말해봐.

미스최 카리스마.

실장 틀렸어.

미스최 뭐죠?

실장 (자신의 가슴을 가리킨다.) 여기에 있어. (미스 최 올려다본다.) 여길 만져 줘.

미스최 (세수대야를 들고 일어선다.) 물이 식었습니다.

(미스 최가 세수대야를 들고 세면실로 가서 수건만 들고 나온다. 실장의 발을 닦은 뒤 양말을 신긴다.)

실장 캐나다에 가본 적 있나?

미스최 아뇨.

실장 이혼하고, 캐나다에 갈까해.

미스최 ….

실장 생각 없나?

미스최 막내동생이 아직 고등학생입니다.

실장 생각 없음 관둬.

미스최 캐나다에서 뭐 하고 살죠?

실장 낚시할 거야.

(탱고음악과 함께 암전.)

제 9 장 달을 쏘다

호스트바의 스테이지.

둥근 색등이 탱고리듬에 맞춰 어지럽게 돌아간다.

반라의 파티복을 입은 김과장이 검은 양복을 입은 남자인형을 안고 음악에 맞춰 탱고를 추고 있다.

무대 앞 탁자에는 이기자가 시가를 피고 앉아 있다.

웨이터 복장에 엷게 화장한 김장호가 병맥주와 안주접시가 담긴 쟁반을 들고 온다. 김장호는 이기자를 보고 멈칫한다.

이기자 (김장호를 보고) 김장호씨?

김장호 김장호가 아니라 빅토르입니다.

이기자 (담배연기를 내뿜고) 빅또르? 빅또르 위고가 아니고요?

김장호 빅또르, 그냥, 빅또르요.

이기자 무슨 말 이름 같아.

김장호 그냥, 빅또르요. 빅또르.

이기자 (한 손에는 병맥주를, 한 손에는 시가를 들고 번갈아 마시고 핀다.) 좋아요. 빅또르. 매력도 없는 당신은 잘 팔리나요?

김장호 난, 웨이터야. 그냥, 웨이터.

이기자 알고 있어요. '달을 쏘다'가 호스트바인 거 아는 사람은 다 알아요. 그래요. 우리 서로 모른 척 해요.

김장호 이미 아는 척 했으니까 규칙은 깨졌어. 저 사람 김과장이지?

이기자 실연당했어요. 홍콩서 사업하는 나이스 박이라고. 알고 보니 유부남이었다는데, 문제는 여기서 끝나지 않아요. 나이스 박이 김과

　　　　장의 전재산을 들고 튀어버렸어요.

김장호　저 자는 아리조나 킴이야.

이기자　전직 성형외과 의사라는군요.

김장호　수전증으로 떨려났어.

이기자　김장호, 아니 빅토르 씨는 언제부터 일했어요?

김장호　3일됐어.

이기자　만족해요?

김장호　옛날부터 이쪽 일을 하고 싶었어. 만약, 내 머리가 둔재였다면,
　　　　일찌감치 이쪽으로 진출했을 거야.

이기자　자신은 수재란 말이죠?

김장호　부탁이 있어.

이기자　뭐죠?

김장호　소문내지마.

이기자　누구한테? 난 오늘 빅또르란 사람 처음 봤는데.

김장호　실장이나 미스 최, 회사 사람들한테 소문내지 말아줘.

이기자　걱정말아요.

김장호　믿어도 될까?

이기자　맘대로 하세요. 그나저나 이대로 사실 거예요?

김장호　지금 같아서는.

이기자　알고 보니 김장호씬 계산착오를 일으킨 게 아니더군요. 공금횡
　　　　령한 범인이 이번에 밝혀졌어요. 실장님이 김장호씨를 홍보실로
　　　　끈 건 이유가 있더군요. 공금횡령한 사람 중에 실장님도 포함돼요.
　　　　그래도 실장님 의리 있으신 분이죠. 그나저나 귀를 후비지 않네요.

김장호　(자신의 손바닥을 펼쳐본다.) 주문했어?

이기자　아뇨. (명함을 준다.) 시간나면 찾아오세요.

김장호　(아무렇게나 명함을 뒷주머니에 쑤셔 넣는다.) 주문할거야?

이기자　아직… (둘러보며) 난, 십대 영계가 좋아요.

김장호　대기실에 한 스무 명쯤 있지.

이기자　됐어요. 성욕 같은 건 혼자 해결할 수 있으니까.

(음악, 끝나면 스테이지 조명 꺼진다. 김장호는 퇴장한다. 간드러진 웃음을 터트리는 김과장은 인형을 부둥켜안고 의자에 앉는다. 인형은 김과장의 무릎 위에 걸터앉아 김과장의 뺨에 입을 맞춘다. 김과장은 까르르 웃는다. 이후, 인형의 목소리는 김과장의 복화술로 진행된다.)

김과장   아이, 수염 좀 깎아. 가시 같잖아.

인형   자기 뺨은 풍선 같아.

이기자   놀고 있네.

인형   마담은, 곱상한 소년이 맞겠다.

이기자   나, 미스야.

김과장   이기자는 중성이야

인형   인간은 최초에 양성이었어. 양성.

김과장   이기자는 중성이야.

인형   중성?

김과장   불감증환자야.

인형   오, 가엾어라. 짝을 못 만났나봐.

이기자   스톱! 안주로 씹지마.

김과장   내가 말하는 중성은, 여성과 남성 어디에도 속하지 못하는 종이야. 그러니까 좀 모자란다는 거지. 여자도 아니고 남자도 아닌 거야.

인형   아메바가 혼자 번식하듯이, 최초의 인간도 그러했을걸. 이브가 아담의 갈비뼈로 만들어진 게 그걸 증명해.

이기자   최초의 인간은 여자야. 아담은 이브의 자궁에서 자가증식한 존재야.

김과장   어머, 멋져.

인형   무신론자군.

이기자   신이 남자라서 난 무신론자야.

김과장   이기자. 성모마리아는 여자야.

이기자 교황은 남자잖아. 권력은 모두 남자가 쥐고 흔들지.

인형 남성혐오증까지. 안됐어.

이기자 그만해.

인형 미안하지만 고정관념이 찐한 거 같아.

김과장 이기자는 섹스를 혐오한대.

인형 섹스의 본질을 안다면, 그런 말 못해. 섹스란 물 흐르듯 자연스런 일이지. 양극음극이 서로 끌어당겨 전기를 일으키는 원리처럼, 마음가는 대로 물 흐르는 대로 서로에게 몸을 맡겨야 한다구. (이기자의 팔을 더듬는다.) 성이 고정관념에 갇히면 사람 역시 갇히게 돼. 나처럼, 자유를 아는 사람과 산다면 자유를 느낄 거야.

이기자 손이나 치워. (담배연기를 내뿜는다.)

김과장 무슨 짓이야?

(김과장이 인형을 무대 밖으로 획 집어던진다. 무대 밖에서 쿵 떨어지는 소리.)

김과장 (손바닥을 탁탁 털며) 남자에게 받은 상처를 남자로 풀려는 내가 잘못이지.

이기자 모든 길은 로마로 향해 있다.

김과장 오마이갓! 남자들은 왜 날 이용만 하니?

이기자 이용하게 하고, 이용하잖아.

김과장 사랑 받고 싶으니까.

이기자 비극이군.

김과장 (울먹이며) 오, 난 비극의 주인공이야.

이기자 실장님과 어떤 관계야?

김과장 (멍하니) 관계?

이기자 자기를 해고하지 못하는 실장의 비밀은?

김과장 호호호. 비밀이야.

이기자 알고 싶어

김과장 (속삭인다.) 실장은 호모야. 회장도 호모고 우리 회사는 호모정신으로 이루어졌어.

이기자 다들 부인이 있잖아.

김과장 호모중심사회에서 여자가 끼여들 여지는 처음부터 없어. 왜? 그
        들은 여자를 키워주지 않으니까. 그래서 난 그들을 교란시키기로
        했어. 내 성적인 매력이 그거야. 양념과 같이. 나의 성적 매력은
        오히려 그들을 더욱 결속시킨다는 걸 몰랐어. 그들에겐 전쟁터의
        노획물이 필요했지. 나는 그들의 노획물이야. 하지만, 난 그들의
        급소를 알아.

이기자 뭐야?

김과장 물귀신작전.

이기자 물귀신작전?

김과장 엄청난 부정축재. (핸드폰이 울린다. 메시지를 확인하고 끈다.)

이기자 무슨 일이야?

김과장 사실, 스카웃 제의가 세 군데 들어왔어.

이기자 어떻게 알아냈어?

김과장 각계각층에 박아놓은 애인들 덕분이야.

이기자 굉장해.

김과장 하지만, 노야.

이기자 왜?

김과장 그렇게 난감한 표정 짓지마. 너가 내 자릴 넘본다는 거 다 알아.
        하지만 귀여워. 정말희가 안됐지만, 편집장 자리는 너에게 어울려.
        왜? 넌 속물이거든.

        (김과장은 가방에서 화장도구를 꺼내 화장을 정리한다. 루즈를 칠하
        고, 원숭이처럼 이를 드러내 확인한다. 오색등이 다시 돌아가면, 아
        코디언 들고 등장하는 김장호. 그는 몇 번 시험적으로 연주하면서
        음을 고른다.)

김과장 어머머! 저 사람 김장호씨 아니니?

이기자 김장호가 아니라 빅또르예요. 빅또르!

(천천히 아코디언을 연주하는 김장호.
아코디언 연주가 계속되는 동안 무대 뒤쪽에서 계단이 드러난다.
계단 밑에는 작은 지하방이 있다.
지하방 벽에는 날개 부러진 환풍기가 달린 창문이 있고, 그 아래 철
제 침대와 컴퓨터 책상이 있다.
정말희는 컴퓨터 자판기를 두드린다.
번개가 번쩍이고 천둥이 치고 비가 내리는 소리.
오색등 갑자기 꺼지고, 암전.
정말희, 컴퓨터를 발로 차고 머리를 쥐어뜯는다.
환풍기 밖으로 조명이 비쳐든다.
한 남자가 환풍기 밖에 서 있다. 남자는 환풍기를 통해 안을 들여다
본다. 남자는 창문을 툭툭 두드린다.
정말희는 환풍기로 다가간다.
서로 얼굴을 마주보는 두 사람.)

정말희 (놀라며) 어머나! 실장님!

실장 들어가도 될까?

정말희 이렇게 늦은 밤에 웬일이세요?

실장 지나가다 들렀어. 나, 몹시 피곤한데, 들어가도 될까?

정말희 (잠시 망설이다가) 저….

실장 오 분이면 돼. 오 분만 줘. 내가 남자라서 그런가?

정말희 (당황하며) 아뇨. 괜찮아요. 잠깐만, 기다리세요.

(정말희는 서랍을 뒤지며, 성냥과 촛불을 찾는다. 촛불을 들고 계단
을 올라간다. 계단 끝에 오른 정말희는 문을 연다. 유령처럼 실장이
서 있다. 빗물이 뚝뚝 떨어지는 코트를 벗으며 들어서는 실장.
정말희는 돌아서서 내려간다.
이후, 그들의 대화는 동굴 속에서처럼 울린다.)

정말희 가파르니까 조심하세요.

실장 무덤으로 내려가는 길 같군. (휘청인다.)

정말희 (돌아보며) 괜찮으세요?

실장 　괜찮아.

정말희 　전에 여기 살던 사람이 계단에서 넘어져 뇌진탕으로 죽었대요.

실장 　으시시하군.

정말희 　전등이 하나 있긴 한데, 전구가 나갔어요.

실장 　어디쯤이지?

정말희 　다 왔어요. (방문을 연다.)

실장 　(구두를 벗고 들어선다.) 아늑하군

정말희 　(의자를 내민다.) 앉으세요 (실장은 숨을 헐떡이며 의자에 앉는다. 정말희는 소형 냉장고에서 요구르트 한 병을 건네주며) 대접할 게 이거밖에 없어서 죄송해요.

실장 　괜찮아. (단숨에 다 마신다.)

정말희 　(수건을 건네주며) 머리도 닦으세요. 다 젖었어요.

실장 　(머리를 대충 닦으며 코를 킁킁거린다.) 향냄새가 나.

정말희 　(아래를 내려다보며) 양말이, 짝짝이네요.

실장 　(멍하니 내려다보며) 으응, 그렇군.

정말희 　무슨, 일이 있어요?

실장 　말희씨는 어떡할 건가?

정말희 　네?

실장 　회사생활에 만족하나?

정말희 　만족하고 사는 사람은 없겠죠. 저, 회장님 자서전 말인데, 도무지 못 쓰겠어요.

실장 　괜찮아.

정말희 　재택 근무하면서 많은 생각했어요. 내가 정말 원하는 삶은 무엇일까.

실장 　알아냈어?

정말희 　자유… 새처럼 자유롭게 살고 싶은데 방법을 모르겠어요.

실장 　캐나다에 갈 생각은 없나?

정말희 　캐나다?

실장 　엄청나게 큰 호수. 여름에도 눈 덮힌 산 정상을 어디서나 볼 수 있지. 난 거기서 낚시만 하고 살 거야.

정말희 가족들은요?

실장 캐나다에 있어. 나도 곧 떠날 거야.

정말희 어머! 그동안 외로우셨겠네요. 전, 몰랐어요.

실장 고마워. (주머니에서 돈 봉투를 두 개 꺼낸다. 그 중 하나를 내밀며) 이건, 만약을 대비해 맡아줘. 무슨 일이 생기면, 캐나다에 있는 내 가족한테 보내줘. 안에 주소랑 항공권도 있어. (또 하나의 돈 봉투를 내밀며) 그리고 이건 말희씨가 가져도 좋아.

정말희 실장님!

실장 내 부탁을 들어줄 거지?

정말희 도무지 난….

실장 (일어난다.) 이만, 가봐야겠군. 요구르트 잘 마셨어. (돌아서서 나간다.)

정말희 실장님! (실장 돌아본다. 돈봉투 하나를 내민다.) 저, 돈 필요 없어요.

(환풍기로 여러 명의 남자다리가 나타난다.)

소리 개새끼 벌써 튀었잖아!

(실장은 재빨리 촛불을 불어끈다.)

정말희 실장님.

실장 쉿!

(한 남자가 환풍기에 얼굴을 들이민다. 휘파람소리. 남자의 얼굴이 사라진다. 여러 명의 남자 다리가 사라진다. 껌벅거리며 전기가 들어온다. 정말희는 재빨리 스위치를 끈다. 환풍기로 가로등 불빛이 스며든다.)

실장 다시 묻겠는데, 캐나다에 갈 생각은 없나?

정말희 실장님.

실장 (말을 가로채며) 엄청나게 큰 호수. (울먹인다.) 여름에도 눈 덮힌 산
　　　정상을 어디서나 볼 수 있지. 난 거기서 낚시만 하고 살 거야.

정말희 괜찮으세요?

실장 흠흠. 비 때문이야. 비오면 감정이 격해져. 말희씨. 안녕. (돌아선
　　　다.)

정말희 (사이) 실장님, 계단 조심하세요.

실장 캄캄할 땐 오르는 게 더 쉬운 법이야.

　　　(실장은 계단 위에 도착하여 문을 연다. 비바람이 몰아친다. 실장은
　　　비를 향해 우산도 들지 않고 달려나간다. 문은 삐걱거리며 도로 열
　　　린다. 정말희는 천천히 계단을 오른다. 우산을 집어들고 밖을 내다
　　　보며 선다. 천둥이 치면, 갑자기 가로등이 퍽하고 터지면서 무대는
　　　캄캄한 가운데 비소리만 요란하게 울린다.)

제 10 장 생의 이면

병원침대
환자복을 입은 老母가 석고붕대를 한 오른쪽 다리 안쪽에 꼬챙이를
넣어 긁고 있다. 침대 옆에 쭈그리고 앉은 아이는 풍선껌을 질겅질겅
씹으며, 할머니의 발톱을 깎고 있다. 무대 건너편에서 김과장이 등장한
다.

김과장 엄마.

노모 (아이 목소리로) 야! 엄마다!

아이 (할머니 발을 찰싹 때리면서) 가만있어. 엄지발가락만 깎으면 다 했
　　　단 말야.

김과장 (과자봉지를 주며) 과자 먹어.

아이 (뒤를 돌아보며) 이제 왔어?

노모 (과자봉지를 획 낚아채며) 내 꺼야! 이거 다 내가 먹을 거야.

아이 (손톱깎이를 침대로 집어던지며) 아이, 신경질 나. 발톱도 못 깎게 해.

노모 (입이 터져라 과자며 빵을 집어넣는다.) 안 줘. 안 줘.

아이 (껌을 짝짝 씹으며) 치사해서 안 먹는다.

김과장 할머니한테 그게 무슨 말버릇이니?

아이 쳇! (의자에 앉아 풍선껌을 씹으며 풍선을 만든다.)

김과장 (물컵을 주며) 물 마시고 먹어. 그렇게 먹다 체하겠어.

아이 도대체 말을 안 들어. 자라해도 안 자고, 오줌을 누라해도 안 누고, 꼭, 이불에만 싼다. 팔십먹은 할망구가 소변도 못 가리면, 지나가는 개도 웃어.

노모 나보고 자꾸 죽으래.

아이 뻥치지 마. 내가 언제 죽으랬어. 자라 했지.

노모 자는 거나 죽는 거나 그게 그거지 뭐냐.

아이 하이고, 의사 선생님이 많이 재우라 캤는데 자긴 글렀다 글렀어.

김과장 엄마, 어린애처럼 왜 이러세요.

노모 나, 어린애, 아이다!

아이 어린애다!

노모 아이다.

아이 맞다.

노모 아이다.

아이 맞다.

노모 아이다.

김과장 그만! 그만해.

(백에서 돈봉투를 꺼낸다. 아이와 노모는 고개를 빼고 쳐다본다. 김과장은 돈봉투를 들고 잠시 망설인다. 아이와 노모는 딴청을 부린다. 노모는 꼬챙이를 석고붕대 안쪽에 집어넣고 긁는다. 아이는 풍선껌을 씹으며 주머니에서 실을 꺼내 실뜨기를 한다.)

김과장 (돈을 든 채) 이거, 병원비야. 이번 달 생활비는 온라인으로 붙일 테니 언제든 카드로 빼면 될 거야.

노모 (만족하며) 아유, 시원해!

아이 (실뜨기 한 손을 내밀며) 할 줄 알아?

김과장 (돈을 든 채 멍하니) 이거나 받어.

아이 (돌아앉아 실뜨기를 무너뜨리고 다시 만들며) 할머니 줘.

노모 히히히. 아유, 시원해라.

(김과장, 갑자기 돈을 바닥에 팽겨치고 침을 뱉는다. 돈봉투가 터지며 돈이 바닥에 뿌려진다. 노모와 아이는 멍하니 김과장의 행동을 바라본다. 김과장은 분이 풀리지 않는지 구둣발로 자근자근 밟는다. 노모와 아이는 서로 마주보며 만족하게 웃는다. 노모는 손뼉을 치고 아이는 김과장이 한 대로 돈을 밟는다. 갑자기 김과장은 아이 멱살을 잡고 뺨을 갈긴다. 아이는 자신의 뺨을 감싸쥐고 뒷걸음질치며 할머니 품에 엎드려 앙앙 울어댄다. 노모는 아이를 안고 등을 토닥토닥 두드린다. 김과장은 쭈그리고 앉아 돈을 노려본다.)

노모 (너무나 선명한 발음으로) 잘자라 우리 아기. 앞뜰과 뒷동산에 새들도 아가양도 다들 자는데 은구슬 금구슬이…. (아이 등을 툭툭 건드려 본다. 아이는 코를 곤다.) 잠들었다.

김과장 (돈에 묻은 먼지를 털며 하나하나 주워든다.) 밑빠진 독에 물 붓는 식으로 끊임없이 끊임없이 돈 잡아먹는 기계들이야!

노모 누가?

김과장 몰라서 물어?

노모 몰라.

김과장 (돈을 탈탈 털어 먼지를 털어내며 건네준다.) 이젠 노망까지 들었어?

노모 나, 노망 안 들었다.

김과장 그럼, 얼만지 세어봐.

노모 (침을 바르며 돈을 센다.) 하나 둘 셋 넷 다섯 여섯 일곱 여덟 아홉 열!…. 봤지?

김과장 얼마야?

노모 뭐?

김과장 얼마냐구?

노모 몰라…. 다시 셀까?

김과장 세기 싫음 관둬.

(김과장은 백에서 붉은 립스틱을 꺼내 입술을 짙게 바른다.)

노모 장사장인가 하는 사람 아직도 만나냐?

김과장 끝났어. 그게 언제적 얘긴데 아직까지 장사장이야.

노모 그럼, 박사장은?

김과장 그것도 끝났어.

노모 그럼, 노사장은?

김과장 그것도 끝났다니까.

노모 그럼, 강사장은?

김과장 엄마, 나, 지금, 아무도 안 만나.

노모 이렇게 큰돈은 어디서 생겼냐?

김과장 적금 탔어.

노모 적금?

김과장 또 오빠 주기만 해봐! 사람 시켜서 손발을 잘라버릴 거야

노모 (울먹이며) 안돼. 흥흥.

김과장 (냉정하게) 아들을 사랑한다면, 돈을 줘선 안돼. 알았지 엄마?

노모 (고개를 끄덕이며 응석부리듯이) 응.

김과장 오늘은 독일에서 온 바이어를 접대해야 해. 저번 직장보다 일은
       수월하지만, 직책이 맘에 안 들어. 바이어상담 접대부장이야. 부장
       이긴 부장인데 이 일을 계속 해야될지 모르겠어. (화장도구를 챙겨
       넣고) 엄마, 나, 갈게.

노모 (아이처럼 울먹이며) 언제 또 와?

김과장 돈 생기면 올게. (무대를 가로질러 나간다.)

노모 엄마, 잘 가. (손을 흔든다.)

(걸음을 멈추는 김과장. 돌아보면, 아이를 토닥이는 노모)

노모　자장자장 우리아가. 잘도 잔다 우리아가.

(김과장 빠르게 퇴장하고 무대 돌아간다.)

제 11 장　인도로 떠나다

무대 한켠 작은 조명.
배낭족 차림에 검은 테 안경을 쓴 정말희가 파쇄기 앞에서 종이조각
봉지를 들고 서 있다.

정말희　이건 소설이야. 회장의 자서전이 아니야. 내가 헛꿈 꾼 자본의
　　　환영이야. 개인의 욕망이 집단 개개인의 인격과 생존권을, 쥐고 흔
　　　들 수는 없어. 불행하게도 보이지 않는 손을 가진, 괴물, 자본은,
　　　피를 먹고 자랄 수밖에 없는 거야. 파괴하고 건설하고 파괴하고
　　　건설하고 파괴하고 건설하고…. 도대체 진실은 어디 있는 거야!
　　　우리도 언젠가는 공룡처럼 멸망하는 날이 있겠지. 무섭게 증식하
　　　는 욕망들이 무서워. 피가 차가워지고, 뱀처럼 교활해져야 하는 게
　　　무서워. 무한 경쟁. 무한경쟁…. 도무지 모르겠어. 밀림보다 무질서
　　　하고, 파괴되면, 재생할 수 없을 것 같은 도시가 무서워. 오만한
　　　인간들이 무서워. 이걸 봐. 파쇄기가 정교하게 잘라놓은 회장의 자
　　　서전을 보라구. 모든 것이 무서워. 한 인간을 위조하면, 또 다른
　　　위조된 인간들이 줄을 이어 행진하겠지. 나를 봐. 이 거대한 행진
　　　에서 이탈하는 나를 봐. 먼지가 될지언정 나는 자유로워질 거야.

(조명이 비치면, 밝은 와인색 투피스를 입은 미스 최가 바퀴 달린
가방에 자신의 짐을 챙겨 넣고 있다.)

정말희　실장님이 묻거든 자서전은 여기 들어있다고 해.

미스최 (봉지를 받아들고) 이게 자서전이야?

정말희 그래. 미스 최. 아니, 최현아. 이름을 불러 본 적이 없어. 왜 그랬을까. 어쨌든 축하해. 식장에는 못 갈지도 몰라. (배낭을 맨다.)

미스최 어디, 가는데?

정말희 (하늘을 가리키며) 저 달이 가는 대로.

미스최 언니가 무슨 도승이야?

정말희 내가 진실로 원하는 삶이 뭔지 알고 싶으니까. 뭘 할 수 있는지. 내가 누구인지.

미스최 실장님 권유대로 프리랜서로 일하지 그래. 어차피 돌아와도 취직해야잖아.

정말희 내일 일은, 내일, 생각할 거야. (팔을 벌린다.) 아, 자유다. 바람이 잡아당기는 게 막 느껴진다. (한바퀴 돈다.)

미스최 대책 없는 이상주의자야.

정말희 안녕. 현실주의자. 잊고 살기에는 결혼이 좋다더라.

    (정말희 출구로 나간다.
    출입구에서 장미꽃다발이 걸어 들어온다. 장미색 구두에 장미색 원피스, 장미색 백을 든 여자가 함박웃음을 웃으며 미스 최를 바라본다.)

여자 안녕하세요, 미스 최?

미스최 누구시죠?

여자 저, 모르겠어요? 목소리만 들어도 알텐데.

미스최 김과장은 사퇴했는데….

여자 알고 있어요. 실장님한테 감사하다는 인사를 하러 왔어요.

미스최 실장님은 계시지만, 만나려는 분이 아닐 수도 있어요.

여자 그것도 알고 있어요.

미스최 그럼, 전의 실장님께서 갑자기 돌아가셨다는 것도 아시겠네요.

여자 물론이죠.

    (미스 최, 인터폰을 누른다.

실장실 조명 푸르게 든다.

남성복 차림에 머릿기름을 바른 이기자가 시가를 손에 들고 거대한
의자에 왜소하게 앉아 있다.)

미스최 실장님. 손님이 찾아오셨는데요. 저….

여자 구의동이라고 하세요.

미스최 구의동이랍니다.

이기자 (남자목소리를 흉내내며) 들여보네.

(실장실의 조명이 더 밝아오고, 사무실의 조명은 조금 어두워진다.
미스 최, 문을 열어주면 장미꽃다발을 들고 여자가 실장실로 간다.)

여자 어머머! 축하해요. 실장님! (장미다발을 탁자에 올린다.)

이기자 감사합니다.

여자 그동안 너무너무 고마웠어요.

이기자 별말씀을.

여자 덕분에 전, 남편과 새로운 신혼을 시작하고 있어요. 이기자님께서,
      아니지. 실장님께서 도와주지 않으셨다면, 남편은 김과장한테서,
      영영 헤어나지 못했을 거예요.

이기자 남편을 사랑하는군요.

여자 천만에요.

이기자 남편을 사랑하지 않는군요.

여자 천만에요.

이기자 저 같은 노처녀는 이해할 수가 없군요.

여자 사랑이라는 감정은 동물적인 데가 있죠. 부부는 피와 살을 나눈
      사이에요. 거기에는 어떤 것도 가로막지 못하는 그 무언가가 있어
      요.

이기자 하루 정은 삼 년이고.

여자 본데 정은 백 년이죠.

이기자 백 년이라. 정말 지루하군요.

여자 사실은, 일 년도 지루해요.

이기자 (인터폰을 누른다.) 미스 최. 커피.

여자 (호들갑스럽게 거부한다.) 어머머 됐어요. 됐어. 밖에서 그이가 기다리고 있거든요. 같이 인사하자니까 부끄럽다지 뭐예요. 호호. 그럼, 실장님 안녕히 계세요!

(여자는 부리나케 퇴장한다. 미스 최는 가방을 다 쌌다.
이기자는 인터폰을 누른다.)

미스최 네, 실장님.

여자 들어와.

(미스 최가 들어간다. 이기자는 시가를 비벼 끈다.)

미스최 실장님. 그동안 감사합니다.

이기자 뒤꼭지로 피가 몰린 기분이야. 이럴 때 전의 실장은 어떻게 했지?

미스최 족탕을 했습니다. 뜨거운 물에 발을 담그고, 머리를 부채로 부쳐 드렸습니다.

(미스 최, 습관처럼 부채를 들어 이기자의 뒤통수를 천천히 부쳐준다.)

이기자 새 비서에게 일러둬. 또, 눈이 아프고 어지러울 땐 어떡하나.

미스최 빈혈입니다. 조혈제를 드셔야 합니다.

이기자 물먹은 솜처럼 늘어지는데 이럴 땐 어떡하나?

미스최 피로회복제를 드셔야 합니다.

이기자 미스 최. 정말 가야겠나?

미스최 죄송합니다.

이기자 결혼할 사람이 누구라 했지?

미스최 주유소입니다.

이기자 아버지의 주유소를 물려받은 주유소라. 미스 최는 주유소를 사랑해?

미스최 사랑해야죠.

이기자 인간을 사심 없이 사랑하는 일이야말로 어려워.

미스최 신입사원이 들어오면 사무실 분위기가 좋아질 거예요.

이기자 그럴까?

미스최 제가 처음 입사했을 때, 전의 실장님께서는, 지금의 실장님처럼 그렇게 앉아 계셨죠. 사막에 홀로 남은 사람처럼 막막한 표정이었어요. 킬리만자로의 표범도 아마 그와 같은 표정일 거예요.

이기자 캐나다에서 실장의 가족들은 어떻게 살고 있을까.

미스최 소문에 의하면, 호수가 보이는 우아한 마을에서 잘 살고 있답니다. 하루종일 낚시하면서요.

이기자 나도 낚시나 하면서 살까?

(물무늬 조명이 쏟아지면서, 무대 위쪽에서 그네를 타고 낚시를 하는 실장의 모습이 드러난다. 실장은 머리 위에 둥근 원을 달고 있다.)

미스최 실장님, 그곳은 어때요?

실장 심심하다.

미스최 왜요?

실장 물고기가 없어. 낚시밥도 없고.

미스최 금붕어랑 지렁이랑 방생해 드릴까요?

실장 싫어! 낚시가 싫다. 이제 그만 하고 싶다.

미스최 그럼, 그만두세요

실장 그만두지도 못해. 지겨워. 지겨워. 아, 심심하다.

(물무늬 조명 어지럽게 돈다. 서서히 비행하는 소리.
무대 한켠에 배냥족 차림의 정말희가 벤치에 앉아있다.
사무실로 깔끔한 양복차림의 김장호가 가방을 끌고 등장하여, 미스최 책상에서 짐을 풀어 정리한다.
이기자 갑자기 뒷목을 잡는다.)

미스최 괜찮으시겠어요?

이기자　뒷골이 땡길 때 전의 실장은 어떻게 하나? (다시 시가를 편다.)

미스최　우선, 찬찜질을 하고, 족탕을 하죠.

이기자　족탕이라….

미스최　기본적인 업무 전달은 끝난 상태니까, 자주 전화드리겠습니다.

이기자　김장호 씨에게 족탕에 대해 자세히 알려줘. 어쩌면 자주 족탕을
　　　해야될지도 모르니까.

미스최　알겠습니다.

　　　(미스 최, 한 손에는 가방을 들고, 한 손에는 종이조각이 담긴 비닐
　　　봉지를 든다.)

미스최　참, 이건 어떻게 할까요? (머뭇거리며) 정말희씨가 주고 간 회장
　　　님의 자서전입니다.

이기자　태우던지 버리던지 맘대로 해. 어차피 회장님의 자서전은 다시
　　　써야 하니까.

미스최　알겠습니다.

이기자　(등을 돌리며 오른손을 든다.) 난, 떠나는 사람 등은, 안 봐. 잘 가.

미스최　안녕히 계십시오. 실장님.

　　　(공항의 안내방송이 흐른다.
　　　핸드폰이 울린다.
　　　벤치에 앉아 있던 정말희가 핸드폰을 꺼내 전화를 받는다.)

정말희　나, 인도 가… 갠지즈강에 가려구… 그냥, 혼자 가…. 거기 가면
　　　어떻게 변할까?….

　　　정말희 핸드폰을 끄면, 피아졸라의 탱고음악이 흘러나온다.
　　　조명은 어두워지면서 무대 위 인물들을 각자 비춘다.
　　　공중에 매달린 채 낚시하는 실장.
　　　인도행 비행기를 기다리는 정말희.
　　　시가를 피는 이기자.
　　　이기자에게 족탕을 해 주며 발을 마사지하는 김장호.

계단 꼭대기 난간에 서서 정말희가 준 자서전의 종이조각을 뿌리는 미스 최. 바람에 날리는 종이 조각은 제멋대로 날아오른다.

무대 한구석에서 외국인 인형을 안고 탱고를 추는 김과장의 모습이 보인다.

배우들은 어느 순간 아주 느리게 움직이다가 멈춘다.

점점 느려지는 탱고음악과 함께 점점 어두워지는 조명.

무대 구석에서 날개짓하는 맨몸의 남자만이 조명을 받는다. 남자의 활기찬 날개짓과 함께 암전된다.

　—막

배 꼽

등장인물

진 : 진은 무명시인이고, 자유기고가로 생활한다. 나이는 서른 셋 .진의 머리는 아주 짧은 숏 캇트이며, 품이 큰 체크무늬 남방을 입고 있다. 키가 크고 메말랐으며, 은테 안경은 늘 코끝에 달려있다. 진은, 창백한 얼굴로 냉정하게 보인다. 그러나 극이 진행되면서 진은 점점 부드러워진다. 남성처럼 행동하는 몸짓. 여성적인 모든 매력을 억눌러 놓은 듯한 인상의 진은, 그러나 약간, 중성적인 매력이 엿보인다.

진의 생각이나 성격은 예측할 수 없으며 도발적이다. 진은 극도로 명랑하게 말하다가 우울하게, 한없이 절망한 듯 느릿느릿 말하다가 다시 극도로 빠르게 말하기를 반복한다. 진에게는 엄청난 혼란이 슬픔과 함께 내재되어 있다. 그러므로 필요이상의 딱딱한 목소리는 자신의 약점을 드러내지 않으려고 과장한 것이다.

진分 : 진의 분신은, 긴 생머리에 오래된 흰 원피스차림에 맨발이다.
진分은, 진이 억눌러 온 여성성으로, 진의 역할과 반대로, 감정에 솔직하고 안정되어 있다.

배우1 : 진 역의 배우

배우2 : 진分 역의 배우

언니 : 진分 역의 배우

제 1 부

피아노가 있는 방.
어둠 속에서 노트북의 화면만이 보인다. 자판을 두드리는 진의 뒷모습.
무대 뒤에서 또 하나의 조명이 들어와 앉아 있는 진分을 비춘다.
진分은 정면을 보고 있다.

진分 어젯밤 꿈에 나는 옛집을 다녀왔다.
 흑백필름처럼 낡고 이상한 평안을 주는 풍경 위를 바람 같이 날아
 다니고 있었다. 뼈대만 앙상하게 남은 옛 집.
 옛 집에는 아버지와, 아버지의 여자들, 안나 카레니나와 같은 죽음
 을 선택한 아버지의 아내가 저마다 각각 앉아 있었다.

 (자판을 두드리기를 멈추는 진, 돌아앉는다.)

진 아무도 나를 알아보는 사람은 없었다.
 아무도 집이 곧 무너지려 한다는 걸 알지 못했다.
진分 그들은 예전 그대로의 모습으로 앉아 있었다.
 따로따로 옛집에 살았던 여자들.
 그들이 결코 한자리에 앉아 있을 수는 없었다.
 그리고. 여자들의… 아기들….

 (진分은 풍선을 불기 시작한다.)

진 태어나지 못한, 처음부터 수정되지 말았어야 했던… 아기들… 곳곳
 에 밝혀진 등롱 속에 아기들이 앉아 있었다… 힘겨운 탄생 끝에 아
 기들을 기다리는… 답답한 동굴을 벗어났을 때 아기들을 기다리는
 형벌… 감나무 밑에, 딸기밭 아래, 담벼락 옆에… 묻힌 여자아기
 들… 아기들… 아기들은 모두 끔찍한 모습으로 등롱 속에 갇혀 있
 었다. 옛집엔, 아기들… 여자 아기들이, 주렁주렁… 두 눈을 꼭 감
 은 여자 아기들이 대롱대롱. 땅 속에서 나온 매미처럼 우는지, 웃는
 지, 처음으로 침묵을 깬다.

(진分은 풍선을 뱃속에 넣어본다.)

진　나는 웃는다. 웃음은 머릿속을 풍선처럼 부풀게 한다. 터질지도 몰라. 벌려진 입 속으로, 등롱 속에 갇힌 아기가 들어온다.

진分　나는 보아 구렁이가 된다.
　　둥근 빵처럼 배가 불러온다.

(완전한 어둠. 어둠 속에서 빠른 템포의 피아노 음악이 쏟아진다.
음악이 끝날 때쯤 진이 딸꾹질을 한다. 조명, 들어오면 컵에 물을
따라 마시는 진. 딸꾹질이 멎어진다. 손에 담배를 들고 있다.)

진　안녕하세요? 누구 불 좀 붙여주실래요?

(관객들 반응. 관객이 불을 붙여주려 하면)

아, 생각해 보니, 안될 것 같네요. 감사합니다.
부끄러움을 무릅쓰고, 무대 위로 올라와서, 배우에게, 담뱃불을 붙여준다… 하지만 담뱃불을 붙이는 것으로 역할이 끝나는 건 아니죠.
나는 그 사람한테 한가지 더 부탁하고 싶어요.
남자든, 여자든, 옷을… 벗어 달라고 부탁할 거예요.
오, 흥분하지 마세요.
벗는다는 말에는 왠지, 이상한 어감이 있죠?
사람들은 보이는 것에 민감하지요. 보이지 않는 것들이 보이는 것들 속에 숨어있긴 하지만, 그런 것들은 대체로 지나가 버립니다.

(잠시, 난처한 듯 고개를 돌린다.
딱딱한 목소리로.)

어떤, 선배 한 사람은, 이상한 눈을 가지고 있었죠.
그가 보는 것은, 모두 알몸을 드러내고 말아요.

끈적끈적한 눈으로. 그 남자가 여러분을 본다면 어떻겠어요? 아!
물론, 여자분을요. 아무 느낌이 없다구요?
(깔깔댄다.) 전, 금방 눈치채죠. 그런 눈을 보면, 순식간에 제 얼굴
은 붉어지고 왠지 모르게 화가 나죠.
옷을 꿰뚫고 알몸을 보는 기분 나쁜 눈초리.
증거 없는 완벽한 능멸!
당장 달려가서 갈기갈기 찢어 죽이고 싶다니까요.

(물을 마신다.)

나는 가끔 후회해요.
지금처럼 갈기갈기 찢어 죽이고 싶다는 말 같은 거 했을 때 말예
요. 나는 갈기갈기 찢어 죽인다는 말을 할 때마다 이상한 쾌감을 느
껴요. 갈기갈기 찢어 죽인다는 어감은 거친 눈보라를 연상시키지요.
갈기갈기 찢어 죽인다는 잔혹성은 표범 같기도 하구요, 갈기갈기 찢
어 죽인다는 발음은 강력한 야만성을 핏속에 요동치게 하지요.

(관객을 향해 미소짓는다.)

겁내지 마세요. 나는 그렇게 잔인한 사람이 아니니까.
또, 능글맞은 사람도 아니고요, 투시력을 가진 사람도 아닙니다.
나의 시선은 투명하다는 걸 말하고 싶어요.
이 투명한 눈으로, 나는 여러분을 봅니다.

(잠시 생각한다.)

사실, 나는 여러분을 보고 있지 않아요.
내가 보는 것은, 여러분 속에 숨어있는… 작은 아이지요.
숨어있는 아이는 아주 긴 탯줄을 가지고 있어요.
탯줄은 배꼽과 배꼽을 연결시킵니다.
나는 여러분의 배꼽을 들여다봅니다.
이미 아물어져 굳게 닫힌 배꼽을 봅니다.

여러분은 길고 긴 탯줄을 달았던 한때, 태아였습니다.

최초의 고통은 배꼽이 잘리는 것이었을까요?

아니면, 어머니의 난자와 아버지의 정자가 만나는 순간이었을까요?

세상에 처음 태어나는 순간, 우리는 상처를 얻었습니다.

상처 입은 연약한 빨간 아기.

공포에 떨며 울어대는 아기.

앵앵앵앵앵…

앵앵앵앵앵!

우리는 여전히 우는 아기입니다.

(천천히 소파로 걸어간다.)

가장 안락하고 따스한 자궁으로부터 쫓겨나던 순간, 그때부터 우리
는, 낙원을 잃어버린 아담과 이브처럼, 다시는 행복할 수 없는 것
이 아닐까?

(지친 듯 소파에 앉는다. 조명, 어두워진다. 피아노 위에 걸터앉은
진分이 조명을 받는다.)

진   지금, 여러분들이 보고 있는 나는 누구죠?

진分   바로 나.

진   나는 누구죠?

진分   내 이름은 진이에요.

진   참 진.

진分   참이란, 진리란 뜻이지요.

진   내게 진리란 뭘까요.

진分   알고 싶어요.

진   그동안 내가 배운 것은 보이지 않는 참을 더 애매하게 가릴 뿐이었
      어요. 내가 처음으로, 글을 쓰는 사람이 되고자 했을 때, 그때부터
      혼란이 시작되었는지도 모르죠. 나는 어떤 책에서도 내 몸이 원하는
      그 어떤 것을 찾을 수 없었어요. 그래서 나는 내가 원하는 어떤 감

정들이 혹시 별나거나, 변태거나, 아니면 이중인격자의 감정이 아닌
지 의심하게 되었죠.

(한숨을 쉰다.)

나는 내 모든 욕구를 억압하고 숨기는 것을 당연하게 생각했어요.
언제나 그랬죠. 그러다 보니, 내가 누구인지 점점 알 수 없게 되었
어요.
스무 살에 시 한편으로 등단한 뒤, 남의 자서전이나 대필하면서 살
다 보니 더더욱 내가 누구인지 말할 수 없게 된 건지도 몰라요.

(피아노 건반을 하나씩 천천히 누른다.)

진分   나는 누구일까?
진   나는 누구일까.
진分   나는 누구지?
진   나는… 누구지?
진分   나는.
진   나는.
진分   … 누구? (운다.)
진   어느 날, 내 안에서 울고있는 검은 그림자를 보았어요.
        내가 오랫동안 열어보지 않았던 방 속에, 저 아이가 있었어요. 밖
        으로 튼튼한 자물쇠가 채워져 있고, 아이는 혼자 울고 있었죠. 더
        이상 자라지 못한 채 늙어가는 아이였어요.
진分   나는 괴물이야!

(진은 관객에게서 등을 돌린다.
진分은 발을 경쾌하게 흔든다.)

진   세상에, 이럴 수가!

(무대 안까지 걸어간다.)

진   허상에 의지하고, 허상을 창조하고, 허상에 울부짖고, 허상에 실망
     하고, 허상에 케이오 당한 패배자.

     (관객을 향한다.)

진   한번도 여자라는 생각을 해 본적이 없어요.
     물론 어머니가 된다는 생각은 더더욱!

     (진은 자신의 배를 내려다본다.)

진分 이제 임신한 여자만 봐요. 신발을 사려고 할 때, 지나가는 사람의
     발만 보듯이 내게는 어린애들과 배부른 여자만 보여요.
     예전에는 몰랐지만, 새로운 따뜻한 세계가 열리는 것을 느꼈어요.
     왜 그동안, 이 세계를 보지 못했을까.
진   아니, 애써 외면했는지도 몰라.

     (진은, 진分의 배에 귀를 기울인다.)

진   물고기가 파닥이네.
진分 수천 마리 나비가 날고 있는 게 아닐까?
진   쿵. 쿵. 쿵….
진分 쿠쿠쿠쿠쿠….

     (스피커에서 심장박동 소리가 울린다.
     태아의 심장박동 소리 같기도 하고 응급환자의 심장박동 소리 같기
     도 하다. 진은, 피아노 건반을 쾅쾅 눌러본다.)

진   사람의 심장소리와 비슷한 소리를 내는 악기는 뭘까?
진分 북일까?
진   중국에는 동물의 힘줄로 만든 악기가 있다지? 호금이라고 아주 슬
     픈 소리가 나.

     (진은 슬프고 느린 음을 연주하다가 갑자기 피아노 뚜껑을 닫아버린

다.)

진　나는 무지해. 완전히. 캄캄한 절벽 위에 서 있다구!

(진은 안절부절한다.)

진分　… 낳을까?
진　말도 안돼!
진分　예쁘겠지? 외롭지도 않을 거구.
진　이건 가지고 노는 인형이 아니야. 귀찮다고 쓰레기통에 처박을 수
　　도 없다구.
진分　보고싶어. 어떻게 생겼을까?
진　짐이고 혹이고 업보.
진分　평생 짊어져야 할 운명이겠지?
진　나 하나로 족해. 고통받는 건 나 하나로 족해.

(진, 소파에 주저앉아 전화를 노려본다.)

진分　예전에 나는 염세주의자였죠.
　　세상은 불행한 여자들로 만원이었으니까요.
　　결혼보다는 수도자가 되기를 원했어요.
　　나를 기다리는 삶이 두려웠으니까요.

(진은, 망설이다가 전화기를 들고 호출을 한다.)

진　나야, 진… 뭔가 전할 말이 있어… 메시지 확인하면, 연락 줘… 아
　　니, 잠깐. 별로 중요하지 않으니까 급하게 연락할 필요는 없어.

(진은 소파에 웅크리고 앉아 전화기를 노려본다.)

진分　그에게서 전화가 온다면, 나는 서울을 떠나지 않을지도 몰라요.
　　나는 그에게 마지막 기회를 준 거예요. 나를 붙잡을 수 있는 기회.
진　지금쯤 백두대간을 횡단하고 있을 거야. 여행객들을 안내하면서, 사

진 　찍고, 여행기를 쓰는 게 그 사람 직업이니까.

진分 　여행하는 동안만은 아주 딴 사람이 되죠. 집시처럼, 떠나온 곳에 미련을 두지 않아요

진 　우리는 자유를 원했고, 서로에게서 그걸 얻을 수 있을 거라 생각했어.

진分 　서울을 떠나면, 서울에 두고 온 모든 기억도 잊어버린답니다.

진 　그 사람이 소유하는 건 몇 장의 사진과 여행기, 늘 새로운 만남들이지… 그리고….

진分 　자유.

진 　남자를 사랑하는 능력은, 아버지에 대한 사랑에서 비롯된다는 말…. 그럴지도 몰라. 그가 떠난 뒤에야, 내가 얼마나 믿음에 인색했는지 알겠어.

진分 　그는 지쳤는지도 몰라요.

진 　모든 남자는 아버지를 닮았다고 생각했지.

진分 　그가 보는 모든 것을 질투했어요.

진 　산, 바다, 하늘… 늘 새롭게 만나는 그 사람의 여행자까지도.

진分 　우리의 룰이 깨진 거예요.

진 　그는 말했어.

진分 　나는 네 아버지가 아니야.

진 　그래, 그는 아버지가 아니야.
　　아버지처럼 잔인하지 않아.
　　인색하지도 않고
　　강하지도 않아.
　　…
　　언제부터 멀어졌지?

　　(생각한다. 갑자기 애증에 차서 말한다.)

진 　이젠, 아버지를 존경하지 않아.
　　오히려, 측은하게 여길 뿐.

자존심 때문에 연락도 없이 빈 집에서 눈을 감으셨지….

평생 내게 후회를 남겨주기 위해. 악동같이….

아버지는 그런 분이셨어.

냉정하고, 이기적이고, 자존심 때문에, 완전히 고립된,

고독한 성과도 같은 존재.

가장 가까운 피가 흐르는 아버지를 증오하고 어쩌면…. 사랑했는지
도 몰라.

….

진分　남자를 사랑하는 능력은 아버지에 대한 사랑에서 비롯된다.

이 말은 맞을지도 몰라요.

진　나는 남자를 불신해.

애초에 어떤 남자에게든 내 삶을 의탁할 생각은 없었으니까.

(진은 곧장 무대 뒤로 간다.

캔맥주를 딴다.

캔맥주를 천천히 마시며 무대로 걸어나온다.

잔을 쭉 들이키고 다시 전화를 노려본다.

…

갑자기 진은 전화 코드를 뽑아버린다.

전화선으로 전화를 둘둘 말아 무대 너머로 던져버린다.

손을 탁탁 털고 진은 홀가분하게 맥주를 마신다.)

진分　문제는 나한테 있어.

진　벌써 몇 번이나 전화했을 텐데.

이미 떠난 줄 알 거야.

아, 왜 전화선을 뺐을까.

늘 경솔하게 행동하고 후회하다니.

정말, 참을 수 없어.

(전화선을 꽂으려다 망설이는 진. 포기하고 전화기를 짐 속에 집어
넣는다.)

진分 기다리고 있을 거야.

그는 분명, 기다리고 있어.

진 아니야, 아니야.

기다리는 건 그 사람이 아니라, 바로 나야.

진分 사랑은 한순간에 모든 걸 망가뜨릴 거라 생각했어.

진 순식간에, 그 사람을 사랑했던 건 사실이야.

진分 난 두려웠어.

진 우리는 동거를 했고, 아이를 갖지 않기 위해 노력했지.

진分 그건, 숨쉬지 않는 행위와 같았어.

(진, 가방에 걸터앉는다. 배를 만진다.)

진 나는 내 육체가 겨울 땅이기를 원했어요. 하나의 씨앗도 움트지 않게 꽁꽁 얼어붙은 육체가 되기를 원했죠. 강철같은 인간이 되려한 거죠. 여자의 자궁은 여자의 무덤이니, 도려내야 한다. 하지만, 상관없이, 담쟁이 넝쿨이 자라듯, 끈질기게 새 삶이 시작되려 하고 있어요.

(진은, 비로소 진分을 바라본다.)

진 그리고 나는 저 애를 보았어요… 너는 누구지?

진分 나는 너야.

진 죽 그곳에 있었니? 맨발로?

진分 나는 너니까, 널 보고 있었어.

진 누가 널 가둬놓았지?

진分 나야. 너이기도 하고.

진 그렇게 짧은 원피스는 위험할 텐데… 긴 머리카락도 그렇고….

진分 나는 좋아. 바람을 느낄 수 있으니까 좋아. 좋아. 좋아.

(진, 점점 빠르게 말한다.)

진   열세 살 때였나. 단오날 저녁 늦게야 내 차례가 돌아왔어. 그네를
       탔지. 굵은 새끼줄을 맨발로 느끼고, 저녁바람이 치맛자락을 들추는
       걸 느꼈어. 개구리들이 와구와구 합창할 때까지 타고 또 탔어. 그때,
       누가 그네 아래 있는 걸 봤지. 어스름 속에 남자의 흰 이빨이 보였
       어. 먼지를 부옇게 뒤집어 쓴 방위병이 땀에 흠뻑 젖어 있었지.

진分   그네 잘 타는구나. 아저씨도 타면 안될까….

진   남자는 그네를 멈추게 했어….

     (진分은 자신의 다리를 움츠린다.)

진   다리가 이쁘네.

진分   집에 갈래요.

진   머리도 길고.

     (진分은 머리카락을 움켜지고 피아노에서 내려와 뒷걸음친다.)

진分   집에 갈래.

진   다 봤어.

진分   집에 갈래. 집에 갈래.

     (진分은 무대 구석으로 뒷걸음친다.)

진   다 봤어… 남자가 또 웃었지. 남자는 내 손을 꽉 움켜잡고, 아무도
       보지 않는다고 말했어… 넌 여자야… 여자….

진分   더러운 군복, 더러운 손….

진   난, 힘껏 물었어. 남자는 날 때렸고….

     (진分은 비명을 지르며 주저앉는다. 팔을 버둥거리며 필사적으로 거
     부하는 몸짓…
     진은 진分을 바라보며 무대 앞으로 뒷걸음쳐 나온다.)

진分   집에 갈래.

진   집에 갈래.

진分   집에 보내줘요.

진   집에 보내줘요.

진分   집에 갈래요.

진   집에 갈래요.

진分   싫어. 싫어!

진   싫어.

진分   집에 갈 거야!

　　　(진分은 광적으로 머리를 흔든다.
　　　붉은 조명…
　　　비명을 지르는 진分.
　　　진, 쭈그리고 앉아 귀를 막는다.
　　　진分, 입을 벌린 채 넋 나간 표정으로 굳어있다.)

진   집에 가야한다고 생각했어. 집에 가면 숨을 곳이 많으니까.

　　　(진分은 일어나 무대 커튼 뒤로 천천히 걸어간다.
　　　커튼 뒤로 블루 조명이 들어오고, 진分의 그림자가 선명하게 드러
　　　난다. 진分은 원피스를 벗어 들고 가위를 든다.
　　　또 하나 블루조명이 무대 앞에 선 진을 비춘다.)

진   논둑을 달릴 때 개구리가 밟혔어. 난 그때, 새 운동화를 잃어버렸
　　　지. 긴 머리, 원피스, 뭐라 설명할 수 없는 것까지도….

　　　(가위로 원피스를 조각조각 잘라내는 진分)

진   그 밤 이후로, 내 몸에 여자라는 흔적이 될만한 모든 것을 떼버렸
　　　지.

　　　(진, 자리에서 일어난다. 조명, 검푸르게 어두워진다.)

진   나는 고향에 돌아갑니다.
　　　아무도 반겨줄 사람이 없지만, 나를 기다리는 빈 집이 있죠.

그곳에서 다시 시작하고 싶어요.

공해를 씻어내고, 산소를 마시고, 오랫동안 돌보지 않았던 내 안의
아이를 위해 상처를 씻어야겠어요.

그래야만, 여자라는 콤플렉스에 시달리지 않을 것 같아요.

그러면, 내 안의 아이와 화해할 수 있을까요?

(진이 서있던 자리의 조명은 어두워지고,
진分이 선 자리만 블루조명이 약하게 남아있다.
진分은 마지막 남은 원피스 조각을 떨어뜨리고
긴 머리카락을 가위로 잘라낸다.
쇼팽의 빠른 피아노 곡이 쏟아지면서 암전된다.)

제 2 부

두 개의 조명이 떨어지면, 가면 쓴 배우1,2가 있다.
가면은 다양한 형태의 노파 얼굴이나 해골로, 모두 모계를 상징한다.
여러 개의 가면을 바꿔 쓰며, 빠르게, 느리게, 중얼거리듯이 말한다.
이 장면은 하나의 악몽과 같다.

배우1 뿔이 커다란 사슴이, 처녀 적 살던 내 방에, 떡 하니 앉아서 불
알을 덜렁덜렁 거리더라. 그래, 내 아들인줄 알았지. 봐 보니, 지지
반기라.

배우2 고향집에 가는데, 구렁이가 감나무 꼭대기에 동그라니 또아리를
틀고 앉아서, 한 마리는 날 보고 내려오고, 한 마리는 하늘보고 올
라갈라 카더라. 이상타. 저것이 뭔데 나한테 올라카노. 무섭지도
않데. 가만히 지켜보다, 내려오는 구렁이를 안아줬제. 그런데, 봐
보니, 쌍둥인기라. 하나는 머시마고 하나는 가시난데, 죽은 것
이….

배우1 머시마지.

배꼽 147

배우2 아이고 아까바라. 가시나는 참말, 명도 길제.

배우1 (가면, 바꿔 쓴다.) 딸래미만, 주루룩 열한 명 낳고 본게, 열 받아
부러. 이 짓거리도 이자 끝이다. 더는 못하겄어. 속 꽉꽉한 사람이
나가서 씨암탉을 품든, 암퇘지를 품든 맘대로 허랑께. 요러자 가이
내라도 좋으니 딱 한 명 더 내질러보자. 이런다요. 한 명 더 놔면
한타쓴께. 어따. 시상에, 고로코롬 싸가지 없이 태어난 잡것이, 종
말이 그년이랑께….

배우2 (다른 가면) 나는 몰랐다. 할머니가 태몽 꿨지. 밤낮 일 시키니 호
랑이가 업어가도 몰랐어. 그니, 내가 뭘 알겄어.

배우1 아따, 시상에 하늘도 무심허당께. 고것이 고렇게 아깝은가! 아니
면, 하늘에 고추밭도 씨가 다 말라부렀는가 잉!

배우2 할머니가 그러대. 큰애 임신했을 때, 울타리에 주먹만한 애호박
이 조롱조롱 달렸는데, 세어보니 네 개랴. 그래, 틀림없이 손자 넷
을 놓는댜. 나가 못 놔면, 첩이라도 낳는대. 틀리면 장을 지진대나.
나야 뭔 말인지 몰랐어. 줄줄이 아들 넷을 낳으니, 헛꿈도 아니
다 싶었지. 첫아들을 낳았는데, 할머니가 갑자기 마당에 뛰쳐나가
고래고래 소리질러야. 덩실덩실 춤까지 추면서 (소리친다.) 우리 집
에 금송아지 생겼다! 우리 집에 금송아지 생겼다!

배우1 (가면 바꿔 쓴다.) 온 밤을 진통하니 해가 떴더라. 꼭 손바닥만하
게 비치는데, 마당에 가지 열매가 달렸더라. 일곱 살 머시마 고추
만하게 생긴 가지가 뵈대. (긴 한숨) 휴우… 내사 아들인줄 알았다.

배우2 평생 시집살이시키던 고추당초보다 매운 시어머니지만 산후조리
는 정말 잘해줬어야. 그러게 여자는 아들 낳는 게 장원급제라.

배우1 줄줄이 딸만 여섯 낳으니 시어마씨가 불도 안 때주고, 미역국도
안 끓여주더라. 부지깽이로 맞아 머리에 구멍도 났어. 바보천치같
이 살았지. 등신이지 등신. 집 나가면 죽는 줄만 알았지. 도망도
못 갔어.

배우2 휴! 너는 정말 모르겠다. 할머니는 네 태몽 꿨다는 말 안했어야.
애호박 네 개만 봤지. 그 옆에 호박꽃 봤다는 소린 없었어야….

(생각한다.) 가만, 내가 뀄나?

배우1 산달이 다가오는데, 할머니가 그러대. 초하루부터 태어날라는 거보이 분명, 가시나다. 재수 없게, 가시나가 초하루에 태어나면 팔자 시다. 후후. 정말, 너가 태어났어. 우는 소리가 을매나 작고 여린지 가슴이 아파 울었어. 나처럼 너도 배아파 애 놓을 생각하니 가여워 울었지.

배우2 가시나는 그렇게 애물단지야!

배우1 가시나는 그렇게 애물단지야!

(짧은 암전과 음악.
무대는 커튼이 걷혀짐과 함께 드러난다.
왼쪽은 우물과 매화나무 한 그루가 있는 뜰이 실외고,
오른쪽은 한지 바른 미닫이문과, 둥근 탁자와 등나무로 된 안락의자 하나가 있는 실내다.
두 공간은 경계의 구분이 없다.

음악이 끝날 때쯤, 매화나무만 스포트라이트를 받는다.
매화꽃이 활짝 피었고, 그 아래 나무 뚜껑으로 단단하게 닫힌 우물이 드러난다.

가방을 들고, 바바리를 입은 진이 우물 옆에 다가온다.
진은 마치 대화를 나누는 것처럼 매화나무와 우물을 바라본다. 향기를 맡고, 나뭇가지를 만지고, 우물 주위를 천천히 돌며, 그 위에 앉는다.)

진   보이지 않지만 내게는 보여요. 들리지 않지만 내게는 들리듯이 느낄 수 있어요. 투명한, 너무나 투명한 공기, 바람, 햇빛… 조금 낯설고, 조금은 초라한 풍경….

(일어나 걷는다.)

진   나는 줄곧 걸었어요. 예전에 그토록 멀던 길이 단 5분이면 끝나는 길이었고, 예전에 그토록 커다랗던 여학교 운동장이 손바닥만하게 느껴지는 그런 길을 걸었어요. 걸으면서 생각했어요. 난 참 오랫동안 버틴 것도 아니구나. 내가 지난 길은 겨우 시작에 불과했어. 모든 것이 그 자리에 있고, 단지 나는 몇 년 자리를 비웠을 뿐이야. 아는 얼굴들이 많지 않은 소읍의 풍경이 현대적으로 바뀌고 있었지만, 그 또한 낯설지는 않았습니다. 어딜 가든 어색하게 산을 깎고 버틴 아파트들이 흔하니까요. 하지만, 내가 바라보던 초록이 짙던 산마저 깎여 흰 살을 드러내고 회색 아파트가 삐죽 늘어서 있는 걸 보고 알았어요.

아! 혼자 견디는 건 너무 지루해!

….

(꽃가지를 꺾어 귀에 꽂는다.)

진　언니는 종종 이렇게 하고 노래를 불렀죠.

(콧소리로 흥얼거리는 진.
안락의자에 조명이 들어오면, 월남치마에 레이스 수건으로 머리를 묶은 언니가, 흰 레이스 뜨개질을 하며 노래한다.)

언니　사랑이 무어냐고 물으신다면 눈물의 씨앗이라고 말하겠어요. 먼 훗날 당신이 나를 버리지 않겠지요. 서로가 헤어지면 모두가 괴로워서 울 테니까요…. (트림을 한다.) 이별이 무어냐고 물으신다면 눈물의 씨앗이라고 말하겠어요. 먼 훗날 당신이 나를 버리지 않겠지요. 서로가 헤어지면 모두가 괴로워서 울 테니까요…. 사랑이 무어냐고….

(진이 대사를 하는 동안 언니는 작은 소리로 노래를 계속 반복한다.)

진　언니가 노래를 부르면 나는 이해할 수 없는 단어를 만들어 불렀죠. 예를 들면, 눈물의 씨앗이 뭘 뜻하는지 몰랐으니까, 그저, 누아네 시앙시라고 불렀고, 그것이 그저 무슨 말인지도 모르고 그저 누아네 시앙시라고 부르면서 애틋한 표정을 지었어요. 언니는, 내 이상한 발

음을 고쳐주려 애썼지만, 언니보다 더 억센 사투리가 입에 베어 영
잼병이었죠.

(잠시, 회상한다. 언니는 이제, 콧노래를 흥얼거린다.)

진　또 한번은, 이런 말싸움을 한 적도 있어요. 그때, 언니는 열아홉 살
　　이었고, 나는 일곱 살이었죠. 나는 나뭇잎을 나뭇이파리라고 읽었어
　　요.

(탁자에 걸터앉아 책을 펼쳐들고 아이 목소리로 읽는 진.
언니는 노래를 끝내고 계속 레이스 뜨개질을 한다.)

진　나뭇이파리가 동동 떠내려갑니다.
언니　자, 진아. 따라해 봐. 나. 뭇. 잎.
진　나. 뭇. 잎.
언니　자, 따라해. 나뭇잎이 동동 떠내려갑니다.
진　나뭇이파리가 동동 떠내려갑니다.
언니　아니야. 나뭇이파리가 아니라 나뭇잎.
진　나뭇잎.
언니　그래. 나뭇잎. 나뭇이파리가 동동 떠내려갑니다.
진　나뭇이파리가 동동 떠내려갑니다.

(진, 까르르 웃는다.)

언니　아니, 아니야. 나뭇잎이 동동 떠내려갑니다.
진　나뭇이파리가 동동 떠내려갑니다.
언니　나뭇잎이라니까! 나. 뭇. 잎!
진　나. 뭇. 잎!
언니　자, 다시 읽어.
진　나뭇이… 파리가 동동 떠내려갑니다.
언니　저기 봐. 감나무에 달린 저걸 뭐라 하지?
진　나뭇이파리.

언니 　나뭇잎!

진 　나뭇이파리잖아.

언니 　책에선 나뭇잎이라고 해.

진 　저건 나무이파린데

언니 　언니가 서울말 쓰랬지? 촌스럽게 나뭇이파리가 아니라. 나뭇잎이
　　　 야. 나뭇잎!

진 　(고집을 부린다.) 나뭇이파리!

언니 　(뜨개질감을 팽겨치고) 나뭇잎!

진 　나뭇이파리!

언니 　나뭇잎!

진 　나뭇이파리!

언니 　나뭇잎!

　　　 (진과 언니는 서로 노려본다.
　　　 언니는 슬픈 표정으로 일어나, 무대 뒤로 걸어가 울음을 터트린다.)
　　　 우물을 덮은 뚜껑을 슬프게 내려다본다.)

진 　내 고집을 당할 사람은 아무도 없었어요. 일곱 살 짜리 계집아이의
　　　 고집은 하늘이 무너져도 나뭇잎을 나뭇이파리로 우겨댔던 거죠. 언
　　　 니는 목이 쉬었고, 목이 쉬도록 가르쳤는데도 여전히 나뭇잎을 나뭇
　　　 이파리로 말하는 내 앞에서, 결국 울고 말았어요.
　　　 언니는… 참, 순진했어요.
　　　 지금은 나뭇잎과 나뭇이파리를 구별할 줄 알지만, 그때는 나뭇잎과
　　　 나뭇이파리가 다르다는 것을 인정할 수 없었지요. 누구나 나뭇잎을
　　　 나뭇이파리로 발음했기 때문에 나뭇잎이 나뭇이파리가 될 수는 없
　　　 었던 거죠.

　　　 (잠시 생각한다.)

진 　문자를 믿을 수 없었던 원시시절이었다고 말할까요?
　　　 어쩌면, 문자가 싫었는지도 몰라요.

(바바리를 벗는 진. 무대 뒤의 언니 모습은 희미하게 비친다.
언니는 편지를 쓰고 있다.)

진   언니는 사랑을 했죠. 남몰래 우는 것도 보았어요 그때 사랑이 눈물
     의 씨앗이라는 것을 알게 되었죠. 하지만, 사랑은 무섭게도 언니를
     앗아갔어요.

(진이 우물로 걸어나온다. 언니는 편지봉투를 들고 나간다.)

진   여기 이 우물 속에 언니가 있어요. 달 밝은 밤에 언니는 우물을 들
     여다보면서 무슨 생각을 했을까요? 월남에서 죽은 애인을 생각했을
     까요? 그의 영혼이 빛이 되어 떠돌다가 여기 우물 위에 앉았을 때
     언니는 그를 본거지요. 그래서 아무도 모르게 그를 따라 우물 속으
     로 들어간 거지요.
     우물 속에 내려가면 어딘가 새로운 세상과 통하는 통로가 있을 것만
     같아요.
     길고 아늑한 통로로 금붕어 떼와 헤엄치는 언니를 상상했어요.
     죽음은 나에게 환상을 주었고, 아직 살았는지 죽었는지조차 느낄 수
     없었던 나는 우물만 보면 빠지고 싶은 욕망을 견딜 수 없었어요.

(우물의 낡은 나무뚜껑을 열고 들여다보며 소리한다.)

진   아….

(소리가 울려나온다.)

진   아….

(음을 넣어 소리한다.)

진   아아아… 아아아….

(소리가 울려나온다.)

진　아아아… 아아아.

(귀를 기울인다… 침묵… 바람소리…)

진　언니와 함께 우물이 메워지고, 나는 종종 여기 우물 속에 들어가 개구리를 잡곤 했어요.

(진은, 우물 속에 들어간다. 우물위로 푸른 조명이 떨어지면서 갑자기 몰아치는 바람에 꽃잎이 우르르 떨어진다. 우물 속에서 진이 어렸을 때의 목소리로 말한다.)

진　(목소리만) 나뭇잎이 동동 떠내려갑니다.
　　청개구리 한 마리 잡았다.
　　나뭇이파리가 동동 떠내려갑니다.
　　비단개구리 한 마리 잡았다.
　　나뭇잎이 동동 떠내려갑니다.
　　먹개구리 한 마리 잡았다.
　　나뭇이파리가 동동 떠내려갑니다.
　　문디개구리 한 마리 잡았다.
　　나뭇이파리!
　　나뭇잎!
　　나뭇이파리!
　　나뭇… 잎!
　　나뭇… 이파리!
　　나뭇… 이파리!

(놀리듯 까르르 웃음을 터트리는 어린 진의 목소리. 사이. 칭얼칭얼 우는 어린 진의 울음… 조명이 어두워진다. 우물 속에서 진은 정사각 등롱을 하나하나 꺼내놓는다.
물방울 떨어지는 음악이 흐른다.
등롱에는 태아나, 갓 태어나 죽은 아기, 갓난아기의 그림이 그려져 있다.
스무 개의 등롱이 바깥에 놓여지면, 개구리처럼 배가 불룩한 진이

임부복 원피스를 입고 우물에서 나온다.)

진　여기 스무 개의 슬픔이 있어요.
　　한동안, 고향집에 오지 않은 이유도 이 슬픔 때문일지도 몰라요.
　　슬픔을 박살내기 위해 여기 고향집에 왔는지도 몰라요.

　　(등롱 하나를 들어 무대 위에 건 뒤 다시 등롱을 가지러 가는 진.
　　언니가 촛불을 들고 들어와 진이 달아놓은 등롱에 불을 붙인다.
　　진은, 계속 등롱을 무대 위에 건다.)

진　언니와 나는 배다른 자매였어요. 우리에겐 엄마가 없었죠. 언니는
　　이 야기 속에 나오는 계모에 대해 말해줬어요.
언니　계모는 헨젤과 그레텔을 굶어죽게 하려고 숲에 버리게 했어. 백설
　　공주의 계모는 독이 든 사과로 죽이려 했고, 콩쥐의 계모는 하녀
　　처럼 일만 시켰어.
진　(등롱을 건다.) 우리들의 계모… 아버지의 여자들이 바로 우리들의
　　계모였죠. 여자들은 한 달을 넘기지 못했죠.

　　(언니는 불을 붙인다.)

진　언니는 이상한 미신을 믿고 있었는데, 그것은 바로 요강을 깨는 거
　　죠. 아버지와 여자가 밤새 사용한 요강을 아침에 치우는 척 하다가
　　슬쩍 깨트려 버리는 거죠. 어떤 날은 내가, 어떤 날은 언니가….
언니　남녀간의 정을 떼려면, 밤새 사용한 요강을 깨는 게 최고야.
진　그게 들어맞았는지 모르지만, 어쨌든 여자들은 떠났죠. 그리고 이상
　　한 일도 일어났어요. 누구의 장난인지 모르지만, 아니, 정말일지도
　　모르지만… 무언가 보인다고 했어요.

　　(무대 막 뒤로 여자의 그림자가 지나간다. 언니와 진은 돌아본다.)

진　누더기를 입고 눈물 흘리는 여자. 그들은 모두 그 여자가 무서워
　　살지 못했지요. 아버지가 다정스러운 사람이었다면 살았을지도 모르

죠.

간혹, 여자들 중엔 곰 같은 여자, 소 같은 여자들이 있어서 나타나거나 말거나 살기도 했지만, 아이를 낳으면 모두 죽어버렸어요. 더 살아봤자 희망 없다는 걸 알고 그들은 떠났어요.

(진은 두 개씩 등롱을 들어와 건다.)

진   언니는, 엄마에 대해 말하지 않았어요. 사람들은 언니 엄마가 미쳐서 달리는 기차에 뛰어들었다고 했지만, 나는 그 말을 믿지 않았어요.
      언니는 내게 이런 말을 했어요.

언니 사람은 자존심을 회복하기 위해 자살을 할 수도 있어.

진   무슨 뜻일까… 언니는 자살했다고 믿었던 것 같아요.

(진은 그림이 그려지지 않은 빈 등롱 하나를 마지막에 건다.)

진   우리는 서로 버림받았다고 느꼈어요.
      그 느낌이 우리 자매를 연결해주었는지도 몰라요.

(의자에 앉는다.)

진   어쩌면, 아버지도 버림받았다고 생각했을 거예요. 그래서 집에는 언니와 나 둘뿐이었죠. 아버지는 도시에 새 여자와 살림을 차리고 일년이 지나면 어김없이, 여자 아기의 시체를 들고 나타났어요.

(언니는 마지막 등롱에 불을 밝힌다.)

진   이 등롱들은 그 아이들을 위해 아버지가 만든 것이죠.

(등롱을 둘러본다.)

진   저, 빈 등롱은 누구거지? 저건, 저건….

(갑자기 공포를 느끼는 진. 언니는 등롱 사이를 몽유병자처럼 돌아

다닌다.)

진　어느 날, 언니는 등롱을 보고 말했어요. 나는 그날을 잊을 수 없어
　　요. 시간을 되돌릴 수 있다면 그날로 돌아가 언니와 아버지가 마주
　　치지 않도록 했을 거예요. 영원히 말예요. 영원히!….

　　(언니는 실성한 사람처럼 중얼중얼거린다. 머리를 묶은 레이스 수건
　　이 떨어지고, 머리는 멋대로 풀어헤쳐진 상태다.)

진　언니는 말했어요. 온 몸에 힘이 빠진 사람처럼, 작은 중얼거림으로
　　말했어요. 쉬지 않고, 주절주절, 결코 말하기를 멈추지 않을 것처럼
　　질기디 질기게 말했어요.

　　(언니는 밤새 나돌아다닌 사람처럼 몸을 떤다.)

언니　아버지는 팔자에 아들이 없어요. 칠성줄이 강해서, 아들이 붙을 수
　　가 없어요. 헛된 욕심 치우고 아버지, 그만 죽이세요.
진　아버지는 갑자기 화석처럼 굳어졌어요. 눈동자만은 불처럼 활활 타
　　올랐고, 시커먼 구름 떼가 하늘을 뒤덮듯 새카맣게 일그러졌어요.
언니　(심호흡을 하며 주문을 외듯이 침착하게) 여자애라는 이유로 아버지
　　는 너무 많은 아이들을 죽였어요. 아버지가 지은 죄를 내가 받을
　　것이고, 내가 죄의 대가를 치르는 것을, 아버지가 보게 될 거예요.

　　(진은 언니에게 봉투를 건네준다.)

진　아버지는 봉투를 언니에게 주면서 말했어요.
　　그래, 벌써 대가는 치렀어….

　　(봉투를 열어보는 언니는 새파랗게 질리며 뛰쳐나간다.)

진　무섭도록 고요한 저녁이었어요.
　　아버지는 등롱에 불을 붙이며 말했죠.
　　베트공이 니 언니 약혼자를 죽였다.

베트공이 뭔데요?

아버지는 대답하지 않았어요.

….

(언니가 떨어트린 레이스 수건을 들어 냄새를 맡는다.)

진　언니는 그날 이후로 아무것도 먹지 않았고, 자지도 않았고, 움직이지 도 않았어요. 그러던 어느 날 새벽… 누군가 비명을 질렀죠.

(푸른 조명이 물무늬처럼 무대를 뒤덮는다.)

진　우물에서 건져진 언니는 너무 차가워서 내 손이 얼어버릴 것 같았어 요. 나는 언니가 추울까봐 꼭 껴안았지만, 사람들은 나를 언니에게서 떼어놓았죠. 언니는 너무 추워! 언니가 너무 춥단 말야!

….

(진은 얼굴을 일그러트리며 웃는다.)

진　나는 울지 않았어요. 사람들은 언니가 죽었는데도 울지 않는 나를 꼬집었죠. 하지만 나는 울지 않았어요. 정말로 울어야 할 때 울 줄 모르는 나는 정말로 슬퍼해야 할 때, 슬퍼하지 않는 것처럼, 웃어야 할 때 웃지 않는 것처럼, 행복해야 할 때 행복할 수 없는 것처럼, 감정의 불구였어요.

(자신의 팔로 몸을 감싼다.)

진　얼마나 차가웠을까. 언니가 빠진 우물은 세상에서 가장 차가운 우물이었는데….

(우물 속에서 푸른빛이 뿜어 나오고 모든 조명이 꺼진다.)

진　아버지는 어린아이가 놀 정도의 공간만 남겨두고 우물을 메웠어요. 그리고 거기에 등롱들을 넣어 두었지요. 아버지는 이 집을 떠나 읍내로 이사를 했고, 집은 세입자가 자주 바뀌다가 아버지가 돌아가신 뒤부터 휴가를 보내려는 나 외에는 아무도 오지 않는 빈 집이 되었죠. 달리 올 사람도 없지만, 집은 누군가를 기다리는 것 같았어요. 소라고동처럼 윙윙 울면서 말예요.

...

우습구나. 내가 떨군 것이 고작 너 하나뿐이라니. 하하.

...

아버지의 비웃음이 들리는 것 같아, 한 3년 동안 돌아오지 않은 집이죠. 아버지 마음에 들려고 노력했지만, 소용없었어요 어떤 기대도 걸지 않았으니까요. 잘난 딸 열보다 병신 아들 하나가 낫다는 말이 아버지 믿음이었고, 나 또한 바꿔볼 생각도 안 했죠.

아버지는 나를 먼 친척이 하는 의상실 시다로 보낼 생각이었죠.

떠나기 전 날, 아버지는 선심 쓰듯 물었어요.

너는 뭐가 될 셈이냐?

대학에 다니고 싶어요.

고등학교도 안 다닐 너가 무슨 대학이냐. 착각하지 마라. 너가 뭐 대단한 인물인줄 아느냐, 대학은 가서 뭐 할 생각이냐? 결혼도 않고? 허파에 바람든 신여성 될 테냐?

저는 시인이 되고 싶어요, 아버지.

아버지는 갑자기 웃음을 터트렸어요.

시인? 거렁뱅이가 되겠다고?

시인은 거렁뱅이가 아니에요!

그럼, 시인은 이슬만 먹고 산다냐? 됐어. 내가 잘 생각했구나. 너는 옷 만드는 거나 열심히 배워.

아버지! 나는 시인이 되고 싶다고요! 시인!

아버지는 얼굴을 두 손에 묻었어요. 그렇게 한참을 계셨죠.

손가락에 들린 담배는 길게 재를 늘어뜨리고 있었고, 나는 그 재가 언제 떨어질지 지켜보고 있었어요.

아버지는 그대로 얼어붙은 사람처럼 꼼짝하지 않았어요.

고개를 들었을 때 아버지는 울고 난 사람처럼 눈자위가 붉어 있었지요. 아버지의 눈길은 상당히 지쳐 보였고, 할아버지처럼 힘없이 투명해서 슬퍼 보였어요. 아버지는 쇠잔한 노인처럼 천천히 말했죠.

너무 못 배워도 사는 게 힘들지만, 너무 배워도 사는 게 힘들단다. 너가 그토록 간절히 원하다니. 힘들구나. 너가 생각하는 것보다 더 힘들어. 삶은 이상만으로 사는 게 아니지만, 이상이 사라지면, 네 언니처럼 죽음밖에 없지….

(우물에서 나비가 날아오른다.
진分이 우물에서 옷감을 꺼내들고 나와 단추를 단다.
진分은 짧은 쇼트컷에 진이 입었던 남방에 청바지차림이다.
진은 손을 뻗쳐 나비를 잡으려고 무대를 서성인다.
진分은 새로운 옷감을 우물에서 꺼내 또 단추를 단다.
그때마다 나비가 날아오른다.
진分은 빠른 손놀림으로 계속해서 단추를 단다.)

진分　옛날, 일곱 왕자는 계모 왕비의 마술에 걸려 백조가 됩니다. 막내 공주는 오빠의 마술을 풀기 위해, 가시넝쿨로 만든 실로 옷을 짓습니다. 밤이고 낮이고 봄 여름 갈 겨울 없이 옷을 만듭니다. 가시는 공주의 얼굴을 긁어놓았고, 공주 머리는 가시덤불처럼 자랍니다. 마녀로 오인 받은 공주는 화형장으로 끌려가고, 마지막 일곱 개의 옷이 만들어진 순간, 공주는 비로소 모든 사람의 오해를 풀게 됩니다.

(진分은 옷을 정리한다.)

진分　이야기는 늘 여기서 끝나. 가장 행복하다고 느끼는 순간에 말야. 동화란 다 그렇게 끝나니까 이상할 것도 없어.

진　일곱 왕자의 마술이 풀린 뒤 공주는 어떻게 살았을까?

진分　공주는 여전히 옷을 짓지. 굵은 손가락은 가시를 그리워하고, 궁전보다는 가시덤불을 편안해하지.

진　의상실의 시다 생활은 일년만에 종을 쳤습니다.

(진分은 우물에 옷들을 넣고 뚜껑을 닫고 그 위에 앉아 책을 본다. 진은 탁자 위에 앉는다. 이후 진分과 진의 대사는 탁구공처럼 빠르게 오간다. 둘은 하나이고, 때로는 분리된다. 조명은, 둘 사이를 왔다갔다한다.)

진 　마술에 걸린 자매들을 위해 옷을 짓는다고 생각했지. 태어나자마자 빨간 알몸으로 싸늘한 땅속에 묻힌 아기들.

진分 　언니는 왜 우물 속에 빠졌을까?

(진分은 책을 덮는다.)

진 　원래 피가 그런 피라고, 아버지가 말했지만, 언니 모계로 타고 흐르는 이상한 유전자 평계로 죄책감을 벗어나려 했던 건지도 몰라. 아버지는 이제 어떤 죽음에도 흔들리지 않는 강철인간 같았지.

진分 　두 번의 전쟁을 거쳐왔지만, 살아난 사람답게, 여전히 전쟁터에서 살아가는 사람처럼, 이상한 강박관념에 시달렸는지도 몰라. 그가 죽으면, 그 뒤에 아무것도 남지 않는 공허가 영원히 아버지를 삼켜버릴 거라는 생각, 아마도 그런 생각이 아버지를 공포에 떨게 했는지도 몰라.

진 　무엇이 아버지 맘을 변화시켰는지 모르지만, 아버지는 의상실 시다생활을 그만 둔 나를 계속 공부시키기로 마음먹었죠.

진分 　집에 돌아 온 나는 폐병을 앓았어요. 의상실의 먼지가 폐를 갉아 먹었던 거지요. 고된 일과 짧은 수면시간도 한몫 했죠. 열에 들뜬 시간. 어쩌면 죽을지도 모른다고 생각했는지 아버지는 생모에 대해 말해줬습니다.

진 　주문진 바닷가 교회에는 일곱 아들을 둔 목사 부부가 산단다. 아들복이 터진 목사 부인이 바로 네 생모다.

진分 　예수쟁이 남편은 니 생모가 처년줄 알지. 그러니 넌 절대 찾아가선 안돼!

(파도소리)

진   어머니….

진分 낯설지만 이상한 평온을 주는 이름.

진   열에 들뜬 밤마다 환청을 들었지.

진分 쏴아아….

진   쉬이….

진分 쏴아아….

진   쉬이….

(바하의 미사음악)

진分 어느 날, 아버지 몰래 기차를 탔습니다.

진   주문진에는 교회가 있었지만, 일곱 명의 아들을 둔 목사부인은 없
      었습니다.

진分 무섭도록 파란 바다가, 저녁 하늘빛을 받아 배추색으로 변하는 것
      을 지켜보았습니다.

진   사람들은 어머니의 사랑을 바다에 비유하죠. 바다같이 넓은 어머니
      의 사랑. 모성은 이처럼 모든 사람에게 믿음을 주는데 어째서 내 어
      머니는 얼음 바다같이 냉정할까.

진分 순간, 분노가 일어났어요.

진   나는 텅 빈 바다에 소리쳤죠.

진分 절대로 안 찾을 거야! 절대로 안 찾을 거야!

(파도소리 점점 멀어진다.
진과 진分은 앉은 채로 꼼짝 않는다.
천둥이 치는 소리.
바람소리.
무대 위의 등롱이 일렁이며 흔들린다.)

진   여기 이렇게 앉아 비가 몰려오는 것을 보았죠.
      아버지는 내 묘자리까지 알아두었고요.
      눈이 내려도 그 자리만, 동그랗게 녹는, 양지바른 곳이죠

나는 죽고 싶지 않았어요. 살고 싶지도 않았고요.
욕망도 좌절도 없는 텅 빈 공간 속에 떠 있는 느낌이었어요. 지옥도
천당도 아닌 연옥. 빛도 바람도 없는 권태의 늪. 나를 일으킨 것은
폭풍이었어요.

(천둥과 함께 휘몰아치는 비바람소리
　진分은 벌떡 일어나 먼 곳을 본다.)

진　조용하던 정오에 모든 소리들이 멈췄지요.
　　개미도, 벌레도, 나비도, 잠자리도 보이지 않았어요.
　　저 들판 끝에서, 뿌연 흙먼지가 일더니 차가운 실바람이 어느 순간
　　내 볼을 스쳤죠. 무심코 지나칠 수 있는 서늘한 바람이었어요.
　　나는 계속해서 그 한 점을 바라보았죠.
　　작은 흙먼지는 점점 다가왔어요.

(진分은 두 팔을 벌린다.)

진　거대한 흙벽을 이루면서, 비무리를 이끌고, 흙냄새를 이끌고, 순식
　　간 에 덮쳐버렸죠. 나는 비에 흠뻑 젖었어요. 내 발은 흙탕물에 흥
　　건히 젖어있었고요.

(진分은 활짝 웃는다.)

진分　나는, 살아있어! 나는 살아있어! 살아있다!
진　　나는 살아있어.
진分　살아있어!
진　　살아있어
진分　(소리친다.) 살아있다!

(진分은 빙글빙글 돌며 춤을 춘다.)

진　하루종일 산으로 들로 취한 듯이 흘러 다녔죠.
　　들국화가 필 때쯤, 공기의 빛깔도 달라지고,

밤이 오기 전 마을의 안개빛도 달라지죠.
투명한 실개천엔 별이 떨어지고,
전등을 켜지 않고도 두런두런 얘기를 나눌 수 있었죠.
너무 아름다워서 숨이 막힐 지경이었어요.
나를 살린 것은, 나를 기른 것은, 나를 품어준 것은, 자연이었어요.

(진分은 매화꽃을 진에게 던지고 까르르 웃으며 나간다.)

진   나에게 모성이 있을까요?
오래 전부터 생각했어요.
나는 좋은 어머니가 될 수 있을까.
좋은 어머니란 어떤 것일까?

(흰 옥양목 기저귀감이 든 바구니를 꺼내든다.
기저귀를 갠다.)

진   나는 냉정한 엄마가 될까봐 두려웠어요.
사실은, 누구보다도 내가, 내 자신이, 아이를 버릴까봐 무서웠어요.

(사이)

나는 다시 말해… 패배자인지도 몰라… 여기, 이렇게 다시 돌아왔
어.
성공하기 전에는 절대 돌아오지 않으리라 맹세했지. 그런데 모든 것
이, 제자리로 돌아왔어… 어쩌면, 내 몸을 분재처럼 다루었는지도
몰라… 나는….

(자신의 몸을 내려다본다. 배를 만진다. 태동이 느껴진다. 진은, 움찔
한다. 거의 공포에 가까운 표정)

아니야. 아니야… 지금은 아니야.
편안하게 너를 기다리고 싶었어.
기습적으로 쳐들어올지는 몰랐지.

난, 너를 죽이려 했어.

널 감당할 수 있을까.

나는 좋은 엄마가 될 수 있을까.

아이를 낳는 것이 뭘 의미할까.

수도 없이 나를 설득했지.

나는 인형을 구하는 소녀가 아니야.

(사이)

솔직히 말하자면, 널 죽일 수도 있었어.

10분이면 된다는군.

나는 최면상태에서 아무것도 기억하지 않을 거야.

그게 훨씬 너에겐 편할 거야.

이런 엄마를 보고싶니?

이렇게 엄청난 일을 고백하는 이 엄말?

아니야.

나는 알고 싶어.

내가 어떤 엄마가 될지.

거부하지 않을 거야.

너를.

삼신할머니가 그날, 내게 좀 더 관대했더라면, 나는 이성을 차리고, 널 가지는 걸 보류했을 거야.

그 사람에 대한 집착을 단념한 뒤에

너를 가지리라곤 상상도 안 했어.

이 모든 것이,

세상에,

서른세 살이 된 여자의 변명이라면 믿겠니?

성교육을 못 받아서일까?

콘돔? 그건 남자가 사용하는 거지.

내가 억지로 싫다는 남자에게 그걸 끼울 수는 없지.

욕망?

다만, 누군가의 심장소리를 듣고 싶을 뿐이야.

그 뿐이야. 그 뿐이라구. 그뿐!

…

내 성욕이 잘못된 거니?

…

나는 아직도 일곱 살일까?

내가 서른세 살의 여자라는 게 믿어지지 않아.

여자는… 참, 불순하다는 생각을 했지.

그렇지 않다면, 참, 가련하다는 생각.

모든 게 잘못된 것 같아.

나는 여전히 울고 있는 아이야.

우물 속에서 혼자. 오래오래 울고 있는 아이.

바로 나란다.

(진은, 몸을 웅크린다. 관객은 그녀가 울고 있다는 생각을 한다.)

너는 내게 말하는구나.

나를 위로하는구나.

내게 안심하라는구나

어쩌면, 너는 태어나기도 전에 어른이 되었나보다.

(자리에서 일어난다.)

내가 여길 온 것은 성화되기 위해서야.

깨끗한 몸으로 너를 낳기 위해서야.

여기는 절대 신성한 곳은 아니지.

많은 여자애들이 죽은 곳이지.

(매화꽃을 주워 화병에 꽂는다.)

분명한 건, 내 어머니는 나를 혼자서 낳았다는 사실이야.

혼자서, 태를 끊고, 나를 씻었지.
아무도 모르게, 혼자서 나를 낳았어.

(숨을 몰아쉰다.)
고통이 오기 전에 이슬이 내린다고 하지.
학교 가는 길에 나는 양말을 신지 않았어.
이슬이 운동화를 적셔놓았기 때문이야.
하지만, 그런 이슬이 아니야.
아기는 이슬로 엄마에게 신호를 보낸다지?

(고통을 느끼지만 미소짓는 진)

엽서 같아.

(숨을 몰아쉰다.)

후.후.후.후.

(일어나려 한다. 다시 주저앉는다.)

너무 늦은 걸까?
이럴 때 언니가 있었으면 좋겠어.
염라대왕이 휴갈 보내주면 좋겠는데.
죽은 자가 산 자에게 휴가 온다면 얼마나 좋을까.
그러면 귀신들이 무섭지도 않을 테고 말이야.
죽는 것도 훨씬 덜 무서울 테고….
후후후.

(진은 숨을 거칠게 몰아 쉬다가 딸꾹질을 한다.)

누구는 밭 매다가 … 애를 낳았다지….

(딸꾹질)

누구는 버스에서 낳고

(딸꾹질)
누구는 길에서… 낳았지… 후우욱… 후우….

(딸꾹질을 멈출 수 없는 진.
조명이 어두워지며 등롱의 불만 밝다.
무대 뒷면의 커튼이 열리고 후면전체에 거울이 드러난다.
거울을 통해, 등롱의 수가 더 늘어나 보인다.
진이 앉은 자리만 푸른 조명을 받는다.
푸른 조명은 물무늬처럼 무대를 떠돈다.
…
진이 서서히 신음을 한다.
진은, 입술을 앙 다물고 신음을 참는다
그러나, 딸꾹질은 멈추지 못한다.
…
진分이 끝이 종처럼 생긴 촛불 끄는 막대를 들고 등장하여, 등롱의
촛불을 하나하나 꺼나간다.
…
진의 딸꾹질과 신음의 간격은 더욱 짧아진다.
진分이 마지막 남은 무늬 없는 등롱의 촛불을 끄는 순간,
아주 가늘고 여린 갓난아기의 첫 울음이 터진다.
동시에 텅 빈 어둠 속에서 음악이 흐른다.)

제 3 부

두 개의 조명이 떨어지면, 가면을 쓴 배우1,2가 서 있다.
가면은, 젊은 여자 얼굴로 현대적이다.

배우1 어머니가 되는 일은 신성하다고? 신성하죠. 하지만 먼저 내가 짐
승인 걸 깨달아야 할 걸요. 동물. 암컷… 이성은 일단 보류해야 해

요.

배우2 인턴인지 레지던트인지 돌아가면서 찔러대는 통에 죽을 지경이었어. 문이 30프로 열렸다니 40프로 열렸다니, 무슨 암소가 애 낳는 거 마냥, 엄살부리지 마세요. 힘주지 마세요. 명령하면서, 윽박지르면서… 수치심을 느낄 새도 없이 고통에 실신할 지경이었으니 자존심이고 뭐고 엄마만 부르면서 울었어.

배우1 이럴 줄 알았으면 차라리 수술이나 할걸… 자연의 이치대로 따르다간 죽을 것 같았죠. 의사를 붙들고 수술해달라고 매달렸어요. 그랬더니 촉진제를 놓아주대요. 빨리 낳게 하는 주사 말예요.

배우2 모든 게 후회됐어. 결혼이며 임신이며… 앨 낳아도, 보고 싶지도 않았어.

배우1 모성요? 처음부터 모성을 느꼈냐고요? 글쎄… 잘 모르겠어요. 그냥, 저 애가 내 앤가… 이 정도?

배우2 처음 애기를 봤을 때, 여전사 같았어. 내 삶을 구원해줄 여전사 말야

배우1 아무것도 기억하지 못해서 그런지도 모르지만, 실감나지 않았죠. 마취제 맞은 뒤로 아무것도 기억 못하니까요. 다만, 회복되는 동안 너무 힘들어서 애 볼 생각도 없었어요. 그러니 모성을 느낄 새도 없었죠 뭐.

배우2 분만실로 옮긴지 1분도 안돼 낳았어. 대변 누듯이 한번 끄응 하니 쑥 나오는 거 있지. 의사도 내가 쉽게 낳았대.

배우1 처음부터 끝까지 다 기억해요. 아이가 나올 때 머리모양이며 피 묻은 얼굴까지도요. 난, 너무너무 행복했어요.

배우2 간호사가 얼굴을 보라고 아이를 내밀었어. 나는 고개를 돌렸지. 보고 싶지 않았어. 그 애가 미웠으니까. 젖도 물리지 않았어. 아이는 황달이 있어서 모유를 먹지 못했지만 다행이라고 생각했어. 아예 젖을 물릴 생각도 없었지만, 한번 물려볼걸 하는 후회가 조금 남아. 아이는… 태어난 지 삼일 후에… 어딘가 입양되어 신생아실에서, 곧장 떠났어.

배우1 나는 예정일보다 일찍 낳았어요. 산후휴가가 고작 한 달이니 어떡해요? 의사도 여름휴가를 떠나야 했기 때문에 촉진제 맞고 낳았어요. 어쨌든 아기는 한 달만에 부산 시댁에 맡겼어요. 어쩔 수 있나요? 나도 집에서 애나 키우고 싶지만, 남편 월급으로 어디 살 수 있어야 말이죠. 한 달에 한 번 서울서 비행기 타고 애 보러 가요. 돌이나 지나야 놀이방에 맡기죠. 그렇게 어린애를 남한테 맡기기도 그렇고… 모성이요?… 몰라요. 너무 바빠서 모성이고 뭐고 정신없어요. 애 장래를 생각해서 돈을 버니까 그게 모성 아닌가요?

배우2 6개월부터 돌까지 얼마나 이쁜지 몰라요. 그때부터 엄마를 알아보고 엄마를 좋아하니까요. 아이는 키우면서 정이 들어요. 모든 새끼들은 보호본능을 자극하는 것이 무긴가 봐요. 그러니, 낳은 정보다 기른 정이 강하다잖아요. 그러고 보면 모성도 정성들인 대로 생기는 거 아닌가요?

배우1 나는 애를 셋이나 낳았어요. 지금이 네 번째 임신인데 낳을 때마다 기분이 달라요. 카톨릭 신자라서 생기는 대로 낳아요. 적성에도 맞아요. 애 낳는 거 말예요. 낳고, 또, 낳고, 낳고, 또 낳고, 또 낳고, 자꾸 낳고 싶어요. 전생에 여왕개미였나 봐요.

배우2 친정엄마는 25년 동안 애를 낳았지만, 할일 다 하셨어. 하긴, 그게 어디 기르는 건가. 사육하는 거지.

배우1 그냥 배가 아파서 화장실에 갔어요. 부모님은 내가 비만이라고 생각해요. 임신한 줄은 꿈에도 생각 못하죠. 처음엔 나도 몰랐어요. 골목에서 한번 성폭행 당했을 뿐인데… 아기는, 그냥, 변기통에 떨어졌어요. 그리고… 또 아기가 나왔어요. 자꾸 나올 것 같아서 무서웠어요. 수도 밸브를 눌렀어요. 아기는 너무 커서 내려가지 않았어요.

(짧은 암전과 음악
무대는 1부와 같은 방이다.
커튼과 가리개로 공간이 미로처럼 분리되어 있다.
어둠 속에서 노트북의 화면만이 보인다.

자판을 두드리는 진의 뒷모습.
옆에는 유아용 침대가 있고, 그 위에 모빌이 늘어져 있다.

음악이 끝날 때쯤, 진은 자판을 멈추고, 펼쳐둔 일기장을 넘긴다.
진은 다시 자판을 두드린다.

그 때, 가리개 뒤에서 의자에 앉아 시집을 읽는 진分의 모습이 드
러난다. 진分은, 긴 생머리에 짧은 원피스 차림이다.
진은, 자세를 멈추고 화면을 들여다본다.)

진   인생 찬가. 롱펠로우.
진分   슬픈 사연으로 내게 말하지 말라.
      인생은 한낱 허황된 꿈에 지나지 않는다고.
      잠자는 영혼은 죽음이고 만물의 본체는
      외양대로만은 아니란다.
      인생은 실제!
      인생은 진지한 것!
      무덤이 그 목표는 아니다.
      너는 본래 흙이라. 흙으로 돌아가리라.
      이것은 영혼을 두고 한 말은 아니었다.
      우리가 가야할 곳. 혹은 가는 길은
      향락이 아니고 슬픔도 아니며
      내일의 하루하루가 오늘보다 낫도록 행동하는 그것이
      인생이니라.

      (일기장을 들고 돌아선다.)

진   옛집에서 짐을 챙기다가 발견했는데, 열네 살 적에 쓰던 일기장이
      에요. 여기 시가 있어요. 힘들 때마다 외웠어요. 옛날에 사진관에서
      자주 애용하던 시이기도 하죠. 나뭇잎이나 풍랑이 몰아치는 바다 위
      에 배를 그리고, 그 위에 증명사진과 시가 있는 거 말예요. 단골로
      등장하는 시가 바로 이 시예요. 약간 유치하다고 생각될지 몰라도,

열네 살 소녀를 살게 한 시죠.

(진分이 가리개 뒤에서 중얼거리며 시를 외운다.
시집을 가슴에 안고, 하늘을 보고 시를 외우고, 다시 책을 보고 확인하면서 서성거린다.
진은, 일어나 유아용 침대 안을 들여다본다.)

진　어젯밤 꿈에 나는 옛집을 다녀왔어요. 우물 뚜껑이 열리며 언니와 스무 명의 아이들이 나왔어요. 그들 뒤로, 세상에서 가장 차가운 우물물이 넘쳐났어요. 언니와 아기들은, 둥글게 손을 잡고 붕 떠올라, 커다란 금붕어로 변하더니 내 품에 쑥 들어왔어요. 금붕어를 안고 보니, 바로, 이 애였어요.

(진, 모빌을 흔들어 본다. 멜로디가 울린다.)

진　남자들은 군대 다녀온 이야기를 무슨 무용담처럼 늘어놓길 좋아하죠. 마찬가지로 여자들도 출산한 경험을 마치 전쟁터에서 살아 돌아온 용사처럼 말합니다. 혹독한 훈련을 견딘 사나이로서 긍지를 가지고 약간 과장되게 유격훈련을 말하듯이, 얼마나 오랜 시간 진통을 견뎠는지에 대해 말하죠. 아이를 낳은 후 마치 전장에서 살아 돌아온 용사를 맞이하듯 진정으로 맞이하는 여인네들의 말없는 환대를 느꼈습니다. 그것은 비로소 어머니가 되는 고통스런 의식을 치른 자에 대한 존중이었습니다… 생명을 낳은 자에 대한 존중… 왜 이런 은근한 유대가 베일에 가려져 있었을까요? 합리적인 살인기술을 배우기 위해, 억지춘향으로 고통을 자처하는 남자가 아니라, 한 생명을 살리기 위해, 육체와 정신이 분해되는 과정을 거친 여자는 무얼 느낀 것일까요?

(가리개 뒤에서 서성이던 진分은 의자에 앉아 정면을 바라본다.)

진　우리는 서로 영혼 깊은 곳에 어떤 상흔이 생긴 것을 보는 게 아닐까? 평생 지워지지 않는 문신과 같은 것. 세상의 모든 어미는 이제,

모든 것이 두렵다는 것을 인정하는 거지.

진分 작은 벌레, 아기 돼지, 어린 염소, 강아지, 송아지, 참새새끼….

진 소리 없이, 드러나지 않게, 이 작고 연약함, 거품 같은 존재, 누구의 보호 없이는 생존할 수 없는 존재를 위해, 세상의 어둠과 맞선 자의 막막함.

(멜로디 음악이 끊기면, 다시 모빌을 건드린다.)

진 후루룩 후루룩… 나는 눈을 감고 이 소리를 들었어요. 한없이 길고 긴 탯줄이 빠져나가는 소리를요. 간호사가 아이를 보여줄 때, 엄마가 왜 여기 있지? 하고 생각했어요. 정신착란일까요? 아이는 엄마얼굴을 닮았어요… 기억나진 않지만, 엄마얼굴이라는 걸 본능적으로 깨달았어요.

(사이)

다음날, 간호사가 아이를 데려왔을 때, 이 앤 누구죠? 하고 말했어요.
아이는, 먼 별나라에서 온 외계인 같았죠. 아이에게 나는 어떤 감정도 생기지 않았죠. 다만, 낯설고, 어색하고, 힘겹고, 두렵기만 했어요. 도망치고 싶다는 생각도 들었죠.

(멜로디가 끊긴다. 진은 다시 모빌을 흔들어준다.)

진 간호사가 불러서 가보니 아이는 울고 있었어요…. 엄마가 보고싶대요… 간호사가 말하더군요. 안아주었지만, 아이는 계속 울었어요. 무심한 엄마를 원망하기라도 하는 것처럼 말예요. 기저귀를 갈려고 하는 순간, 나는 보았어요. 배꼽. 아이의 배꼽을요. 보라색 소독약이 묻은 길고 검은 배꼽의 상처. 배꼽을 보는 순간 말할 수 없는 아픔을 느꼈어요… 이애도 상처를 받았구나. 나만 아파한 게 아니었어. 이애도 혼자 아파하고 있었던 거야.

(사이)

우리는 함께 고통을 치렀구나. 세상에 태어난 대가를 치르듯이 배꼽의 상처를 받은 거야… 내가 예전에 받은 상처의 흔적을 간직하듯이 태어남으로 해서 얼마나 많은 괴로움을 당해야 하니. 이제 그 첫 단계로 너는 배꼽의 상처와 싸우는 거야. 나는 처음으로 아이에게 말했습니다.

(사이)

네 아픔을 엄마는 이해해. 곧 사라질 고통이니 조금만 참아.
아이는 울음을 그치고 흑진주 같은 눈으로 나를 바라보았죠. 얼굴을 익히려는 것인지 눈동자에 나를 담고 꼼짝하지 않았어요.

(진은 꼼짝 않고 관객을 바라본다.)

모든 것을 맡기는 무방비한 상태로 두 개의 눈동자가 나를 봅니다. 아이의 얼굴을 보면서 나는 생각했어요. 누가 뭐래도 이애는, 내 몸에서 나온, 아이라는 사실을요. 아무도 그 사실만은 부인할 수 없을 겁니다. 굳이 천년만년 종이에 기록하지 않아도 말이지요. 그러니 굳이 자취나 흔적을 남길 필요가 없는 거지요. 아이 얼굴을 보면서 불안하게 자신의 닮은 점을 찾는 그를 보았습니다. 왜 그는 탐색하듯이 아이 얼굴을 훑어보는 걸까요? 한참을 들여다보더니 이렇게 말하더군요… 발가락이 닮았네?… 가여웠습니다. 이상하게도 미안한 마음도 들었습니다. 온전히 나 혼자만의 아이 같아서 미안했는지도 모릅니다… 우리는, 다시 시작된 걸까요? 그 사람은 한 달만에 여행객들과 네팔로 떠났어요. 우리의 관계가 변할 것 같지는 않았어요. 다만, 비로소 지금에야 그를 놓아준다는 사실이죠.

(사이)

나는 남자에게 열등감을 가져야 한다고 세뇌 당했는지도 몰라요…

쓸데없다는 걸 알면서도… 사실은, 서로서로 느끼는지도 몰라요.

(모빌의 멜로디가 끊긴다.)

너무 오랫동안 깊은 늪에 있었어요.
아이가 바로 나를 끌어올렸어요.

(검푸른 조명으로 어두워진다.)

무방비 상태의 어린 시절 상처는, 내 탓이 아니야.
나는 너무 오래, 나를 비난했어.
내가 태어난 것까지, 나를 비난해야 했지.
내 책임은 처음부터 없었어!
죄책감에 시달릴 이유도 없었어!
내 아버지와 내 어머니를 용서해.
나는 그들로부터 자유로워질 거야.
이제 다시는 나를 지배할 수 없어!

(진은 가리개 뒤에 앉은 진分을 향해 앉는다.)

진　너가 죽 거기 있다는 걸 알고 있어. 얘기할까? 열 일곱 시간의 진
　　통을 견디면서 내가 누굴 불렀는지 아니?
진分　누구지?
진　엄마.
진分　엄마?
진　엄마!
진分　… 엄마….
진　내 울음소리는 서른세 살의 여자가 우는 소리가 아니었어. 내면에
　　숨어있는 아이. 자라지 않은 채 늘 울고 있었던 아이. 너무 일찍 늙
　　어 시들어 버린 아이, 바로 너가 우는 소리였어.
진分　누구?
진　길 잃은 아이. 바로 너

진分　바로 나란 말이지?

진　그래, 나는 너야.

진分　너는 나야?

진　그래, 너는 나야.

진分　내가 너라면….

진　내가 너라면?

진分　보내줄 거야.

진　보내준다고?

진分　날 잊을 수는 없겠지?

진　잊을 수는… 없겠지.

진分　넌, 나를 지을 수가 없어.

진　누구나 과거를 지울 수는 없지. 다만,

진分　다만, 뭐지?

진　새로 시작할 용기는 가질 수 있어.

(진과 진分 사이에 긴 가로선 조명이 비친다.
진이, 자리에서 일어날 때 무대조명은 푸른 조명으로 어두워진다.
가리개가 서서히 걷혀서 거울이 드러난다.
거울 앞에 진分이 앉았던 의자가 있다.
의자에는 진分이 입었던 원피스가 사람처럼 앉아있다.
진이 원피스를 몸에 댄 채 의자에 앉을 때, 무대 앞쪽에서 짧은 쇼
트컷의 진分이 등장하여 노트북 앞에 앉는다.
진分은 마치 깊고 깊은 심연의 바닥을 내려다보는 듯 꼼짝 않는다.
진分은 화면의 글자를 읽는다.)

진分　나는 여러분을 봅니다.

여러분 속에 숨어있는 작은 아이.

행복한 아이.

외로운 아이.

슬픈 아이.

상처투성이 아이.

소리 없이 우는 아이….

(진이 앉은 의자가 서서히 돈다. 아주 작게 음악이 흐르고, 진은 고개를 떨구고 꼼짝 않는다. 조명은, 검푸른 물무늬로 변하면서 어두워진다. 그 속에 한 점으로 사그라질 때까지 진은 검은 시체처럼 꼼짝 않는다. 음악이 흐르면서 암전.)

—막

<장막희곡>

낙원(樂園)에서의 낮과 밤

등장인물

노인 (70대 후반)
노파 (60대 초반)
사내 (40대 초반)
소녀 (20세)
지배인 (50대)
시인 (20대 후반에서 30대 후반정도로 나이를 짐작키 어렵다)

<무대>

별장식으로 지어진 호숫가의 이층 여관.
서울에서 1시간정도 떨어진 외곽지역으로 낚시터와 농가가 띄엄띄엄
있는 한적한 유원지다. 이 여관은 주변의 풍경과 어울리지 않게 서구
적으로 지어졌으며, 마치 외국의 풍경 사진에 나오는 별장같이 우거진
버드나무 숲에 둘러싸여 있다. 전체적으로 은밀한 분위기. 뭔가 등장인
물들의 부끄러움을 숨겨주거나, 이곳을 드나드는 사람들의 불륜을 덮
어주는 듯한 느낌이 들도록 한다.
무대는 크게 두 개로 나뉘어지는데, 좌측은 여관의 1층에 딸린 커피숍,
우측은 여관의 뜰로 호수와 접해있다.
여관은 얼핏보아 숲속에 가리워진 별장처럼 보인다. 그래서 무대는 가
능한 건물의 실체가 완전히 드러나지 않게 설치되었으면 한다. 다만,
이층 방 앞의 작은 베란다는 움푹 들어가 있으면 한다. 그곳은 음침하
고 어느 방문객에게도 눈에 띄지 않는 은밀한 곳으로 정체불명의 시인
이 칩거하고 있다.
커피숍과 뜰의 경계선은 간단한 베란다로 구분짓는다.
커피숍에서 뜰을 내려다 볼 수 있고, 뜰에는 파라솔과 의자 두 개가
아무렇게나 놓여있다.
무대 좌측 뒤쪽에는 이층으로 오르는 계단이 있고 중앙으로는 카페의
출입문이 있다. 커피숍에서 뜰로 내려갈 수 있는 가상의 문과 뜰을 지
나 우측으로는 솔숲으로 이어지는 오솔길이 있고 그 앞에 보트 한 채
가 정박해 있다.

프롤로그

토닥토닥, 타타타타, 토닥, 닥닥.

어둠 속에서 타자치는 소리. 소리는 음률처럼 점점 빠르게, 혹은 빠르게, 노래하듯이, 느리게, 아주 느리게를 반복한다.

이층 베란다만 스포트라이트. 앙상하게 뼈만 남은 사내(이후 시인으로 명한다.)가 책상 위에 새처럼 웅크리고 앉아 긴 손가락으로 낡은 타자를 친다.

동작은 새가 부리나 앞발로 모이를 쪼는 듯하다.

타자 소리는 사막을 가는 낙타처럼 무겁게, 하이힐을 신은 구두발작처럼 경쾌하게, 물방울처럼 일정하게, 빗물처럼 고요하게, 시냇물처럼 휘몰아치듯이 적당한 소리들을 낸다. 이런 소리로 마치, 시간이 뒤섞이는 듯한 느낌이 들게 하면 좋겠다.

시인의 행동은 하나의 마임 같다.

시인은 동작을 멈추고 종이를 뺀다.

빙글빙글 돌리며 들여다본다.

삐걱삐걱 누군가 계단을 오르는 소리.

노크소리.

동물적인 경계의 몸짓으로 흠칫 굳어지는 시인.

쟁반에 음식을 들고 등장하는 지배인.

그는 미묘한 눈빛으로 시인을 바라본다. 일종의 숭배와 황홀한 감정으로.

여전히 둥근 탁자 위에 웅크리고 앉은 시인은 지배인을 멍하니 쳐다본다.

그들의 시선이 마주한다.

팽팽하고 미묘한 감정이 오간다. 서로를 탐색하는 연인들의 눈길같이.

사이.

지배인 수줍은 듯 살짝 고개를 숙이고 음식을 내려놓는다.

음식을 내려다보던 시인 망설임 없이 빈 쟁반에 타자 친 종이를 떨어뜨린다.

지배인 천천히 뒤돌아 나가다 시인을 돌아본다.

시인도 지배인을 본다. 그들의 시선이 연결된 채 서서히 문이 닫힘과 동시에 암전되고 시끄러운 바이올린 연주가 시작된다.

바이올린 연주가 한동안 계속되다가 점점 사그라질 때면 무대 점점 밝아온다.

제1장

노인과 노파가 소파에 앉아 있다. 신문을 보는 노인, 묵주를 돌리며 뜰을 내려다보고 있는 노파. 뜰에는 낚시를 하는 중년남자와 탁자에 앉아 성냥을 부러트리고 있는 소녀.
그들 모두 무료한 시간을 달래고 있다. 등장인물들이 독백을 하는 동안 조명의 색은 각각 다르게 그 인물을 비춘다. 독백은 마치 중얼거리는 노래같이, 한숨 섞인 한탄같이, 한가하게 시를 읊듯 지루하지 않게 변화를 주면서 한다. 또한 무대는 호수의 물그림자와 버드나무의 그림자로 투명하게 어른거리는 모양이 마치 거미줄같이 늘어졌으면 한다.
휴가철이 끝난 뒤의 나른하고 무료한 늦여름의 호숫가.

노파　내 나이 육십 평생에 이런 일이 생기리라곤 생각도 못했어. 암, 그렇고 말고. 누가 이런 날이 있을 줄 알기나 했을라구. 그러나 저러나 하루종일 이처럼 앉아 있자니 엉덩이가 쑤셔서 견딜 수가 있어야지. (자세를 고친다.) 죽은 영감하고 젊은 시절 여행도 못 갔었는데 뒤늦게 이게 무슨 꼴이람. 도대체 이 사람은 하루종일 신문만 쳐다보고 있으니 원. 신문만 있으면 무덤 속에서도 심심찮게 보내겠어. 그럴 바면 차라리 혼자 신문이나 보고 살 것이지 장가는 무슨 장가를 가. (킬킬거린다.) 주책맞게스리 늙은 영감이 노망을 해도 단단히 했어. (조명 사내를 비춘다.)

사내　아내가 눈치를 챈 것 같아. 돌아가면 말해야겠어. 심신이 지쳐있노라고. 모든 것이 귀찮아졌노라고… 솔직하게 고백하는 짓은 멍청한 놈이나 하는 짓이지. 어쩌면 아내는 믿어줄지도 몰라. 영리한 여자니까. 그렇다고 미미와 관계를 끊을 수는 없어. (소녀를 바라본다.) 하지만 이미 깨달았어. 불행하게도, 나는 아무도 사랑하지 않아.

(조명, 소녀를 비춘다.)

소녀　어머니가 돌아가시던 날, 나는 이상한 꿈을 꾸었어. 덤불을 헤치며 나는 도망을 치고 있었지. 어머니의 혼령이 뒤쫓아 온 듯 했어. 죄 책감으로 일그러져 있었어. 불쾌했어. 몹시. 필사적으로 도망치는 데 나와 함께 도망치는 남자가 있었지. 그는 바로 아버지였어. 어째서 아버지와 도망을 치는지 알 수가 없었지. 하지만 아버지는 아버지가 아니었어. 나와 어떤 관계를 맺은… (얼굴이 붉어진다.) 나는 종종 그런 꿈을 꾸곤 했어. 부끄러운 일이지만, 왜 그런 꿈을 꾸는지 이해할 수 없었지. 아침에 아버지 얼굴을 보면 그 일이 생각나기도 해. 하지만 그건 어디까지나 꿈이었어. 아버지가 내 몸에 손을 댄 건 꿈이었어. 어디까지나 꿈이었어. 꿈이었어…. 어째서 그런 악몽이 생각났을까. 그래. 도망을 쳤지. 아버지와 나는 덤불을 헤치며 도망을 쳤어. 그런데 갑자기 호수가 나타나서 우린 길을 잃어버렸지. (잠시 침묵) 어머니는 더 살 수도 있었어. 기계가 심장을 뛰게 할 수도 있었으니까 하지만, 아버지와 나는 지쳤고, 우린 살아야 했지… 호수를 보니 나는 꿈속에 와있는 듯 해. 길을 가로막고 선 막다른 곳에 검푸른 호수가 있었지. 지금처럼. 막막하게. (견딜 수 없다는 듯 짧게 소리친다.) 아!

(소리에 따라 조명이 어지럽게 출렁인다. 등장인물들 일제히 소리지른 소녀를 본다. 소냐, 아무렇지도 않은 표정으로 백에서 소형 카세트를 꺼내 이어폰을 하고 혼자만의 음악을 듣기 시작한다. 사내, 냉소를 흘리며 다시 낚시에 골몰한다.)

사내　요즘 애들은 자기 감정을 컨트롤하는 힘이 없는 건가. 가끔 괴성을 지르는걸 보면 미미도 신세대의 증후군을 나타내는 건가. 어쨌든 귀여운 나이야. 스물 하나라. (소녀를 흘깃 본다.) 미미는… 이상한 아이야. 침대에서 작은 새 같아. 묘한 느낌이야. 마치 강간하는

기분이지. 발육이 덜 댄 젖가슴을 하고 있어서 미성년자 추행하는
기분이 들지… 그런데도 미미는 열광적이지. 섹스를 모를텐데도,
굶주린 강아지처럼 매달린단 말이야.

(사내는 소녀의 발목을 어루만진다. 소녀는 음악에 열중해 있다.)

사내 나는 미미가 무슨 노래를 듣는지 알고 있어. 남자가 거친 목소리
로 불러제끼는 러시아 노래지. 무슨 영화의 주제곡이었지. 도대체
러시아 노래라니. 이해한다고 생각진 않아. 어쨌든 미미는 야생마
야.

(노파, 소녀를 유심히 보고 있다.)

노파 저들은 무슨 사인지 모르겠네. 아무래도 수상쩍은 관계인 건 분
명해. 쯧쯧, 어린 나이에 불륜이라니! 하느님 저 어린양을 굽어
보살피소서. 아멘.

노인 (신문을 내려놓고 담배를 피우며) 원 복잡해. 나날이 복잡해. 이거야
원. 무슨 말인지. 인간들은 미쳐 돌아가는 기계에 머릴 처박고 도
대체 어쩌자는 거지? (고개를 설레설레 저으며) 머리가 아파.

(노인 성냥을 찾는다. 노파 탁자 밑에서 성냥통을 꺼내 노인 앞으로
퉁명스럽게 밀어준다.)

노인 고맙수다.
노파 별말씀을.
노인 어떠세요? 마음에 드십니까?
노파 그저 그래요. 마음에 들면 어떻고 안 들면 어때요.
노인 저, 이건 순전히 우리 딸애의 일방적인 계획이어서… 그러니 까
제 생각엔 동해나….
노파 괜찮아요. 제 걱정일랑 마시고 신문이나 보세요.
노인 아, 네. (입맛을 다시며 신문을 집어든다.)
노파 신문을 보라고 정말 보네. 눈치 없는 영감이로군.

(노파 일어나서 베란다를 거닌다. 조명, 노인을 비춘다. 신문을 내려 놓고 담배를 피운다.)

노인　홀아비 3년이면 이가 서 말이고, 과부 3년이면 엽전이 서 말이라 더니. 내 신세가 그 모양이야. 그나저나 저 할마씨는 맨날 신문만 보라네. 나 참. 그나저나 이젠 캄캄한 집에 들어갈 일은 없어. 다행이군. 혼자 밥 먹을 일도 없게 됐고. 갑자기 복통이 찾아오는 밤도 두렵지 않겠지. 허 참, 두고봐야 할 일. 김칫국부터 마시면 깨진 쪽박 신세야. 자, 말을 걸어봐, 저 할마씨의 속을 알 수 없단 말이야. 행여, 돈 때문일까? 나 같은 칠십 노인 뭘 바라고 왔을까? (자신의 몸을 훑어본다.) 영 글러버렸어. 도통 가망이 뵈질 않아. 각설하고 젊은 시절, 여자 꼬시던 실력을 살려봐? (헛기침한다.) 저, 지낼 만합니까?

노파　(시큰둥하게) 예, 지낼 만해요.

노인　여기처럼 조용한데도 드물어요.

노파　난 그저 북적대는 데가 좋아요.

노인　아, 이제야 말을 하시는군요.

노파　신문만 보는 사람하고 무슨 말을 하겠어요.

노인　그럼, 안보지요. (신문을 밀친다. 눈치보며 노파 옆으로 멀찌감치 떨어 져 앉는다.) 여기가 싫으면, 돌아갈까요?

노파　누가 돌아가자 했어요?

노인　싫다고 하시니 저도 있고 싶지 않네요.

노파　그게 아니라….

노인　아무쪼록 잘 지내다 갑니다.

(바깥문이 열리며 지배인 등장. 불운한 인상의 중년 남자. 지배인은 노인에게 목례를 한다. 노인도 인사를 받는다. 지배인은 음악을 튼 다. 경쾌한 바이올린 음악. 지배인을 절대 웃지 않으며 감정적인 표 정을 짓지 않는다. 음악으로 조명은 통일된다. 여름날 저녁 황혼이 어둠 속에서 마지막 붉은빛을 토한다. 지배인은 커피를 탄다. 음악

이 끊기고 아나운서의 멘트가 들린다.)

여자소리 여름의 끝 무렵에서 여름이 자신의 본모습을 보여주는 것 같습니다. 어제부터 예년의 일조량을 되찾았다는데요. 햇살을 받고 햇살을 쳐다보는 것만으로 슬픔을 잊을 수 있겠다는 것을 여러분은 아시는지요. 하루를 정리하는 저녁. 칼맨 제1막의 전주곡 리벨만의 지휘 런던 심포니오케스트라의 연주입니다.

(음악이 쏟아진다. 지배인이 노인과 노파에게 커피를 준다. 그들은 우아하게 커피를 마시려고 노력한다. 지배인이 커피를 사내에게 준다. 사내는 커피를 받으며 인사를 한다. 지배인, 소녀를 힐끔 보고 카운터로 되돌아간다. 사내, 소녀의 이어폰을 뽑는다. 소녀, 신경질적으로 이어폰을 꼽는다. 지배인이 스위치를 올리면 정원에 있는 나무에 크리스마스 트리 장식같이 오색등불이 반짝거린다. 카운터 안에도 오색등불이 반짝인다. 사내가 소녀의 이어폰을 계속해서 뺀다. 소녀는 이어폰을 꼽는다. 사내와 소녀의 다툼을 바라보는 노인과 노파. 지배인은 그런 모습을 무표정하게 바라보며 모기향을 피운다. 갑자기 사내, 소녀의 녹음기를 뺏아아 멀리 던져버린다. 풍덩. 물에 빠져버린 소리. 장난감을 뺏긴 아이같이 소녀는 견딜 수 없어한다. 아!… 소녀의 비명소리와 함께 무대 위 동작 멈춰지고 암전.)

제 2 장

어둠. 중얼거리는 소리. 작은 물살소리. 간혹, 불꽃놀이 하는 떠들썩한 소리. 음악 울렸다가 사라지면 신음소리. 문이 열리고 촛불을 들고 나오는 노파와 노인. 탁자 위에 세워놓고 망설이다가 나란히 소파에 앉는다. 돛배에 걸쳐져 있는 소녀의 원피스, 구두, 사내의 모자가 아무렇게나 흩어져 있다. 그들은 돛배 안에 누워있으나 관객에게는 남자의 등이 보일 뿐이다.

노인 이런 시골에서는 흔히 있는 일이지요. 가끔 정전이 되는 수도 있
      답니다. 그러니 놀라지 마세요.

노파 제 걱정일랑 마세요. 갑자기 세상이 캄캄해지니 놀라서 그랬답니
      다.

노인 (주머니에서 손수건을 꺼내주며) 닦아요. 식은땀이 났소.

노파 (사양하며) 아녜요. 괜찮아요.

노인 (자기 이마를 닦는다.) 누우면 길게 잘 생각이니 잠이 안 와서. (헛
      기침한다.)

노파 이해해요.

노인 …아파트에 혼자 사시니 쓸쓸했겠소.

노파 영감님도 그러셨을 텐데요.

노인 아, 네. (사이. 노인 스웨터를 벗어서 노파에게 준다.)

노인 바람이 찬데 덮으시오.

노파 아녜요. 괜찮아요.

노인 그래도 저… 강바람이 꽤 찬데….

노파 영감님이나 덮으세요.

노인 (갑자기 울화가 치민 듯) 거 말끝마다 영감 영감 하지 마쇼. 댁은
      뭐 새색시라도 되는 줄 아는구라.

노파 네에?

노인 (스웨터를 던져주며) 덮어요!

      (노인, 노파 곁으로 슬쩍 다가가 앉는다.)

노인 참말, 자녀분들이 모두 미국으로 갔소?

노파 예.

      (고개를 끄덕이는 노인, 그런 노인을 물끄러미 바라보는 노파)

노파 벌써 열 번째 물어보시네요. 아들은 샌프란시스코에, 딸은 뉴욕
      에 있다우. 이민간지 한 5년 됐어요. 어미도 데려 가려고 무던 애
      를 썼지만 내가 싫다했지요. 거기도 한국 사람들 많이 살아요. 허

나, 어느 날 갑자기 그런 생각이 들데요. 내가 여기서 죽어버리면
어떻게 될까.

노인 아, 아직 정정한데 별 생각을 다 하셨오.

노파 애들이 고국에다 묻어줄 리도 없고, 화장시키거나 죽어서도 외
국 귀신들과 지낼 생각하니 끔찍한데요.

노인 이해합니다.

(사이)

노파 (독백) 가끔 숨이 막히지만 않았어도 혼자 살았을 거야. 내 입 하
나 건사하자고 파출부를 두는 것도 사치고, 덩그라니 남은 집은
세놓고 나 혼자 아파트 전세로 들어갔어. 한 자라도 읽을 때 미리
유서를 써 놓았지. 누구든 먼저 나를 발견한 사람은 미국에 사는
애들에게 연락을 취해달라는 부탁 편지지. 언제나 발견하기 쉽게
화장대 서랍에다 넣어두니 안심이 되더라구.

노인 무슨 생각이 저리 많은지 모르겠군. 몹쓸 병이 있는 건 아닐까. 궁
색한 모양은 아닌데 뭔가 찜찜해. 하긴, 딸애가 어련히 알아서 했
을라구. 하지만 이상탄 말야. 뭣 때문에 쓸모도 없는 70노인이랑
살 생각을 했을까. 쉰 셋이라. 아무래도 나이를 속인 것 같아. 예
순은 넘긴 것 같은데….

노파 하루가 달라지더라구. 용기가 줄어들고 전보다 더 약해지는 걸 느
꼈어. 한순간 텅 빈 집에 혼자 죽어야 한다는 것이 슬퍼지더라구.
그래 누가 나보고 그러더군. 바로 위층에도 혼자 사는 할아버지가
있어요. 할머니랑 같이 사시면 좋을 텐데요.

노인 (허허 웃으며) 나 같은 늙은이들은 시간만 나면 공원에 가. 거기서
이야기를 나누지 하루종일. 싸움을 거는 자들도 있지만, 어디까지
나 심심해서 어디까지나 심심해서 그것도 꽤 재미나다구 하루는
느지막이 고등어 한 손 사들고 터덜터덜 돌아오는데, 자꾸 누가
보는 것 같아. 그래, 고개를 들고 보니 허허. (손가락으로 노파를 가
리키며) 이 할망구가 내려다보더군.

노파   성큼 손을 흔들며 인사를 하는데, 오랜만에 웃었어. 왜 그랬는지 두고두고 웃음이 나서 참을 수가 있어야지. 숨이 차는 일도 용케 줄어들고 후후 서로 인사도 나누게 되었어.

노인   어느 날, 딸애가 왔길래 말했어. 애야, 이제 나도 혼자 살만큼 살았다. 니 애미도 저승이 좋아. 나 같은 영감은 잊어버렸을 테고, 나도 이제 살아야겠다. 그랬더니 좋아라고 아파트를 팔자 하더군.

노파   마흔 살쯤 됐을까. 저이의 딸이 찾아와서 하는 말이 아버지가 함께 살고 싶어한다는 거야. 그래 아무말 않고 들었지. 승낙하신다면 어디 좋은 곳에 예약을 해 두었으니 이삼일 지내다 오라는 거야.

노인   도통 코빼기도 내밀지 않더군. 오금이 저리고 숨통이 막혀서 견딜 수가 있어야지. 초인종을 누르면 아파서 만날 수 없다는 거야. 그래, 화가 나서 소리쳤지. 내일 또 여기 올 거라고 생각하는 거요? 천만에! 기회는 오늘밖에 없어요. 오늘밖에.

(두 사람, 얼굴을 마주본다.)

노파   어디 여행이라도 떠나세요?

노인   그래요! 영영 안 돌아올 겁니다!

노파   어딜 가시는데요?

노인   저승길이요!

노파   아이고머니나!

노인   어차피 이승도 저승 가는 길목 아니오?

노파   아이고, 원 세상에!

노인   어쨌든 딸애가 예약해 뒀으니 어쩝니까. 혼자라도 갔다 와야지.

(사이)

노인   저, 부담 가지지 마시고 함께 바람이나 쐬고 옵시다.

노파   뭐 하는 곳이래요?

노인   그냥, 유원지에 있는 별장이요. 특별히 조용하고 아늑하고… 에, 그러니까 우린 그저 아무 상관없이 바람이나 쐬면서….

(사이)

노파 　후후. 진땀을 뻘뻘 흘리면서 설명하는 모습이 영 안됐어요. 상사병 걸린 총각처럼 얼굴이 까맣게 타서. 후후.

노인 　죽은 아내였다면 이런 곳에 오지도 않았어. 불쌍한 여자. 열아홉에 시집와서 평생을 고생만 하다 죽었지.

노파 　(주위를 둘러보며) 별장이 아니고 여관이네요.

노인 　원래는 별장이었소.

노파 　간판에 낙원여관이라고 쓰여 있던 걸요?

노인 　싫으시다면 다른 곳으로 옮깁시다.

노파 　아녜요. 밤마다 정전만 안되면 좋으련만.

(가로등이 켜진다. 무대 조명 뜰로 옮겨진다. 노인과 노파 지그시 돛배를 훔쳐본다. 돛배에서 천천히 올라오는 소녀의 다리, 팔. 사내가 일어나 한숨을 쉰다. 소녀의 손이 원피스를 집어들고 돛배 안으로 들어간다. 사내는 와이셔츠를 입는다. 소녀는 누운 채 원피스를 입으며 일어난다.)

소녀 　교미할 때 암사마귀는 숫사마귀를 잡아먹어요. 어차피 죽을 목숨, 불쌍해요. (치맛자락의 먼지를 탁탁 턴다.)

사내 　나도 죽을 지경이다.

소녀 　왜?

사내 　너와 교미하면 뇌세포가 터질 것 같아. 이렇게 빙빙 돈단 말야. 죽음이 보인단 말이다. 절대로 복상사하고 싶진 않다.

소녀 　아하! 그 얘기로군요.

사내 　어찌 됐든 내일은 그만 떠나자.

소녀 　싫어요.

(사내 들은 척도 않고, 밤낚시를 준비한다. 손전등을 켜고 낚시줄을 던진다.)

사내　혼란스러워. 도대체 아내는 어떻게 알았을까. 목소리만 들어도 눈치채고 있다는 걸 나는 알아. 신중하게 행동했는데 어떻게 알아냈을까.

소녀　(사내의 목덜미를 어루만진다.) 아저씨는 이제 두려운거죠?

사내　이애는 광적인 데가 있어. 맹목적으로. 마치 늪과 같이 옆에 있으면 나도 빠지는 기분이다.

소녀　하지만 나도 두려워요.

사내　끝낼 때가 됐어. 이런 말이 나오기 전에 연락을 끊어야 하는 건데.

소녀　죄송해요.

사내　뭔지 모르지만 미미는 달라. 쉽게 끊을 수가 없어. 처음 만날 때부터 그랬지. 내 나이에 혼이 나간 듯이 누굴 생각한다는 거. 글쎄 가능했는지. 누구나 그런 순간이 가능한지 모르겠군.

소녀　(사내를 애무한다.) 아저씨는 나를 주목해 주었어요. 순간, 나는 의미를 가지기 시작했고요.

사내　이곳은 세상의 끝이야.

소녀　불을 본 나방같이 나도 어쩌면 그렇게 끝장나겠죠. 단 한번 아름다움과 정열을 불태우고 아주 만족하여 (미소짓는다.) 나는 죽을 거예요.

사내　젠장, 여기까지 오다니!

소녀　아저씨가 계단을 올라오면 나는 야생마를 틀었지요.

사내　세상은 더 이상 흥미롭지 않아.

소녀　아저씨는 빙그레 웃었어요.

사내　(소녀의 손을 마주잡으며) 왜 나에게 이런 야생마가 주어졌을까.

소녀　그리고는 말했어요.

사내　아가씨한테서는 무한한 가능성이 보여.

소녀　그런 말을 해준 사람은 아저씨가 처음이었어요. 아무도 내 꿈을 알아주지 않았어요.

사내　사실 미미의 꿈이 뭔지 알 바 아니었어. 단지 나는 미미의 눈동자에 매혹되었지 깊은 수심이 소용돌이치는, 참 미묘한 눈동자였어.

소녀 여섯 번째 오시던 날, 아저씨는 말했어요.

사내 이번 주말에 영화 보러 가시겠어요?

소녀 아르바이트 해야해요.

사내 그럼, 언제 시간이 납니까?

소녀 사실 시간을 낼 수가 없었어요. 낮에는 학교 다니고 밤에는 커피
      숍에서 아르바이트를 해야 했으니까요. 나는 스스로 벌어먹고 살
      아야 했어요.

사내 내일은 떠나야해. 혼자라도 가야지. 이젠 끝낼 때가 됐어. 너무
      시간을 끌면 안돼. 일이 이렇게 된 이상 어쩔 수 없었어… 내 일
      은 떠나.

      (소녀, 와락 사내를 껴안고 광적으로 키스를 한다. 커피숍에서 그들
      의 모습을 바라보는 노파와 노인. 그들 서로를 겸연쩍게 바라본다.
      이내 소녀와 사내를 유심히 바라본다. 사내, 무표정하게 앉아 있고
      소녀는 절박하게 거의 광적으로 사내의 옷을 찢으며 벗겨낸다. 그러
      나 사내는 반응이 없다. 그런 사내의 몸에 욕망의 불씨를 일구려는
      듯 필사적으로 애무하는 소녀. 그의 가슴과 어깻죽지를 마구 물어뜯
      는다. 그래도 사내는 반응이 없다. 갑자기 소녀는 행동을 멈춘다. 움
      직이지 않는다. 그걸 보고있던 노파와 노인은 서로 흥분되었다. 노
      인은 노파의 치마 밑으로 손을 넣는다. 노파는 웃으면서 노인을 밀
      어낸다. 노인은 노파를 소파에 넘어뜨리고 정열적으로 애무한다. 노
      파의 얼굴은 반은 기대로 반은 부끄러움으로 미소를 띤다. 노인은
      점점 과감한 행동을 시도하지만 갑자기 행동을 멈춘다. 노파의 가슴
      에 얼굴을 묻은 채 꼼짝도 않는 노인은 절망에 싸여 있다. 노파의
      얼굴은 실망과 서글픔으로 일그러진다. 노인은 거의 울음을 터트릴
      것 같은 인상이다. 소녀는 아주 천천히 아주 천천히 사내를 보고 자
      신을 내려다본다. 노인은 울음을 터트리고 노파는 노인의 머리를 가
      슴에 안아준다. 소녀, 기절한다. 암전과 함께 바이올린 음악이 연주
      된다. 슬프고 느린 음이다. 음악은 잔잔히 잦아들며 다음 장으로 이
      어진다.)

제 3 장

어둠. 느린 바이올린 음악. 이층 베란다만 스포트라이트. 탁자 위에 앉은 채 화장을 하고 있는 시인. 그의 행동은 과장된 마임으로 절제를 가진다. 그는 파운데이션을 바른다. 밝고 짙은 눈화장을 하고 속눈썹을 붙인다. 그리고 정성을 들여 눈썹을 그린 뒤 붉은 립스틱을 바른다. 이어, 깃이 달린 화려한 모자를 쓰고 온몸에 새털로 장식된 소매가 퍼진 원피스를 입고, 마치 하나의 커다란 새처럼 앉아 밖을 내다본다.
사이.
카페로 촛불과 종이가 담긴 쟁반을 들고 나오는 지배인. 그는 파라솔 탁자 위에 쟁반을 경건하게 내려놓고 두 손을 모은다. 꿈을 꾸듯이 주문을 외우듯이 읊조리는 동안, 보트에 누워있던 소녀는 천천히 일어나 몽유병 환자처럼 무대 위를 서성인다.

지배인   (저음으로 느리게) 한때는 죽은 도시에서 불과 썩은 소금으로 골목을 소독하고 수상한 희망에 비틀거리며 흔들리는 얼굴, 유방, 다리. 아, 귀여운 시체더미 싣고 가는 행렬을 피해, 나는 여기까지 싸구려 빈방을 돌다가 나는 여기까지 다다랐으니, 누가 나와 비명에 간 혼령을 위로해 주지 않겠는가. 거미는 밤새 집을 짓고, 침대에서 노는 달은 나와서 아직도 분해되는 우중충한 시체를 불안에 떠는 살인자의 악몽을 오만하게 굴러가는 시간의 바퀴를 영원한 상실을 노래하는데 (양팔을 벌린다.) 누가 나와 아우성치는 영혼을 위로해주지 않겠는가.

    (소녀, 몽유병장처럼 사뿐 다가와 지배인의 손을 잡는다.)

지배인   이처럼 찬 손은 사자의 손. 나를 부르러 온 손님인가 아니면, 호수에서 잠들지 못한 처녀귀신이냐. (소녀, 제자리에 선 채 꼼짝 않는다. 지배인, 소녀의 눈앞에서 손을 흔들어 본다.) 원래 자리로 돌아가. 나는 시간이 없어. (지배인은 소녀를 계단으로 가게 민다. 소녀는 천천히 계단을 오른다.)

지배인   무덤으로 돌아가지 못한 영혼은 서둘러 가라. 목신은 새를 깨워

아침을 준비하고 바람을 불어 휘파람을 분다. (종이를 촛불에 태우며 날려보낸다.) 불운한 기억은 망각되고 떨리는 날개처럼 가벼워진다. 이제 다시 누구도 나를 찾지 못하리라!

(촛불을 훌 불어 끄는 지배인. 빠르게 연주되는 첼로 음악. 날기 위해 잔뜩 웅크린 시인 슬픈 표정으로 먼 하늘을 본다. 모든 소리 갑자기 뚝 끊기면서 암전.)

제 4 장

아침. 탱고음악이 어디선가 흘러나온다. 오른쪽에서 산책을 하고 돌아오는 노파와 노인. 탱고음악에 맞춰 춤을 춰본다.

노파 뉴욕에 있을 때도 딸애와 어디 호순지 몰라도 아주 넓은 호수에 있었어요. 거긴, 땅덩이가 커서 강도 넓고, 사람도 크고, 집도 크고… 세상엔 별의별 인종이 많습디다. 거기서, 우린 일주일을 보냈다우. 벼랑에다 집을 지어놓고 일 년 내내 휴가를 즐기는 사람도 있었답니다. 그야말로 낙원이에요.

노인 낙원에 살지 한국엔 왜 왔소.

노파 ….

노인 (미안한 듯 노파의 눈치를 살피며) 허긴, 자기 살던 곳이 낙원이지. 쇠똥같이 굴러도 이승이 나은 걸….

노파 어제 밤 한숨도 못 주무셨지요?

노인 아니 어떻게 알아요?

노파 기침소리가 밤새도록 울려서.

노인 (시침을 떼며) 물 마시다 사레가 들어서.

노파 따끈한 차를 드시면… 그러니까 천식엔….

노인 천식이라뇨? 내가 이래뵈도 건강체라서 잔병치레 한 적이 없소.

단, 한가지 잔병이 있긴 하지만 뭐 대수롭지도 않아요.

노파 뭐예요?

노인 뭐 그리 꼬치꼬치 물어보쇼.

노파 말하기 싫음 관두세요.

(노인, 담배 생각에 주머니를 만져본다. 담배가 없다.)

노파 폐암의 원인은 모두 흡연에서 온답니다. 더구나 늙어서 담배를
피면 혈관이 좁아져서 동맥경화도 일으킨대요.

노인 평생을 피워도 끄떡 없으니 걱정이랑 마시오.

노파 걱정이라뇨 사실이 그렇다 이야기지요.

(지배인 카페의 탁자를 물걸레로 닦는다. 노인 베란다로 다가간다.)

노인 지배인님. 혹시 담배 없습니까? (지배인 담배를 꺼내주고 불을 붙여
준다.) 하! 고맙소. 이건 무슨 담배요?… 냄새가 희한하군.

(지배인은 대꾸도 않고 바닥을 청소한다. 노파는 체조를 한다. 노인
은 담배를 즐기면서 사내가 낚시하던 간이의자에 앉는다. 낚시도구
는 챙겨지지 않은 채 그대로 있다. 노인은 낚시대를 잡아본다.)

노인 틀렸어. 목이 좋지 않아. 여기보다 저기 둑 아래가 좋을 텐데.

노파 어머, 저기 물안개 좀 봐요. 얼마나 멋져요.

노인 그 처녀가 깨어났나 모르겠군.

노파 부부사인 아닌 것 같지요?

노인 어긋나는 인연도 있기 마련이오.

노파 여긴, 참 이상해요. 더구나 이런 여관은 수상한 기분이 들어요.

(갑자기 동작을 멈추는 지배인)

노인 수상하긴, 어디 살인자라도 숨어산단 말이오?

노파 아유. 끔찍한 소리. (파라솔 아래 탁자에 앉는다.) 따님은 여길 어떻
게 알았대요?

노인 이제 보니 박여사는 참 수답구려.

노파 예?

노인 뭐 그리 알고 싶은 게 많소. 자고로 잘난 척하는 여자치고 외롭지 않은 여자 못 봤소. (노파의 얼굴이 일그러진다.) 누군 동맥경화지 뭔지 몰라서 담배 피우는 줄 아쇼? 그렇게 종알종알 대는 할망구 요새 젊은애들이 좋아하는 줄 아쇼? 나이 들면, 두 마디 할말, 한 마디만 하고 자식들 하는 대로 지그시 지켜봐 줄줄도 알아야지. 콩 나와라 팥 나와라 자꾸 나서면 자식들도 귀찮아하고… 어디 부모가 능력이 있어 척척 도와주기라도 한다면 몰라… (갑자기 서 글퍼지며) 지 자식 귀여운 줄 알면, 부모들이 지들을 귀히 키운 것 도 알아야지….

(노파, 눈물을 글썽인다. 노인도 우울하다.)

노인 다 소용 없수다. 자식이 무슨 소용이요. 바다 건너 타국에 있는 딸 자꾸 생각하면 무슨 소용 있겠소. 나도 아들 없이 딸만 셋이요. 다 들 지 살기만 바쁘지. 누구 하나 내 마음 알아주는 년들. 참으로 힘든 것이 딱 두 가지요. 하나는 혼자 밥 먹는 일이요. 이건 밥이 아니라 약이요. 먹어둬야 든든하니까. 꾸역꾸역 먹는 거요. 또 하 나는 캄캄한 집이요. 어디 갔다 늦게라도 오면 컴컴한 게 이건 집 이 아니라 무덤이오.

(노파의 눈치를 살핀다.)

노인 소리질러서 미안하오. 허허!. 오랜만에 큰소리치니 살맛 나네.

노파 이해해요. 죽은 우리 영감도 큰 소리 쳐야 기가 사는 분이셨지요. 젊을 때 내가 옷 사 입고 싶어하면 참으라 했어요. 지금 옷 한 벌 참으면 나중엔 열 벌이 된다 했지요. 그리 무섭게 번 돈. 나중에 영감은 잘 쓰고 죽었어요… 그건 어쩔 수 없대요. 남자는 로비를 하고 다녀야 하니까. (침묵) 영감이 남긴 재산 내가 다 날렸소. 사 기 당해서 다 날렸소. (울먹울먹한다.) 내 탓이에요. 모두 내 탓이랍니다. 그 돈만 안 날렸어도 그 먼 타국에 이민가지도 않았을 거고, 그렇게 고생하지도 않았을 거구, 그리고 나도 이렇게….

(노인, 말없이 노파의 어깨를 두드려 준다. 손수건을 건네주는 노인, 노파 코를 푼다.)

노인 세상 뜻대로 되면 무슨 재미로 살겠소. 다 새옹지마요. 우리가 이렇게 만난 것도 인연입니다.

(지배인은 탁자보를 새로 간다. 그때 여관 문이 열리고 사내가 배낭을 들고 나온다. 뒤따라 나오는 소녀. 잠옷차림에 머리는 헝클어져 있다. 소녀는 사내의 앞을 가로막는다. 사내는 소녀를 밀어낸다. 그러나 소녀는 완강하다. 마치 열에 들뜬 것처럼 제정신이 아닌 듯하다. 사내는 뜰로 내려온다. 소녀도 재빨리 따라온다. 노파와 노인은 뒤로 물러선다. 사내는 낚시도구를 챙긴다. 소녀는 방해한다. 지배인은 천천히 탁자보를 갈며 무심히 그들을 바라본다. 탱고 음악 점점 커진다. 노파와 노인은 사내와 소녀를 힐끔힐끔 돌아보며 여관으로 퇴장한다. 여전히 낚시도구를 챙기는 사내와 그런 사내를 끈질기게 방해하는 소녀. 사내, 소녀를 밀어낸다. 소녀는 가방을 던진다. 사내는 말없이 주워오기를 반복한다. 마침내 화가 치민 사내는 소녀의 뺨을 때린다. 그래도 소녀는 그의 가방을 뺏으려 한다. 다시 한번 소녀를 때리는 사내. 지배인이 잠깐 그 광경을 본다. 소녀는 쓰러진다. 사내 소녀의 멱살을 잡아 일으킨다.)

사내 이삼일 푹 쉬었다 돌아가. 그리고 다시는 전화하지마.
소녀 (사내의 손을 뿌리치며) 아저씨는 낙원으로 가자 하셨지요? 아이를 지우면 전보다 더 사랑한 거라는 말 이제 보니 거짓말이었군요.
사내 그래, 거짓말이다!
소녀 그렇게 두려우세요? 전화한 사람은 나예요. 내가 전화했어요. 댁의 남편과 나는 사랑하는 연인이에요. 우리는 곧 낙원으로 떠나요. 다시는 돌아오지 않을 거라고 말했어요.
사내 그래, 잘했어!
소녀 아저씨가 시외 전화하는 거 들었어요. 위선자. 부인은 다 알고 있어요. 아저씨와 내가 여기서 함께 지낸다는 사실. 약도까지 상세하게 알려 주었죠. 후후. 이제 보니 아저씨도 별수 없군요. 비겁해요!

사내 원하는 게 뭐야.

소녀 ….

사내 나는 아무것도 네게 해 줄 수 없어. 이건 너도 알고 있었던 사실이야. 그리고, 가능한 너가 정상을 되찾을 때까지 널 도와주고 싶었어. 그런데 이게 뭐냐. 너는 아직 젊고, 무한한 가능성이 열려있는데 자포자기하는 이유가 뭐냐.

소녀 부인이 올 거예요.

사내 들어가.

소녀 죽을지도 몰라요. 아저씨가 가고 나면….

사내 넌 죽지 않아!

소녀 무서워요. 나는 결국 혼자군요. 아무도 손을 내밀어 주지 않을 거예요.

사내 너가 원하는 게 그런 거라면, 너 또래 놈팽이들을 만나봐.

소녀 아뇨. 안 만나겠어요. 이제 어느 누구도 만나지 않겠어요.

사내 어떤 놈을 또 사랑하겠지!

소녀 아네요.

사내 그렇게 돼.

소녀 절대로!

사내 흔히들 그런 맹세를 하지! 하지만 어느새 물거품처럼 흩어져! 왜? 너희들 여자들의 맹세란 다 그래. 연약함을 가장해서 가장 날카로운 배반의 독을 품지. 눈치채지 못하게 야금야금 그물을 치고, 결국은 느긋하게 포식하는 거야. 거미처럼 일생동안, 남자의 심장을 갈갈이 찢어발기는 거지!

소녀 절대로 절대로 그런 일은 없어요!

(소녀 부르르 몸을 떤다. 분노로 심하게 일그러진 표정)

사내 내가 마흔이 될 때까지 무슨 일을 했는지 아니? 한 여자를 생각했

어. 내게 최초로 환멸을 심어준 여자. 그때 받은 상처는 언제나 가
슴속 깊이 숨어 있다가 불쑥불쑥 주먹을 갈기는 거야.

소녀 그래서 내게 대신 복수하는군요.

사내 복수?

소녀 그래요. 나는 아저씨를 배반했다는 그 여자가 아니에요.

사내 그야 물론.

소녀 착각하지 말아요. 아저씨는 되풀이하고 있어요.

사내 제법, 똑똑하구나.

소녀 덕분예요.

(지배인은 바닥을 테이블 보를 바구니에 담아들고 카운터로 돌아간
다.)

사내 사람들은 내게 와서 입을 벌리지. 그들의 썩은 이를 뽑아내고 땜
질하면서 정작 내 아픔을 곪게 방치하는 거야. 내가 방법을 몰랐
을까. 천만에, 어쩌지 못한다는 사실. 나는 그걸 알고 있었어. 하나
를 뽑아내면 또 어딘가 썩어 가겠지.

(소녀, 심하게 떤다.)

사내 두 번 다시 방황하고 싶지 않아. 너로 인해 잠시 행복했던 건 사
실이다. 하지만, 그것도 환상이라는 걸 곧 깨달았지. 불행하게도
나는 너무 늙었어!

(소녀 의자에 앉는다. 심하게 떨리는 몸을 주체하지 못한다.)

소녀 (부들부들 떤다. 심한 신경성 경련같이 몸이 오그라든다.) 아, 아저
씬… 위, 위선자야!

(사내, 잠바를 벗어서 걸쳐준다. 소녀 잠바를 밀쳐낸다. 사내, 다시
잠바를 걸쳐준다. 소녀 거부한다. 서로 실갱이를 벌이다가 결국 사
내가 완력으로 소녀를 잠바로 감싸 안는다. 암전)

제 5 장

노인과 노파 카페의 소파에 나란히 앉아 있다. 그들은 창 밖을 내다보고 있다. 뜰에는 화석처럼 굳어있는 소녀가 의자에 앉아 있고 사내는 등을 돌리고 서 있다. 지배인은 카운터에 앉아 네 사람을 주시하고 있다. 조명은 물무늬로 퍼져 있다. 황혼이 지는지 무대 붉다.

노파   저 이들은 저렇게 밤을 보낼 모양이군. 쯧쯧. 가여운 사람들… 아이고, 아름다워라 저렇게 빛깔 고운 걸 보니, 가까이 바다가 있나 보네. 바다를 안 본 지도 참 오래되었어. 예전에 부산 피난시절에 본 그 바다 생각이 나네. 그 시절. 물도 사먹을 때였지. 한 통에 5원 할 때였나?… 하루는 돈이 아까워서 내 직접 물동이 여날랐어 판잣집 비탈비탈 굽이굽이 돌고 돌아가는데 하늘이 노랗고 허리가 끊어질 것 같아. 내 다시는 못하겠드라고. 그 당시 물장수가 있었는데 그 사람들 참 힘도 좋았어. 산다는 건 그처럼 무거운 짐 지고 산비탈 오르기지. 이젠 나도 쉬고 싶네. 어디든 까맣게 탄 내 오장육부 드러내놓고 허허 한번 웃고 싶어. 그러면 세상 좋아라 모든 것 아름다울 텐데. 번민도 늙어질 때도 되었건만. 그러면 죽어서도 쉬이 썩기도 쉬우련만.

(조명, 노인을 비춘다.)

노인   암. 좋은 것만 생각해야지. 후회될 일 생각하면 무슨 소용 있어. 지난 일은 되돌릴 수도 없는걸. 다 소용없어. 다시 인생이 주어진대도 후회는 남을걸. 어떤 놈이 실수 없이 살았다고 큰소리 쳐. 그런 놈 있으면 나와보라 허.

(담배를 꺼내 피운다. 노파 담배 연기가 싫은 듯 손을 내젓는다. 짓궂게 담배연기를 노파 앞에다 뿜어내는 노인. 멀리서 들려오는 퉁소 소리. 정선아리랑 곡조다.)

노인   허허. 아픈 추억도 많았지. 그런 일을 낱낱이 되새김질하면 아직도 명치끝이 아파. 가령, 정선아리랑 같은 노래를 들으면 그래. 그 노래 사연이 내 과거지사와 연결되어 있어. 저 해질녘의 수면을 보니 쓰린 맘이 더해 오는군. 내 나이 열아홉 살 때였지. 부친이 느닷없이 장가를 가라는데 그 시절 일제라 처녀공출이 심했어. 처녀는 열일곱 살이었지. 그러니 어떡하든 시집을 보내야 했을 거야. 장가는 좀 있다 가겠다 하였으나 한사코 너는 우리집 장남이니 빨리 가야한다니 부모 영을 거역할 수 있나. 울며 장가를 가게 되니 그때부터 내 인생은 망가지게 되었어. 처녀집이 첩첩 산중이라, 세상에 이런 산골짝에 처녀가 배웠으면 얼마나 배웠을까 생각되더구만. 어찌 인연이 안 될 판이었는지 내가 만주로 떠도는 동안 처녀는 친정 가버리고 다신 안 돌아왔어.

(사이)

정선아리랑을 들으면 이 나이에도 가슴이 에리지. 돌아오지 않는 색시가 원망스럽고 한편으론 괘씸했어. 허나 실팼다는 생각에 공연히 맘이 불안해서 정선에 산다는 용한 봉사점쟁이를 찾아 나섰어. 한 삼사 일을 굽이굽이 산길을 따라 걸었을 거야. 나보다 더 답답한 어머니가 하도 재촉해서… 허허. 열아홉 살에 강원도 정선 땅에 봉사점쟁이를 만나러 갔지. 사실, 참 용하더군. 일언지하에 헤어진다는 거야. 다시 산다 했어도 우린 헤어졌을 거야. 어찌어찌 첫 단추가 잘못 끼워지리라는 것. 그건 거역 못할 운명처럼 생각되더구면. 깎아지른 절벽 위 구절양장 같은 산길을 걸어갈 때 그 구슬픈 정선아리랑이 들려오대. 참말, 풀잎으로 가슴을 오려내는 것 같더라니.

(침묵, 지배인 그들에게 찻잔을 내려놓고 자기자리로 돌아간다.)

노파 (천천히 차를 마신다.) 그 양반 기생집에도 숱하게 드나들었어. 허구헌날 독수공방에 한숨뿐이고… 살만하니 그렇게 바람을 피더구만. 다 살자고 하는 일이라니. 글쎄 사업이라면서. 무슨 사업을 기방에서 하는지 원… 남들은 한참 원기 왕성한 나이 오십에 쓰러지더라고. 글쎄, 내 그럴 줄 알았다니까.

(사이)

그 후 십 년 삐치다 돌아갔어. 잔병치레 내가 다 했지… 하루는 하도 화가 나서 똥싼 기저귀를 얼굴에 문질러 버렸지 뭐야. 끄응거리기만 하고 아무반응도 없더라구. 너무 원통해 통곡을 했었지.

(사이)

노인 서로 마음을 이해하고 산다는 게 어디 쉬웠어야지. 욕심이 지나쳐서. 서로 욕심이 지나쳐서.
노파 다들, 그럽디다. 죽고 나면 아무 소용없다고.
노인 그러니 사는 동안 서로 아끼고 사랑할 것을.
노파 후회하면 뭐합니까.
노인 시간도 얼마 안 남았는데.
노파 그러게요. 내일이면 우리도 떠나야 하지요.
노인 그러니 결론을 내릴 때가 되었소.
노파 무슨 말씀인지?

(서로 마주 본다.)

노인 진정 몰라서 묻소?
노파 아이고, 이를 어쩌나.
노인 어쩌긴 어째요. 예스 아니면 노지.
노파 무슨 대답이길 바래요?
노인 공연히 사람 놀리지 마쇼. 괜히 김칫국부터 마시게 할 참이요?
노파 그냥 알고 싶어서 그래요.
노인 어흠… 나는 그래요. 박여사가 후회 없는 결정을 내리길 바라는 거지요.

(그들 서로의 시선을 피해 다른 곳으로 눈길을 돌린다. 노파는 소녀에게, 노인은 사내에게로 옮겨진다. 조명, 소녀에게 옮겨진다.)

소녀 저기 자맥질하는 금붕어 좀 봐. 쉬지 않고 움직이네. 무엇 때문에 자꾸 올라오려 하는 거지? … 험한 세상을 구경해서 뭐하려고… 나는 어쩌면 물고기였는지도 몰라. 꿈속에서 나는 물고기가 되곤 하지. 물살을 따라 낮은 곳으로 낮은 곳으로 헤엄쳐가곤 했어.

(사이)

엄마… 엄마는 외로웠을 거야. 이제야 엄마를 이해할 것 같아. 우울했던 엄마. 나에게 아빠를 빼앗겼다고 생각했던 엄마. 불쌍한 엄마. 아들을 갖고 싶어했던 엄마. 나를 남자처럼 키우고 싶어했던 엄마. 언제나 불만이었던 엄마. 모든 것이 엄마를 배반하고 가진 것이라곤 아무것도 없었던 엄마.

(사이)

여기는 어디지? 나는 왜 여기 있는 거지?

(주위를 둘러본다. 사내에게 시선이 머문다. 무표정하게 고개를 돌린다.)

세상은 여전히 잘 돌아갈 거야. 해가 뜨고 해가 지고. 새들은 알을 낳고 알에서는 새들이 깨어나겠지… 지금쯤 방학이 끝났을 거야. 낮에는 강의 듣고 저녁에 커피숍에서 음악을 틀고 커피를 타야 할 시간이 돌아왔어.

(머리를 두 손으로 움켜쥐며 한숨 쉬는 사내)

사내 우선 안정을 시켜야 해. 그런 다음 각자의 길을 가는 거야. 당분간 힘들겠지. 아내는 언제나 가정에 충실했으니까 배반감을 느끼겠지. 곧 정상적인 생활로 돌아갈 수 있을 거야. 주말이면 아내와 여행

을 하고 일주일에 서너 번 어쩌면 한번 정도 잠자리를 하게 되겠
지. 우리는 서로 어긋나는 가정을 원치 않아. 그러니 이런 경우…
시간이 지나면… 원 상태로 돌아가겠지.

(숲에서 화려한 불꽃놀이가 시작되는 음악이 들린다. 노파와 노인
일어서 그곳을 바라본다. 지배인도 천천히 소리나는 곳으로 고개를
돌린다.)

노파　장이 선 모양이네.

노인　컴컴한 숲에 무슨 사람이 저리 많은고?

노파　오색등이 반짝반짝하네요.

노인　(지배인에게) 대체 저기서 뭐하는 거요?

(지배인, 쩔쩔맨다. 그런 모습을 노인 의아하게 쳐다본다.)

노인　말하기 곤란하면 안 해도 되네. 거 참 희한타. 이 근처에 별장이
　　　많나본데.

노파　그래요. 장이 섰어요. 참 재밌겠어요.

지배인　축제날입니다.

노인　축제?

지배인　… 예. 일 년에 한 번, 이맘때쯤 포도축제가 벌어집니다.

노파　하긴, 오다보니 근처에 포도밭이 많습디다.

노인　잘됐소. 올라가는 길에 포도나 한 상자 사들고 갑시다.

노파　그러시든지.

노인　아, 박여사 건 제가 사겠습니다.

노파　그러실 필요 없는데….

노인　아닙니다. 덕분에 지루하지 않게 잘 보냈습니다. 이런 멋대가리 없
　　　는 곳에 혼자 뭐 하러 온답니까.

노파　(제자리에 앉아 묵주를 꺼내 돌린다.) 오랜만에 바람쐬니 속이 다 시
　　　원하네요

노인　홀홀 털어내세요. 여기 강바람에 다 날려보내세요. 지난날은 지난

날이고 지금 우리에게 오늘이 중요하잖습니까?

(노파, 노인을 바라본다. 노인 빙그레 웃는다. 노파 갑자기 웃음을 터트린다. 참으려고 두 손으로 입을 막지만 자꾸만 웃음이 나온다. 노인, 영문을 모른 채 어리둥절 한다.)

노인 아니, 왜 그럽니까? 제 얼굴에 뭐가 묻었습니까?

노파 아녜요. 아무것도 아녜요.

노인 어허! 사람 무안하게스리 왜 자꾸 웃어요?

노파 호호. 머리가.

노인 머리가?

노파 오징어 같아요.

노인 오징어? (자신의 대머리를 만진다.)

(배를 잡고 웃는 노파. 화가 나서 주머니에서 빵모자를 뒤집어쓰는 노인.)

노인 어허! 참, 고얀 사람이네, 남의 머리가 오징어든 쥐포든 뭐 보태준 게 있소? 왜 그렇게 웃어요?

노파 그게 아니라 내 말은.

노인 됐어요. 박여사도 어디 홀라당 벗어봐요. 벼랑에 바람 빠진 풍선 두 개 붙인 가슴이라니!

노파 세상에 어쩜 그런 말을!

노인 그럼, 세상에 그런 말이 있지. 우주에 그런 말이 있소?

노파 내 참 기가 막혀서.

노인 (주머니에서 면봉을 꺼내 준다.) 자, 뚫어요.

노파 어머!

노인 기가 막히면 뚫어야지. 어디, 내가 뚫어주리까?

노파 (웃으며 팔을 젓는다.) 아서요.

노인 왜 또 웃소!

노파 기가 막히니 웃지요… (빈정대며) 화났어요?

노인 화는 무슨 화요. 내가 그리 속 좁은 영감인줄 아슈.

(노인, 멀찍이 떨어져 앉아 신문을 본다.)

노파 흥! 별꼴이야. 심술쟁이 영감 같으니라구.

(노파, 주위 눈치보며 살며시 자기 가슴을 만져본다. 무대 밖에서 폭죽 터트리는 소리 요란하다. 폭죽이 한번 터지고 난 뒤는 정적이다. 사이.)

사내 (소녀에게 다가가서) 이제 그만 들어가자.

소녀 ….

사내 그렇게 고집 피우지마. 넌 아픈 몸이야. 푹 쉬어야 해. 어서 들어가자.

소녀 내 몸에 손대지 말아요.

(소녀 의자에서 일어난다. 그 바람에 잠바가 땅바닥에 떨어진다. 잠바를 줍는 사내.)

사내 서운하게 생각하지마. 나 먼저 갈게. 너는 당분간 며칠 쉬었다가 돌아가도록 해 처음 몇 달간은 힘들겠지만 곧 괜찮아질 거야. (사이) 여기 일은 모두 잊어버려. 우리도 당분간 만나지 않는 게 좋을 거야. 그건 너를 위해서지. 그리고, 힘들거든 전화해. 전화는 해도 괜찮아. (사이) 내게 할말없니?

소녀 ….

사내 이보다 현명한 판단은 없어. 잠시 어긋났을 뿐이야. 살다보면 씁쓸하게 웃으면서 오늘 일을 생각하겠지. 심각해할 필요도 없어. 무거워지면 숨이 막혀. 가볍게 생각해. 공기같이. 가볍게.

(사내, 소녀의 등을 밀어 계단으로 오르게 한다. 소녀, 여관으로 통하는 문을 열고 퇴장한다. 사내 지배인에게 돈을 준다.)

사내 저 아가씨 잘 부탁해요. 아침저녁으로 노크해 봐요. 무슨 일이 생길지도 모르니까. (지배인 의아한 표정을 짓는다.) 아, 별일은 아닐 거요. 신경이 매우 날카로워요. 요양이 필요하답니다.

(지배인 고개를 끄덕인다. 사내 소녀가 나간 문으로 퇴장)

노파 (노인에게) 이봐요. 신문 좀 그만 보고 나하고 애기 좀 해요.
노인 무슨 애기?
노파 이럭저럭 사는 애기요.
노인 거 참, 애기 좋아하면 가난하게 산답니다.
노파 (여관문을 가리키며) 남자가 먼저 떠날 모양이에요.
노인 갈 때 되니까 가겠지.
노파 그게 아니라. 처녀를 버려놓고 간다 이말이에요.
노인 그래서 나보고 어쩌란 말이요.
노파 혼자 간다니 도리가 아니잖아요. 보아하니 몸도 성치 않던데.
노인 쯧쯧. 별걱정 다 하는구먼.
노파 어째 그리 인정머리가 없소. 댁의 딸이라고 생각해 봐요.
노인 내 딸이라도 그래. 이제 나서서 어쩌겠소.
노파 그래도 처녀가 안됐어요.
노인 그리 걱정되거든 박여사가 가보구랴.
노파 주책 맞게 남의 일에 끼여들 수도 없고.
노인 그러니 가만히 앉아 있어요. 채신머리없게 나서지 말고.
노파 아, 신문 좀 그만 봐요.
노인 어허! 본색이 드러나는군.
노파 어제 신문 오늘 또 읽고 지루하지도 않아요?

(노인, 겸연쩍게 신문을 내려놓는다. 그때 여관문이 열리며 사내가 가방을 들고 나온다. 그는 밖으로 통하는 문을 열고 나간다. 잠시 후, 시동 걸리는 자동차소리. 그 소리 아득해질 때까지 등장인물들 꼼짝 않는다. 조명, 어두워진다. 바람이 분다.)

노파 비가 올려나 봐요.

노인　바람만 불지 비는 안 오겠는데.

노파　저기 봐요. 검은 구름이 몰려오잖아요.

노인　허긴… 여기까지 오지는 않겠구먼.

노파　저 사람들은 어떡해요. 포도축제가 비축제가 되겠어요.

노인　지금 비는 쓸모 없는 빈데.

노파　공연히 낙엽만 지게 하지요.

노인　햇빛이 따갑도록 내리비쳐야 농사에 좋을 텐데.

노파　이 비 내리면 가을이겠지요.

노인　우린 한 살 더 먹게 되고.

노파　주름살도 더 늘고.

노인　저승꽃도 하나 더 피겠지.

노파　떠나면 이곳이 그리울까요?

노인　글쎄.

노파　그리울 거예요.

노인　그럼, 우리 또 옵시다.

노파　또 오게 될까요?

노인　걱정도 팔자요 또 오면 되지.

　　　(노인 일어나서 팔운동을 하고 심호흡을 한다.)

노파　젊은 처녀가 안됐수. 어쩌다 몹쓸 인연을 만난 것 같은데.

노인　가서 위로해 주구랴.

노파　그저 남자는 모두 도둑이에요.

노인　허허. 그래요 남자는 모두 도둑이야.

노파　알고 있으니 다행이네요.

노인　한데 여자는 상도둑이지.

노파　네?

노인　하하하.

　　　(노인은 유쾌하게 제자리걸음한다.)

노파 어디 한적한 시골 가서 텃밭에 채소 가꾸면서 살고 싶네요.

노인 정말입니까? 나도 그래요. 아파트라는 게 도무지 답답해서.

노파 시골에도 땅이 있었는데… 지금은 남의 땅이 되고 말았어요.

(노인 잠시 망설인다. 큰 결심을 하는 듯 안절부절못한다. 헛기침을 하고 심호흡도 한다.)

노인 저… 박여사.

노파 (자기 생각에 빠져서) 옛날부터 그 집에 미련이 많았어요. 서울 집을 팔더라도 그 집은 팔지 말 것을. 우물 옆에는 토란을 가득 심고, 텃밭에는 쑥갓이며 상추도 심어서 여름에 쌈 싸먹으면 얼마나 고소할까. 절로 군침이 도네. 토끼도 기르고, 염소도 기르고, 영리한 진돗개도 한 마리 기르고… 아이고 생각만 해도 머리가 복잡해요. 그 많은 가솔 거느리자면 몸이 두 개라도 모자라겠어요.

노인 저… 박여사.

노파 네?… 왜 그러세요? 안색이….

노인 저… 나도 사실 시골에 집이 하나 있는데.

노파 어머? 그래요?

노인 그러니까. 저, 3년 전에 사둔 집인데 늘그막에 시골서 지내려고.

노파 잘 하셨어요.

노인 혼자서는 적적해서 못 살아요. 더구나 거긴 내 고향도 아니고. 단지 풍경 좋아서 사둔 건데.

노파 정들면 다 고향이죠.

노인 그래서 하는 말인데… 내가 사는 아파트는 처분하고 여생을 그곳에서 보내고 싶다 이말이지요.

노파 그게 좋겠네요.

노인 헌데… 혼자서는 도저히 자신이 없고… 하긴, 겁날 것도 없지만, 거긴 워낙 교통이 불편해서 딸애들도 자주 들여다보지 못할 테고… (사이) 어쩌다 숨이라도 콱 막혀버리면, 나는 영락없이 이틀이고 사흘이고, 한 달이고 푹 썩어서.

노파　(노인의 말을 가로막으며) 그만! 제발, 그만하세요.

노인　아무도, 모를 거 아니오.

노파　(울음을 터트리며) 그만!⋯ 그만하세요.

(화석처럼 굳어지는 노파와 노인. 무대 어두워지면서 천둥소리. 이어 후드득거리는 빗소리. 암전)

제 6 장

어둠. 뚝뚝 떨어지는 빗소리. 비가 그친 듯 하다. 이층 베란다에는 탁자 위에 새처럼 웅크리고 잠든 시인. 그는 가끔, 새가 깃에 머리를 묻듯이 고개를 날개같이 긴 옷소매에 묻는다. 촛불과 종이가 담긴 쟁반을 들고 등장하는 지배인. 카페 베란다 쪽에 혼자 앉아있는 소녀. 잠옷 바람에 두꺼운 스웨터를 걸치고 있는 모습이 유령 같다. 지배인. 몽유병자처럼 소녀 앞을 지나간다. 소녀 반응이 없다. 지배인 파라솔 탁자에 가서 쟁반을 내려다놓고 앉는다. 지배인이 쟁반에 담긴 시를 낭송하는 동안 시인은 잠에서 깨어나 먼 허공을 응시한다.

지배인　(낮은 저음으로) 저기 목쉰 울음 우는 고양이 검은 날개 퍼덕이는 부엉이 부르르 떠는 내 심장을 노린다. 사마귀는 마른 가지에 거품알을 낳고 최후까지 움직이지 않는다. 조용조용 다가오는 발작소리. (지배인은 주위를 두리번거린다.) 너는 키득키득 웃는구나. 불안한 미소로 답하는 나. 쥐를 덮친 고양이같이 유유히 노니는 네 음흉한 속셈을 나는 알지.

(키득키득 웃는 시인. 갑자기 웃음을 멈춘다 소녀는 몽유병자처럼 일어난다. 맨발이다. 두 눈은 먼 곳을 향해 있다. 폭죽이 터지는 소리, 울긋불긋한 오색등불이 무대뒷면을 가득 채운다. 소녀는 맨발로 제자리를 빙빙 돈다. 소녀는 어깨에 걸친 스웨터를 땅에 떨어트린다. 지배인은 시인이 있는 창을 올려다본다. 사이. 다시 시를 읊는

다.)

지배인 (빠른 어조로) 도시를 점령한 사자들은 축제를 몰아내고, 철모르는 소녀들이 드러낸 유방 눈처럼 번쩍인다. 누군가 말한다. 거기서! 꼼짝 마! (소녀, 멈칫한다. 꼼짝 않는다.) 불온한 뇌를 해부하자. 네 발바닥에서 머리끝까지 껍데기를 긁어내라. (소녀, 천천히 맴을 돈다.) 평화로움을 가장한 나라에서 환락을 주고 마취제를 놓아준다. 선심 쓰듯이 그들은 떠난다. 떠난 님을 그리듯이 거리를 방황하는 여인들 썩은 자궁과 함께 돌아온다. (지배인. 한숨을 쉰다.)

지배인 나는 기억해내고야 말았다. 너희들의 얼굴을. 공포에 질린 네 입술, 파르르 떨리는 네 어깨, 씨근거리는 숨소리, 뒷걸음치는 샛노란 운동화, 천천히 흘러내리는 네 가슴의 피.

(동이 터 온다. 어디선가 우는 닭소리.)

밤마다 내 정원을 에워싸는 너희들, 한데 어울려 썩어가는 너희들, 당황하여 갈길 모르는 너희들, 지상에서 사라진 무덤 속으로 나를 인도하는 너희들.

(목소리가 점점 작아진다. 소녀 자석에 끌리듯이 뜰을 지나 곧장 우측으로 걸어간다. 퇴장하는 소녀의 얼굴은 작은 미소를 띠었다.)

지배인 잠깐, 나도 데려가. 영원한 잠. 꿈꾸지 않는 검은 잠 나도 데려가!

(고개를 빼어드는 이층의 시인. 시인의 동공이 확대된다. 누가 물에 풍덩 뛰어드는 물소리. 지배인은 꼼짝 않고 서 있다. 사이 먼 동이 터오는 듯 무대 붉어진다.)

제 7 장

노파와 노인 여행복 차림으로 베란다에 서 있다. 그들 옆에 여행가방이 놓여있다. 그들은 서로 아득히 먼 곳에 시선을 주고 있다.

노파 그 처자하고 진작 말 좀 해볼 것을.
노인 이미 늦었소.
노파 그러게요. 어젯밤에라도 얘길 나누었더라면.
노인 애 끊이지 말아요.
노파 이 늙은 사람도 사는데.
노인 ….
노파 어째서 그런 일을.
노인 울지 말아요 그런다고 죽은 사람이 살아나겠소. 자, 갑시다.
노파 가엾은 처녀.

　　(노인, 갑자기 생각난 듯 멈춰 선다.)

노인 저, 그러니까… 지금 그런 얘기를 할 분위기는 아니지만 아직, 확답을….
노파 다음에 얘기하죠.
노인 시간이 없어요.
노파 앞으로 많은 시간이.
노인 그럴 리 없소.
노파 어떡하면….
노인 선택은 스스로 하는 거요.

　　(그들 서로 바라본다.)

노파 혼자 있는 게 두려우세요?
노인 댁은 어떻소.
노파 간혹.

노인　봐요. 피장파장이지.

노파　사람들이 숭을 보면.

노인　상관 말아요. 쉽게 생각해요. 버스 타고 가다 옆자리에 앉은 길동 무라 생각해요.

노파　누구하나 먼저 내리면 어떡하죠.

노인　걱정도 팔자요. 어차피 종점까지 가는 거 얼마나 빨리 내리겠소.

　　(침묵)

노파　좋아요. 그럼 묻는 대로 답해줘요.

노인　얼마든지

노파　밥하는 식모로 데려갈 참이지요?

노인　(생각한다.) 아, 그럴 리가 있소. 독신생활 몇 년인데 나를 뭘로 보는 거요. 밥하고 빨래하고 웬만한 찌개는 다 끓일 줄 알아요. 복덕방 영감도 내가 끓인 북어국 먹고 깜박 넘어갔다오. 또 물어봐요.

　　(사이)

노파　보아하니 고집 센 양반입니다. 나한테도 이래라 저래라 고집부릴 거죠?

노인　절대로 그런 일은 없소. 우리는 평등한 관계로 살 거요. 천지신명께 맹세하지요.

노파　하나님께.

노인　응?

노파　하나님께 맹세해요.

노인　(잠시 망설인다.) 못할 것도 없지. 하나님 아바지 부처님께 맹세합니다. 아멘.

노파　새벽기도 가는 거 말리지 마세요.

노인　좋아요.

노파　저… 옆에서 코를 골면 나는 잠을 못 자요.

노인　허 참.

노파 코를 골면 안돼요.

노인 좋소, 코를 싸매고 자든지 수를 내야겠군.

노파 서로 피해주지 않기예요. 그러니 자기 일은 자기가 알아서.

노인 혼자서도 잘해요.

노파 동무처럼.

노인 좋소. 동무처럼!

노파 잔소리는 금물.

노인 누가 할 소리!

노파 자린고빈 딱 질색이요.

노인 좋소. 아끼지 않고 펑펑 쓰다 죽읍시다.

노파 … 됐어요.

(노인과 노파 서로 바라본다. 미소짓는 그들. 여행가방을 양손에 들고 바깥문을 열고 퇴장하는 노인. 그의 뒤를 따르던 노파. 갑자기 멈춰 선다. 바닥에서 소녀의 스웨터를 줍는다. 시동 걸리는 차 소리, 낮게 울리는 클랙슨 소리. 노파 스웨터를 의자 위에 걸쳐놓고 퇴장. 차 떠나는 소리)

에필로그

조명 어두워지면 지배인이 출입문에서 등장한다. 그는 몹시 지쳐있다. 주방에서 쟁반에 음식을 담는다. 점점 어두워질수록 이층 베란다만 스포트라이트. 앙상한 새처럼 생긴 시인(처음의 옷차림대로)이 책상 위에 새처럼 웅크리고 앉아 긴 손가락으로 낡은 타자를 친다. 동작은 새가 부리나 앞발로 모이를 쪼는 듯하다. 처음대로 마임같이 수동식 타자를 치는 시인. 지배인은 이층으로 오르는 계단으로 퇴장. 타자소리는 다양한 리듬과 음률로 이루어진다. 그의 행동이 계속되는 동안 갑자기 노크소리가 들린다. 행동을 멈추는 시인. 천천히 문 쪽으로 시선을 돌린다. 커다란 노크소리 세 번 울리는 동안, 조명은 점점 작아지며 구석을 비춘다. 동물적인 경계의 몸짓으로 흠칫 굳어지는 시인 쟁반에 음식을 담아들고 등장하는 지배인. 그는 절박한 눈빛으로 시인을 바라본다. 욕망의 정점에 달한 강렬한 눈빛을 보낸다. 여전히 시인은 그를 멍하니 쳐다본다. 그들의 시선은 공중에서 서로 팽팽하게 마주친다. 사이 조명은 점점 줄어들며 명멸하다가 암전. 암전과 함께 처음의 빠른 바이올린 연주가 한동안 계속되면서 막이 내려진다.

　—막

메디아 환상

등장인물

메디아혼
메디아
메디아 1 (여인1과 일인이역)
메디아 2 (여인2와 일인이역)
메디아 3 (여인3과 일인이역)
야손
유모
크레온
크레온의 딸
여인1
여인2
여인3
여인4
여인5
여인6
여인7

<무대>

황폐한 강변
메디아 방
장미의 방

프롤로그

그랜드 피아노가 구석에 놓여 있는 텅 빈 방.

어둠 속에서 조명이 무대 끝에 서 있는 한 여자의 얼굴을 비춘다.

여자는 메디아혼이다.

그녀는 가슴이 깊게 패인 낡은 웨딩드레스와 긴 손장갑을 끼고 레이스가 달린 손수건을 들고 있다. 가슴에는 먼지가 묻은 것 같은 커다란 종이꽃을 달고 있다.

그녀는 서서히 무대 깊은 곳에서 객석 쪽을 향해 정면으로 걸어나온다.

무대에 서서 관객 너머 먼 곳을 바라본다. 그녀는 마치 먼 기억을 쫓아 긴 여행을 한 여행자 같다.

메디아혼 여기는 어디지? 우리들은 누구?

　　남자의 찌꺼기? 아니면 여자의 찌꺼기?

　　우연히 주어진 이름과 우연히 주어진 세계

　　우리들의 어머니의 어머니의 어머니와

　　우리들의 아버지의 아버지의 아버지와

　　우리들의 자식들의 자식들의 자식들과

　　산과 들과 시냇물 속에 눈물과 땀과 한숨을

　　섞는 중

　　내 이야기를 시작할까?

　　조잘거리듯이, 속삭이듯, 말할까?

　　아니면, 번개같이, 비바람같이, 천둥같이 쏟아버릴까?

　　그 길을 돌아볼까?

　　내 기억은 무덤 속에 있어.

　　나는 그 무덤 속에서 나왔지.

　　낡은 기억 속에서. 쭈그러진 육신 속에서

　　하나님은 교묘한 퍼즐게임처럼

　　인간이 생각하듯 이루어지지 않고

생각지 않은 것이 이루어지도록
함정에 함정을 만들고
그물에 그물을 엮어 나가죠.
그 사이에서 사람들은 관절을 삐는 것.
막다른 골목에 도달했을 때, 누구나 그런 순간이 있겠지.
한번쯤은 생각하겠지.
저길 봐. 저 어둠 속을 뚫어봐.
여러분들의 기억을 훔쳐보듯이, 나의 기억을 데려오는 저 여자
누구지?
느릿느릿한 움직임.
걸음마다 슬픔을 심는 움직임.
잠깐,
도대체 저 여자는 누구지?

(한 여자의 처절한 비명소리. 아주 길게 울린다.
그 비명의 소용돌이와 함께 요란한 피아노 연주)

제 1 장

(무대 끝에서 무대 앞으로 직진해 오는 메디아)

메디아 나는 메디아. 아버지의 딸이었어.
그가 사랑하는 후계자를 죽이고,
배반을 준비한 딸.
사랑을 위해 동생의 육신을 갈갈이 찢어
바다에 던져버린 누나.
야손. 당신이 나를 망쳤어.
피의 냄새로 내 영혼을 취하게 했어.

황금 양털을 찾게 해주었고

당신을 뒤쫓는 내 동생의 육신을 찢어버렸어.

당신을 죽이려는 당신의 삼촌 펠리아스 왕도 죽였어.

모두 당신을 위해 저질렀지.

당신은 영웅이 되었고, 나는 살인자가 되었어.

야손, 날 버리고 크레온의 딸과 결혼하겠다고?

당신은 맹세했어.

그 맹세는 어디로 갔지?

유모　저것 봐. 저 소리를 들어봐. 엄마의 탄식 소리.

불쌍한 엄마는 불쌍한 여자가 되었다.

아빠가 엄마를 버렸어. 너희들이 새 장난감에 혹하듯이

아빠는 새 신부에게 혹했단다.

여인1　새 신부? 크레온의 딸?

그 여자. 나도 알아. 아주 맹랑한 여자야.

기분 나뻐. 너무 창백해서 시체 같단 말야.

여인2　그 여자 피부는 백옥 같아.

왜 솔직하지 못하지?

여인3　여자인 나도 만져보고 싶던 걸.

여인1　흥! 피부가 흰 여자는 차가운 여자야.

그러니까 남의 남자를 뺏는 거야

여인5　난 다 알고 있어. 질투하고 있지?

내 눈은 못 속여. 야손의 튼튼한 어깨를 그리워하는 거지?

여인1　흥! 너야말로 그리워하는 거겠지.

여인5　뭐라고?

여인1　그러니 입 닥쳐.

여인6　난 다 알아.

유모　다 안다고?

여인6　야손의 계획. 그 자의 야망. 더 높은 곳에 의자를 마련하는 것.

신은 그곳에 더 많은 불행을 얹어 놓았어.

유모 대체 이보다 더한 불행이 어디 있단 말이지?

여인6 추방.

유모 추방이라니?

여인6 아이들과 메디아를 영원히 추방한다던데.

유모 설마 그럴 리가.

여인6 아무튼 이건 비밀이야.

유모 세상에.

여인6 이상할 게 뭐 있어. 인간이란 다 이기적인 동물이야.

　　　새 장가를 들었으니 아기들은 거추장스러울 거야.

　　　그러니 버리는 건 당연해.

여인들 말도 안돼.

유모 그나저나 아씨께서 이 사실을 알면 큰일이군.

여인4 큰일은 무슨 큰일. 연약한 여자가 우는 일 밖에 더 있을까.

여인2 아니야. 메디아는 달라. 무슨 일을 저지를 거야.

유모 그 말이 맞는 것 같아. 보통 사람과는 달라서 무슨 일을 저지를
　　　거야.

여인1 무슨 일?

여인3 말해봐.

여인3 안돼. 새 신부가 가엾어.

여인5 네 남편을 뺏어가도?

여인3 싫어.

　　　(여인들 킬킬거린다.)

메디아 웃지마. 웃지 마세요 아버지. 당신의 딸을 비웃지 마세요.
　　　흥! 영원히 가둬놓고 싶죠? 아버지를 배반한 대가를 치르게 하고
　　　싶죠.
　　　보세요. 보시다시피 나는 망했어요.
　　　나는 총명을 숨기고 미소짓는 걸 배웠죠.
　　　화석처럼 굳어져버릴 미소! 미소! 미소!

    얌전하게 앉아 마네킹이 되어도 좋다. 내 딸아.

    당신 딸이 똑똑한 걸 두려워하세요?

    두려워할 필요 없어요.

    두려움은 배반자들에게나 주겠어요.

유모 이젠 헛소리까지 하시는군.

여인6 억지를 쓰는 건 추해.

여인1 사랑은 왔다가 가는 거야.

여인3 바람같이.

여인4 그러니까. 야손은 멋진 사내야.

여인5 본능에 충실하거든.

여인6 위선자의 탈을 쓰지도 않아.

유모 하지만 아이들은?

여인6 아이들이 무슨 상관이야.

유모 큰일이다. 애들아. 너희 엄마가 미치나 보다.

여인1 메디아는 위험해.

여인2 순진해. 바보 멍청이 같아. 나 같으면 뒤를 밟았을 거야.

    그래서 그녀의 머리카락을 다 뽑았을 거야.

여인3 여자를 화나게 하는 남자들은 어리석어.

여인4 남자들은 영원히 어리광을 부리려고 하지.

    이제 여자들은 더 이상 남자의 어머니가 되길 원치 않아.

여인5 여자들을 위해 남자는 배신을 하고

    남자 때문에 여자는 죄를 짓지.

    남자를 위해 여자는 배신을 하고

    여자 때문에 남자는 죄를 짓지.

여인6 젊은 여자에 취한 남자.

    야손은 야수 같은 남자야.

여인3 맹수든 야수든 무슨 상관이야.

    그렇고 그런 스캔들에 휘말리고 싶지 않아.

여인1 마를린 먼로가 조금만 조심했더라면 죽진 않았을 걸.

여인7 엉덩이 사이즈가 조금만 작았어도

여인5 메디아가 죽인 동포들의 시체는 바다에 떠 있고
메디아가 배반한 땅은 피투성이야.
퉁퉁 불은 귀신은 말하지.

유모 조용해. 엄마가 조용한 건 불안해. 엄마는 무슨 계략을 꾸미고 있
는 것이 틀림없어. 불같은 너의 엄마는 저렇게 조용하지 않단다.

여인5 메디아는 말했어. 펠리아스 왕의 딸들에게.
아버지를 젊게 만들고 싶지? 그럼 내 말을 들어.
딸들은 아버지를 술에 취하게 한 후 살을 저며서 끓는 가마솥에
넣었어. 딸들은 메디아에게 주문을 해달라 했어.

유모 끔찍한 소문을 말하다니 인정머리가 없어.

여인5 끔찍한 건 메디아야. 저 여자가 저지른 죄악을 말하는 거야.

유모 그 일은 모두 남편을 위한 일이야.

여인5 남편을 위해? 흥! 그 남편도 이제 눈을 똑바로 뜬 거야.

여인들 그래서? 그래서?

여인5 메디아는 웃었어.

메디아 (웃는다.) 주문을 외워달라고? 호호호.
웃기는 소리하지 마. 아비가 젊어지길 바란다고?
너희들의 아비는 너희들이 자라는 걸 원치 않아.
너희들을 영원히 소유하려 할거야.
그러니 없애버려.

여인5 하고 저 여자는 말했어.

여인2 저 여자가 말했다고?

여인3 저 여자가 말했단 말이지?

여인4 젊어진 아비는 딸들을 소유하려 한다.
그러니 없애버려야 해.

여인7 하고 저 여자가 말했다고?

유모 메디아는 오직 남편을 위해서 계략을 꾸민 거야.
약한 여자는 모두 강한 남자를 좋아해.

메디아도 강한 남자를 원했어.

여인1　남편을 얻기 위해 저 여자는 배반을 했고.

여인2　남편을 얻기 위해 저 여자는 살인을 했군.

유모　그래요. 남편을 위해서 메디아는 그 끔찍한 일들을 저질렀지.

여인3　남편을 얻기 위해 저 여자는 거짓말을 하고,

　　　벙어리가 되고,

　　　창녀가 되었으며,

　　　남편을 얻기 위해 노예가 되었어?

유모　메디아가 어떤 여자인 줄 알겠죠?

　　　메디아는 그런 여자예요.

여인4　메디아는 보통 여자가 아니군 그래.

유모　그래요. 메디아는 한번도 자신의 성미를 꺾지 않았지.

　　　그러니 급한 성격으로 무슨 일을 저지를지 몰라.

여인4　나라도 저지를 거야. 그냥 있진 않겠어.

여인5　모든 여자들이 다 그럴 거야.

여인6　그러니 메디아도 남편을 버릴 거야.

유모　남편을 버리기 위해 살인을 하겠지.

　　　아첨을 하며

　　　심장을 태우며

　　　돌이 되고

　　　남편을 버리기 위해 메디아가 될 거야.

여인들　메디아. 아. 메디아란 말이지.

유모　처음부터 메디아는 메디아였지만

　　　메디아를 위한 일은 아무 것도 하지 않았어.

여인6　그래서 우리는 남자가 무심하게 찌른 칼에 난자 당한 얼룩진 사
　　　랑의 종말을 보게 될 거야.

여인5　쉿! 조용해. 혼이 달아난 것 같아.

여인3　죽었나봐.

유모　돌부처처럼 저렇게 꼼짝 않고

　　　　하룻밤이 다 가지.
여인1　고통에 취해버렸나 봐.
여인2　우리의 수다가 전혀 들리지 않나 봐.

제 2 장

메디아혼　(미소를 띄우며) 처음 야손을 만났을 때
　　　　단 한 번 눈길에 내 영혼은 산산이 부셔져 버렸지.
　　　　내 몸의 실핏줄이 터질 것 같이, 환희에 빛나던 순간
　　　　그가 미소를 보냈어.
　　　　바람이 그의 달콤한 땀냄새를 실어 왔지.
　　　　그는 등뒤로 환한 햇살이 빛나고
　　　　그는 오직 나에게 시선을 둔 채
　　　　빙빙 돌기만 했어.
　　　　팽팽한 선이 우리의 심장에 걸린 채
　　　　아름다운 음악을 연주했지.
　　　　사랑스런 노래
　　　　황홀한 그 노래를 기억해.
　　　　꿈꾸듯이 땅을 밟던 걸
　　　　기억해.
　　　　야손을 만났을 때
　　　　어제와는 다른 하늘
　　　　어제와는 다른 들판
　　　　어제와는 다른 나를
　　　　발견했지.
　　　　하지만 이젠 모든 게 달라졌구나.
　　　　그날의 노래를 난 아직도

기억하는데…

메디아, 나는 알아. 누구보다도 잘 알아.

하지만, 시간이 모든 걸 데려가 버려.

너희 슬픔, 애증, 분노, 파멸까지도.

이 꽃을 봐.

어제는 작은 씨앗이 오늘은 예쁜 꽃이 되었어.

내일이면 어떨까?

우린 그걸 막을 수 없어. 변화는 아름다운 거야.

메디아   변화가 아름답다고? 흥! 신 앞에서 한 맹세가 쓰레기가 되었어.

메디아1   나는 죽어버릴 거야. 나를 능멸한 그 자.

메디아2   자신이 얼마나 구역질나는 인간인지 보여주겠어.

메디아혼   애증도 사랑의 형태야. 아직도 그 자를 사랑하는구나.

그래, 미워하지마. 미워하는 순간 슬퍼져.

다, 그런 거야. 불완전한 것은 죄가 아니야.

메디아2   그럼 내 죄는 어떡하지?

메디아   그 자로 인해 피를 묻힌 내 손은?

메디아혼   너를 알아. 너는 나, 나는 너니까.

하지만, 메디아. 파괴는 안돼.

그 사람을 잡지마.

메디아2   그 이는 내 목숨이야. 그 이는 내 삶이었어.

메디아1   이렇게 처참하게, 가장 지독한 방법으로 나를 능멸한 자.

메디아   용서할 수 없어.

메디아혼   누구라도 그럴 거야. 누구라도 그럴 거야.

너에겐 오직 그 사람 하나 뿐. 그랬었지. 슬픔과 분노에 휩싸인 나날.

그 날은 가기 마련이야. 이렇게 낡아빠진 천같이 슬픔도 퇴색 해.

메디아1   그냥 둘 수 없어. 그 자의 검은 구둣발이 내 순백의 가슴에 지울 수 없는 자국을 남겼어.

메디아2   결코 퇴색하지 않아.

메디아 　내가 그냥 물러선다면 난 미쳐버릴 거야.

메디아1 　어떻게 온전히 당하고만 있어. 내가?

메디아이 메디아가?

메디아1 　흥! 어림없는 일이지.

메디아혼 　그 사람을 생각해. 그 사람의 아름다운 눈. 사랑을 속삭이던
　　　　　입술. 따뜻한 숨결. 부드러운 피부. 너를 원하던 손.
　　　　　그 사람은 너와 아이들을 사랑했어.
　　　　　이제 그 사람은 너에게 없는 것을 원해. 네가 채워줄 수 없는 것.
　　　　　그 사람이 불쌍하지 않니?
　　　　　그 사람을 이해해. 메디아.

메디아1 　하지만, 어떻게 의논 한 마디 없었을까?

메디아2 　감쪽같이, 늙은 여우같이, 날 버렸어.

메디아1 　아, 그 자의 골통을 씹어먹고 싶어.

메디아혼 　사랑이 오던 때를 기억해.

메디아 　기억하라고? 그때를?

메디아혼 　그래, 기억해. 마법같이 서로 끌려가던 전율.

메디아 　지독한 저주야.

메디아혼 　심장이 출렁거렸어. 우주가 출렁거리듯이.

메디아 　블랙홀, 불행의 블랙홀.

메디아혼 　환한 빛이 우릴 감쌌어. 아무도 보이지 않고 오직 그 사람만
　　　　　내 앞에 있었지.

메디아2 　나는 두려웠어.

메디아1 　그를 보는 순간.

메디아 　내 삶은 끝장났다는 걸 알았어.

메디아혼 　어째서, 어째서, 어째서… 그런 신비한 감동을!

메디아 　꼼짝할 수도 없이 나는 그의 노예가 되길 원했어.
　　　　　그의 발을 핥는 창부가 되길 원했어.

메디아혼 　느껴봐. 지금도 네 피부에 남은 기억을.

메디아 　거미 같은 기억들 죽어버려!

메디아혼 마음의 바다 속에 숨어 있어. 내가 싫다면, 더 깊은 바다 속에
       숨길 수 있지만, 어쩌다 솟아나면 감당할 수 없을 거야. 아픈 기억
       을 만들지마.

메디아2 이미 끝장났어.

메디아 더 이상 아파하지도 않아.

메디아1 아파할 심장도 없어.

메디아2 내 심장은 까맣게 타버렸어.

메디아혼 검은 심장은 까맣게 타버렸어.
       너무나 울어서 눈물도 말라버린.

메디아 속지 않아!

메디아혼 시간을 기다리는 수밖에 없겠군.
       그땐 나도 그랬었지.
       분노하고 저주를 퍼부었어. 하지만, 시간이 풍화시킬 거야.
       그러니 슬퍼하지마. 가엾은 메디아.

메디아 난 귀머거리가 되었어.
       내가 들을 수 있는 소리는 오직 복수의 소리야.

여인1 어떻게 하면 남편과 그자의 새 신부를 죽여버릴까?

여인4 그들의 눈알을 뽑고,
      오장육부를 씹어먹을 수 있을까?

여인5 그들의 내장으로 그네를 만들고,
      새들을 뛰놀게 할까.

여인들 죽여. 죽여버려!

메디아 나는 나에게 귀를 기울일 뿐이야.
       나를 말리는 퇴색한 신부, 메디아는 내가 아니야.

메디아2 더 이상 간섭하지마.

메디아1 더 이상 신부 메디아가 아니야.

메디아 더 이상 순진한 처녀가 아니야.

메디아혼 너는 순진한 메디아.
       메디아는 남편을 사랑해.

남편의 어깨가 굽는 걸 원해?
남편의 피부가 시드는 걸 원해?
아니야. 메디아. 메디아는 아니야.
메디아   노래하게 하겠어.
　　새 신부의 젊음을
　　늙은 남자의 탐욕을
　　마음껏 조롱하겠어.
메디아혼   그 사람을 용서해 메디아.
메디아2   그 사람을 조롱해.
메디아혼   그 사람을 위로해 메디아.
메디아1   그 사람을 저주해 메디아.

제 3 장

(메디아의 방)

메디아   야손, 내 처음이자 마지막인 사람. 유모 내 남편은 어디에 있지?
유모   크레온 왕의 딸이 있는 곳입니다.
메디아   크레온네라는 말인가?
유모   크레온의 딸네입니다.
메디아   크레온의 딸네라는 말이지 그래.
　　크레온의 딸네에 없을 이유가 없지. 그 여자는 아마 아버지 크레온
　　에 대해서도 힘을 가지고 있겠지.
　　크레온은 우리를 이곳에 살게 할 수도 혹은 추방할 수도 있는 남
　　자야.
　　아마 지금쯤 내 남편은 자기가 사랑하는 나와 아들들을 위해 탄원
　　하면서 그년의 주름살 하나 없는 양 무릎을 끌어안고 있을지도 모

르지.

울고 있고 유모?

유모 저는 울다 웃다 하기에는 너무 늙어버렸습니다.

메디아 유모는 어떻게 제 몸의 폐허 속에 젊은 날의 망령들을 끌어안고
살아갈 수 있지?

유모 거울 좀 갖다 줘.

이건 메디아가 아니야.

메디아혼 가엾은 메디아.

넌 사랑을 믿고 모두 버렸어.

사랑을 믿었었지. 그래, 사랑을 믿었었어.

사랑도 지나치면 마약 같아.

벗어나려 해도 이미 늦었어.

소리 없이 아무날, 아무시간,

예정 없이 찾아온 화살.

이 세상 무슨 힘이 이보다 강할까.

사랑의 불꽃 독이 되지. 심장을 물어뜯는 뱀같이

개미같이. 타오르는 등불에 다려드는 나방같이

눈을 떠 메디아.

메디아 유모 아직도 울고 있소? 날 속이지 못해. 무슨 일인지 말해봐.

유모 공연히 눈물샘이 터졌나 봅니다. 늙으면 어디든 구멍이 나는 법이
지요.

메디아 아. 유모. 가슴에도 구멍이 났을까?

유모 어디 가슴뿐인가요. 팔다리, 심장, 가슴 허니, 뼈마디 마디마다 구
멍이 집을 지었지요.

메디아 그렇게 나이 들면 늘어나는 구멍을 어찌 때울까?

유모 바람으로 적당히 때우는 거지요.

메디아 바람?

유모 이 나이가 되면, 슬픔도 기쁨도 별 맥을 못 추죠.

메디아 죽음 같은 거야.

유모 삶이나 죽음이나 피장파장이죠.

메디아 유모는 달팽이 같아.

　　　슬픔을 짊어지고 사는 달팽이.

　　　언제든지 숨어사는 달팽이.

유모 그런 슬픔도 추억이 될 때가 있답니다.

메디아 그럼, 야손이 나를 버린 것도?

　　　몇 날 몇 일 독수공방 기다리는 것도?

　　　그래서 구멍이 숭숭 난 심장을 끌고 다니란 말이지?

　　　주름진 얼굴로 웃으란 말이지?

　　　나 메디아가?

　　　그 사람의 가슴에도 구멍을 뚫어놓겠어.

　　　쭈글쭈글한 얼굴로 우는 소릴 듣겠어.

　　　텅 빈 가슴을 치며 우는 꼴을 보고 말테야.

메디아혼 그래, 보고 싶겠지. 그땐 그런 생각밖에 들지 않아.

　　　너는 사랑의 공허를 본 거야.

　　　그러나, 시간은 그 공허도 허물고 말아.

　　　그럼, 뭐가 남을까?

　　　키스를 생각해 봐.

　　　뇌쇄적인 그 짧은 순간.

　　　영원을 보고 말았다고 말할까?

　　　무지개처럼 쉽게 떴다 사라지지.

　　　그렇다고 무지개는 영영 없는 걸까.

　　　아니야. 그럴 리가 없어.

　　　비록 그가 떠났어도

　　　그의 마음은 메디아, 네 가슴속에 남아 있어.

　　　그게 사랑이야.

　　　그게 너의 무지개야.

메디아 배반을 처음 알았을 때

　　　야손의 맨발과 그년의 맨발이 떠오르더군.

그것들이 공중에 붕 떠서 폴카를 추더군.

멍하니 바라보았어.

서서히 안개가 걷히더니

한 남자가 보이더군.

그 남자 야손.

내가 사랑했던 남자라는 거야

예전에 내가 알던 그가 아니야. 어디로 사라졌을까?

땅으로 꺼졌나?

어찌된 영문인지 나는

그를 잊어버린 거야.

그는 실종된 거야.

그는 사라진 거야.

아니, 그는 변한 거야.

아니 아니

그는 미쳐버린 거야!

유모 누가 온 거지?

제 4 장

크레온 메디아, 널 추방하겠다.

당장 이 나라를 떠나라.

두 아들들과 같이 떠나야 해.

내 눈으로 네가 여길 떠나는 걸 보겠어.

한 발자국도 나가지 않는 한 나도 이 집을 나가지 않겠어.

메디아 나가라구요?

아니 어디로 가란 말이죠?

갑자기 떠나라니 무슨 말인지 모르겠군요.

크레온 내 딸이 무슨 일을 당할지 몰라.

그게 두렵다.

너는 영리하고 고약한 술법에 능해.

살인을 밥먹듯 하지.

네 남편을 뺏은 내 딸을 가만 둘 네가 아니지.

듣자니 나와 사위까지도 그냥 두지 않겠다고?

그러니 싹을 잘라야겠어.

너를 동정해서 나중에 후회하느니 차라리 너의 원한은 지금 사두는 게 낫지.

메디아 제가 영리하다고요?

영리한 것도 이럴 땐 죄가 되는군요.

하긴, 처음 당하는 일도 아닙니다.

영리하다는 소문 때문에 모진 변을 전에도 여러 번 겪었으니까요

하지만 정말 내가 영리하다면 크레온 왕께서 여기까지 오게 했을까요?

크레온 그건 또 무슨 소리냐?

메디아 제가 해를 끼치다뇨. 당치도 않아요.

어찌 감히 그런 생각을 하겠어요.

왕께서는 훌륭한 사위를 얻으셨어요.

절대, 시기하지 않겠어요.

다만, 여기서 살게 해줘요.

크레온 안돼. 여전히 네가 두려워.

너를 믿을 생각이 없어.

말없는 영리한 인간보다 곧잘 벌컥하는 성미의 인간이 다루기 쉬워.

그러니 안돼. 당장 떠나.

메디아 (비명을 지르며 크레온의 발에 엎드린다.) 제발, 제발!

당신의 발에 키스라도 하겠어요. 제발, 따님을 위해서라도!

크레온 내 대답은 똑같다.

메디아 　소원입니다.

크레온 　네 소원보다 내 가족이 더 소중하다.

메디아 　내 고향. 내 아버지. 내게도 가족이 있었지.

크레온 　그래 그렇다면 내 마음을 이해하겠군.

메디아 　사랑에 미치다니.

크레온 　운명대로 살 뿐이야.

메디아 　절대 잊지 않겠어. 이 모든 화근을 제공한 남자.

크레온 　자, 더 이상 소용없어. 물러나. 너를 몰아내는 수고를 끼치지 않
　　　　게 해.

메디아 　수고는 제가 하는 겁니다. 진이 빠지도록 수고를 하는 중입지요.

크레온 　그럼 소처럼 끌어낼 수밖에 없구나.

메디아 　한 마디만 들어주세요.

크레온 　소란을 피울 작정이냐.

메디아 　떠나겠어요. (사이) 떠나겠어요.

크레온 　왜 거머리처럼 달라붙지?

메디아 　그저 하루, 오늘 하루만 여기 있게 해줘요.
　　　　단 하루. 어디 가서 살 것인지, 아이들은 어떻게 할 것인지.
　　　　생각할 기회를 주세요. 제발, 저 어린 것들을 불쌍히 여기세요.

크레온 　내가 또 약해지는군.
　　　　이런 약점 때문에 피해를 본 적이 한두 번이 아니야.
　　　　하지만 또 믿어보지.
　　　　똑똑히 들어. 내일 아침 햇빛이 이 나라에서 너희들을
　　　　비추지 못하게 하겠어.
　　　　그때는 사형이야.
　　　　명심해. 오늘 하루 동안만 머물러도 좋아.
　　　　오늘 하루 동안만.
　　　　설마 그동안 무슨 일을 저지르진 못하겠지.

(크레온 퇴장. 죽은 듯 엎드려 있는 메디아. 크레온이 멀어지자 웃음
을 터트린다.)

메디아　일이 좋지 않게 풀린다고?

메디아1　꼭 그렇지만은 않지.

　　　새로 결혼한 부부에게도 시련은 오기 마련.

　　　그 집안 분들에게도 고난은 오기 마련.

메디아2　흥! 그렇게 쉽게 되지는 않을 걸.

　　　내가 미쳤다고 아첨을 떨어? 생각 없이 냄새나는 발에 키스를 해?

　　　흥! 어림도 없지. 바보천치 같은 자들.

　　　당장에 추방해버리면 내 계획이 수포로 돌아갈 것을

　　　오늘 하루를 주었단 말이지?

메디아　자, 어느 놈이라도 나를 해치고 무사할 순 없어.

메디아1　새 장가를 들어? 나를 쫓아내?

메디아2　흥! 어림없어.

메디아　기필코 뼈아프게 해줄 테다.

메디아1　자, 메디아. 일을 꾸며봐.

　　　영리한 지혜를 숨기지 말고 모조리 짜내렴.

　　　다시 한번 용기를 시험해.

메디아2　몇 천 배 갚아주는 거야.

　　　저 어린 계집에게 남편을 뺏기는 조롱을 당할 순 없어.

메디아　나는 누구냐?

메디아1.2　메디아. 태양의 신 헬리오스의 손녀.

메디아　메디아란 말이다.

메디아1.2　메디아.

제 5 장

　　(야손이 거울 속에 비친다. 사이. 등장하는 야손)

야손　메디아 무슨 소리를 하고 있지.

메디아 천덕꾸러기 죽음을 부르고 있어요.

　　　　밤이 지나도 야손 당신은 나를, 찾아주지 않았죠.

　　　　당신의 목소리로도, 노예를 통해서도

　　　　양팔이나 눈빛으로도 찾아주지 않았어요.

야손 무엇을 원하는 거지.

메디아 죽음.

야손 그 소리 지겹도록 들었어.

메디아 내 피를 마시고 싶어요? 야손.

야손 이런 일이 언제 끝날까.

메디아 누가 먼저 시작했을까요?

야손 너는 날 만나기 전에 무엇이었지?

메디아 메디아.

야손 잔인한 야만족의 공주였어.

　　　　널 데려와 나는 너를 호강시킨 거야.

메디아 당신 때문에 동생을 잃어버렸어 야손.

야손 동생을 뺏은 대신 아들을 둘 베풀었어.

메디아3 내게 베풀었다구요?

메디아2 당신은 아들들을 사랑하나요?

메디아1 그애 들을 되찾고 싶으세요?

　　　　아들들은 당신 것이지요. 야손.

메디아 당신의 여자 노예인 나의 것은 무엇인가요?

메디아2 내가 가진 모든 것은 당신의 장난감.

메디아1 내게 속해 있는 모든 것을 당신 때문에 죽이고 낳았어.

메디아 나는 당신의 암캐, 당신의 창부.

　　　　당신의 명성이 오르기 위한 사닥다리.

　　　　당신의 똥을, 적의 피를 몸에 칠했어.

　　　　내 조국과 국민에 대한 당신의 승리는 나의 배반.

메디아2 하지만, 당신의 승리의 기념으로,

　　　　내 국민의 내장으로 화관을 엮을 땐

그들은 당신의 것.

메디아1   내 소유물이라곤 맞아 죽은 자들의 영혼과.

메디아2   학대받은 자들의 비명.

메디아   그것 뿐이야.

야손   모두 네가 원했던 거야.

메디아   내 고향 콜키스를 출범한 후부터는
      당신이 떨군 피 내 동족의 피, 그 흔적을 더듬어 왔어.
      자, 당신은 나를 아주 행복한 여자로 만들었군.
      당신의 목숨을 구해준 여자와 자식이 거지꼴로
      사막으로 쫓겨나게 생겼어.

야손   다 네가 자초한 일. 그 입만 다물고 있었다면 이런 일은 없었을
      거야.

메디아   내 쾌락과 당신의 쾌락으로 짜여진 그물망을
      당신이 갈기갈기 끊어버리기 전까지는
      그 그물망은 내 거처였으며 집안이었어.

메디아1   나는 그물코 속에 관절을 삔 채 서 있어.
      당신 키스의 타다 남은 재를 입술에 묻힌 채
      이빨 사이에는 우리들 세월의 모래를 씹고 있는 나를!

메디아2   당신의 숨소리는 다른 사람의 침대 냄새를 풍기는군.
      흔히들, 남편은 아내에게 이별이라는 죽음을 주죠.
      내 죽음은 당신의 몸에도 친숙하답니다.

메디아3   당신은 내 남편인가요 야손?

메디아   나는 당신의 아내인가요?

메디아1   그렇다면 증명해봐. 당신은 누구지? 나는 누구야?

메디아   당신의 배신을 감사합니다.
      덕택에 내 눈은 다시 볼 수 있게 되었고
      내 귀는 다시 들을 수 있게 되었어.
      당신과, 당신의 암캐이자 창부였던
      내 손으로 내 국민의 육체, 뼈, 묘지 위에서

연주한 저 음악.

게다가 내 동생, 내 동생을 야손!

갈기갈기 찢어서

당신을 추적하는 아버지의 뱃전에

집어던졌어.

메디아3   당신의 아들들을 사랑하나요?

메디아2   당신의 아들들을 되찾고 싶나요?

메디아1   당신의 아들들.

야손   메디아. 다시 묻겠어. 넌 날 만나기 전에 무엇이었지.

너는 야만인들 사이에서 총명을 숨기고 살았어.

아무도 네가 영리하다는 걸 몰랐어.

세상 사람들 모두 네가 영리하다는 것을 알게 된 것도 이 야손 때문.

세상에 이름을 날리는 일처럼 중요한 것은 없어.

그냥, 아무말 없이 있었던들 추방당하지는 않았을 텐데.

여자란 어리석은 동물이야.

밤에 이루는 쾌락이 주요 관심사지.

아이만 별도로 만들 수 있다면

여자 같은 건 아예 없었으면 좋겠어.

그렇게 되면 세상에 나쁜 일은 모두 없어지게 될 걸.

메디아   당신의 구변은 몰염치의 극치를 달리는군요.

본시 악인은 입만 살았다지요?

세 치 혀만 없었더라도 당신은 착해 보일텐데.

왜 몰래 혼약을 했죠?

당신의 혼인이 당당한 것이라면 태양도 기뻐할텐데요.

야손   남편을 비겁자로 만든 건 너, 메디아야.

내가 의논했으면 그냥 됐을까?

그 억센 성미로 무슨 일을 저질렀을지 모르지.

메디아   시들시들한 남자가 팽팽한 처녀와 결혼하는 게 부끄러웠겠지요.

야손 이걸 알아둬. 처녀에게 끌린 게 아니야.

　　　그 여자는 아버지 크레온에 대해서도 힘을 가지고 있지.

　　　크레온은 우리에게 코린트의 거주권을 줄 수도 있고

　　　외국으로 추방할 수도 있는 남자.

　　　당신과 아이들을 위해 크레온의 피를 이은 동기간을 낳아

　　　확실한 보호를 받기 위함이야.

메디아 (흥분하여 돌아다니며 객석을 향해)

　　　애들아, 수캐와 암캐 중 어느 쪽을 좋아하니?

　　　너희들은 아비에게, 그의 새로운 암캐와 최고 권력자인 국왕에게

　　　추파를 던지기만 하면 아마도 왕의 여물통 옆에는 있을 수 있겠

　　　지.

　　　왕과 새 신부, 남편이고 뭐고, 너희들 모두 망해버려라.

야손 왜 좀 더 지각이 생기지 못할까.

　　　불행하다고 느끼는 것은 마음 뿐.

메디아 무슨 모욕이라도 좋아.

　　　이제 세상에는 온전히 나 혼자 뿐.

야손 스스로 사서 한 일. 남에게 덮어씌우지 마.

메디아 어떤 값을 치르고 그 일을 샀던가요?

　　　남편을 배반했던가요?

야손 크레온 왕을 저주한 것은 그대야.

메디아 저주라고? 정말 이제부터 당신을 저주해줄 테야.

　　　네 네 네, 그래요.

　　　진흙투성이의 자궁에 당신의 그걸 밀어 넣도록 해주지.

야손 추방당하는 게 불쌍해서 도움이라도 주려 했더니 헛일이군.

메디아 악인의 것은 하나도 안 받아.

야손 그렇다면 할 수 없지. 호의를 베풀어도 고집을 세워 마다하니!

메디아 새 신부의 침대 냄새를 풍기는 자식.

　　　어서, 네 신부에게로 가!

(야손 퇴장. 메디아, 관 위에 쓰러져 운다.
피아노 소리. 메디아혼 단 위 높은 곳에 앉아 있다.
커다란 선글라스를 끼고 있다.)

메디아혼 그 날, 야손이 너무 멀리 가버렸다는 것을 알았어요.
너무 늦게 깨달았죠.
설마, 설마, 설마 했지만
슬퍼지더군요.
그의 등이 초라해 보여
다른 여자에게 가는 뒷모습이
자꾸만 웅크려지더군요.
당당하지 못한 저 걸음걸이
그를 자유롭게 놓아주지 못한
죄책감이 들 정도로
그의 등은
너무 작아 보이더군요.

제 6 장

(여인들과 유모 등장. 메디아의 주변을 맴돈다.)

여인들 말해봐. 메디아. 메디아 메디아 메디아 아 메디아
아아아 메디아. 메디아 메디아 메디아 아 메디아.

(메디아, 웨딩드레스를 벗으며 일어선다.
그녀는 온몸을 감싼 검은 드레스 차림이다.)

메디아 나는 메디아. 배반당한 아내지요.
날 부르셨던가요? 여러분들은 뭘 보러 오셨죠?

내 조국의 비명으로 음악을 연주한 나 메디아.
그렇게 쉽게 끝나지 않아요.
아직 우리 뒤엔 명망이 남았어요.
내 망가진 것들을 얘기할까요?
참 쓰라림도 많은 부엌세간. 썩어버린 언약들,
그리고 내 무거운 영혼 얘기부터.

여인3　아. 메디아. 더 이상 슬픈 얘기는 말아줘요.

여인2　이대로 물러설 수 없어. 메디아.
당신 생각을 숨기지 말고 얘기해요.

메디아　(미소지으며) 무슨 얘길 듣고 싶어.

여인3　안돼. 메디아. 제발 아무 생각도 하지 말아요.

여인4　내게도 느껴져. 저 여자의 눈빛을 봐.

여인7　그래 섬뜩하군. 도대체 무슨 생각을 한 거지.

여인1　누구든 궁지에 몰리면 무서운 생각을 하지.
그녀가 손을 떨며 만지는 검은 옷자락처럼.

여인2　그래, 검은 옷자락처럼.

여인3　죽음?

여인1　죽음!

여인2　죽음.

여인4　죽음이.

여인3　그녀의 영혼을 휘어잡았어.

메디아　그래요. 죽음이 내 영혼을 휘어잡았어요.
나는 봤어요. 그리고 발견했어요.
나로 하여금 살인을 하게 했던 자의 침묵과
내게 살해당한 자들의 냉소.
이 하루 동안에 내 원수 셋, 아비와 딸과 내 남편을
모조리 진흙과 키스하게 하겠어.

여인1　메디아 머리를 돌려봐.

메디아　어떻게 죽이면 속이 시원할까.

죽이는 방법 하도 많아서 어느 것을 선택할까.

광고를 낼까.

도시의 검은 살인자들을 부를까.

창으로 빵을 꿰뚫듯이

신방의 레이스가 불꽃에 타버리듯

포크레인으로 암벽을 허물듯

이 혼인을 쑥대밭으로 만들겠어.

여인3   아, 메디아. 살인을 꾸미는데 지혜를 쓰지 말아.

끔찍한 용기를 시험하지 말아.

메디아   어디 솜씨가 모자라. 게다가 여자로 태어난 몸.

나쁜 일을 꾸밀 때는 세상에 둘도 없는 솜씨라는

바로 그 여자 아냐.

유모, .내 남편 야손을 불러 줘!

(유모, 퇴장하면 메디아 관 위에 앉아 거울을 바라보며 미소짓는다.
여인들 해골로 된 마네킹을 중앙에 놓으며
메디아가 벗어놓은 웨딩드레스를 입힌다.)

여인1   자, 여길 봐.

여인2   눈을 감지 말고.

여인3   귀를 막지도 말고.

여인4   지나온 시간을 봐.

여인들   어째서 어째서 어째서.

여인7   그때, 너는 왜 살인을 하려 했지?

메디아혼   왜 그랬느냐고?

어쩔 수 없었어.

나는 어쩔 수 없었어.

여인1   왜 그렇게 해야만 했지?

메디아혼   대체, 어쩌란 말이지?

그 방법밖에는 길이 없었는 걸.

여인2 그 방법밖에는 길이 없었다고?

여인3 왜? 다른 길을 찾지 않았지?

메디아혼 난, 어쩔 수 없었어.

　　　　아무것도 보이지 않았어

　　　　내가 누군지도 모르는 그 때

　　　　대체, 달리 뭘 생각할 수 있었겠어.

　　　　어쩔 수 없었어.

　　　　나는 어쩔 수 없었어.

　　　　어쩔 수 없었어.

　　　　어쩔 수 없었어.

　　　　어쩔 수 없었어.

여인6 라고 메디아는 말하는군.

메디아혼 대체, 무슨 방법을 원하는 거야!

　　　　거짓 사랑에 속은 내가

　　　　무슨 일을 할 수 있었겠어.

　　　　믿었던 모든 것이 무너지던

　　　　그때, 대체 무슨 생각을 하겠어!

　　　　(메디아혼 괴로운 표정을 짓는다.)

여인들 대체 무슨 생각을 하겠어.

　　　　메디아가 대체 무슨 생각을 할 수 있었겠어.

　　　　(거울에 야손이 나타나 등장한다.)

야손 왜 날 불렀지?

메디아 야손 당신이 내게 베풀었던 모든 것을 가져가도 좋아요.

　　　　아울러 당신들에게 주는 내 선물을 받아줘요.

　　　　당신이 내게 베풀었던 아들들에게도

　　　　야만국의 어머니인 날 차버리도록 하겠어요.

　　　　어미는 그애들의 젖소였지만 지금은 발판.

그렇게 되기를 바라겠지요?

하지만 야손, 아이들을 하루만 더 내 곁에 두어줘요.

그 후엔 이 곳을 떠나겠어요.

야손 무슨 계략이 떠오른 거지?

메디아 사랑은 찾아왔다가 떠나는 것.

난 현명치 못했기에 그것을 잊고 있었죠.

우리들 사이에 증오는 없어요.

다만, 내가 한 짓이 철부지였으며 어리석다는 걸 깨달았어요.

이제 당신 말을 따르겠어요.

저를 두고 다시 혼인하신 것은 현명한 노릇.

차라리 혼례에도 참여하고 신방에 대령하여

새아씨 시중드는 것을 자랑으로 여겼어야 할 것을

남자는 여자 같아선 안돼요.

저희가 어리석다고 어리석게 대하지 마시고

제발 용서해줘요.

야손 역시 영리한 여자는 결국은 바른 생각으로 돌아오는군.

메디아 야손, 아이들을 돌봐줘요.

야손 아이들 걱정은 내가 해주겠어.

메디아 야손, 크레온 왕께 간청하여 아이들만은 추방을 면케 해줘요.

야손 글쎄, 걱정 말아요.

메디아 야손, 당신의 새 신부에게 간청하세요.

야손 음, 그러겠소.

메디아 야손, 당신이 사랑하는 사람을 난 오랫동안 미워할 수 없어요.

내 신부 의상을 당신 신부에게 주는 선물로 받아줘요.

내 입술로 신부란 말을 꺼내기도 가슴 아프지만

신부는 당신의 몸을 끌어안으면서 눈물을 흘리겠죠.

당신의 어깨에 기대어 도취의 신음소리를 내겠지.

또 하나의 내 살갗인 사랑의 의상.

(신부복에 향수를 뿌린다.)

내 조국과 형제의 피로 물들인 의상.
자, 당신의 새로운 결혼식에 나가시지요 야손.
내가 신부를 결혼식의 횃불이 되게 해드리지요.

야손 그 댁에는 아무것도 필요 없어.
그냥 가지도록 해. 나를 조금이라도 위한다면.

메디아 선물에는 하늘의 신도 동하는 법.
백 마디 말보다 한 줌의 황금이지요.

(야손 퇴장. 무대 안쪽의 스크린 뒤로 조명이 비춰지면, 어렴풋이 화
장대 앞에 앉아 있는 여인이 보인다. 그녀는 크레온의 딸이다.)

메디아 야만국 여인의 신부 의상은 잘 만들어졌어.
타인의 피부와 결합하면 그 사람을 죽일 수 있지.
상처와 흉터는 효력이 우수한 독이 되고,
이전에는 내 심장이었던 재가 불꽃을 토해내지.
신부는 젊어. 그 피부는 탄력 있고
나이에 의해서도 출산에 의해서도 망가지지 않았어.
바로 그녀의 육체에 지금 난 내 연극을 써넣는 거야.

(스크린 뒤로 야손 등장. 야손과 여자는 서로 애무한다.)

메디아 배반한 자의 자식들. 해치우고야 말걸.
그자는 두 번 다시 못 보도록 하겠어.
그렇다고 새색시에게 아이를 얻게 하지도 않을 터.
왜냐고? 이제 그녀는 비명을 지를 거야.
내가 준 독약으로 무참한 죽음을 당할 테니까.
자정 전에 불꽃에 휩싸이겠지.
그 태양이 떠오를 때 너희들의 웃는 모습이 보고 싶구나.

여인들 안돼!

메디아　이 길 밖엔 없어. 당신들은 나같이 모진 변을 겪지 않아 몰라.
　　　　도리 없어. 그 길밖엔 없어.

여인2　자식을 죽이려 하다니, 용서받지 못할 거야.

메디아　그렇다고 원수의 조롱을 당하게 할까?

여인1　미쳤어. 어떻게 제 자식을 제 손으로!
　　　　정신차려 메디아! 설마, 미친 건 아니겠지?

메디아　날 미워하는 이 나라에서
　　　　어미의 수치를 안고 살아가게 할 수 없어.

여인7　하긴 그럴 수도 있겠군.

여인3　살인을 하든 불을 지르든 상관없어.
　　　　괜히 날 증인으로 세울 생각은 마.

여인7　나도 좀 떨어져 있겠어, 괜히 으시시해.

유모　세상에 끔찍한 용기로 뭘 얻겠다는 거지.
　　　아이들이 무릎 꿇고 살려 달라 간청할 때
　　　어떻게 제 자식을 제 손으로 죽일 수가 있단 말인가.

메디아　나를 집안에나 틀어박혀 있는 순한 여자라고 생각해서는 어림도
　　　　없지.

여인6　그와는 반대로 원수에게는 용서 없고
　　　　메디아를 위하는 자에게는 도움을 주는 여자야.

메디아　맞아! 내 아이들과 이 기쁨을 나누겠어.
　　　　봐라! 지금 내 남편은 신부의 방에 들어간다.

　　　　(경쾌한 왈츠풍의 파티곡이 흐르면서 야손과 크레온의 딸이 황홀한
　　　　듯 춤을 춘다. 여인들은 그 주위에서 춤을 추거나 술을 마시며 야손
　　　　과 크레온 딸의 결혼을 지켜본다.)

메디아　지금 젊은 신부의 발 밑에
　　　　야만국 여인의 신부의상을 선물로 놔둔다.
　　　　그 의상은 내 복종이란 땀으로 흠뻑 젖어 있지.
　　　　창녀는 거울 앞에서 거드름을 피우는군.

(파티 분위기가 더욱 무르익으면서 크레온의 딸 행복한 마음을 감추지 못하겠다는 듯, 황홀하게 춤을 춘다.)

메디아 자, 이제 콜키스의 금실이 그녀의 모공을 막고
        단도의 숲이 그 여자 육체에 심어지겠지.
        내 신부 의상이 혼례를 축하할거야.
        첫날밤은 마지막 밤이 되겠지.

유모   아이들 목숨, 가망 없어.

여인6   새 신부는 저주의 황금관을 손수 머리에 얹으시는군.

여인3   아 그것은 죽음의 장식
        황금색 비단 옷, 그 모양, 향기, 빛깔에 홀리다니.
        피하지 못해. 저 끔찍한 저주.

메디아 야손? 그는 누구인가요? 어디서 많이 들어본 이름.
        기분이 좋지 않은 걸 보니 좋은 사람은 아닌 것 같군.

여인1   아, 이제 그 이름도 잊었어 메디아?
        어쩌면, 이런 상황에서도 남을 웃길 수 있지?

메디아 아, 조국. 야만족의 내 조국이여.
        나는 내 피를 그대 쪽으로 돌린다.
        일찍이 내 손을 피로 물들인 그 앞바다로
        내 그림자를 바꾸고 또 하나의 장미를 갖고 싶습니다.
        내 팔로 그대의 가드다란 허리를 감싸고
        바닷물에 씻겨 희어진 그대의 상처에 앉아
        내 오랜 한을 들여다보겠습니다.

여인7   (탄성을 울린다.) 아! 정말 아름다워. 멋진 몸매야.
        저 탱탱한 가슴을 보라구. 기막히군.

여인2   야손이 반할 만해. 굳이 계획적으로 한 결혼이라고 믿어지지 않
        아.

여인3   어쩜, 주름 하나 없을까. 입술은 너무 싱싱해.

여인1   흥, 오만하게 생겼는 걸.

여인7　사내들이 저 입에 얼마나 키스하고 싶을까.

여인5　여자들은 어떻고, 저 튼튼한 어깨를 봐.

여인6　야손은 멋진 사내야. 나이 들어도 저렇게 매력적이잖아.

(경쾌한 왈츠풍의 음악이 불안스럽게 변주되면서 크레온의 딸 고통
스럽게 쓰러진다. 야손은 두려움에 쌓여 크레온의 딸로부터 벗어나
려고 몸부림치고, 결혼식을 지켜보던 여인들 놀라 비명을 지르며 도
망친다. 긴 비명소리를 치르며 쓰러지는 크레온의 딸, 서서히 어둠
속으로 끌려나간다. 정적)

제 7 장

(조명은 공중에 있는 메디아혼만을 비춘다. 메디아혼은 레이스가 아
주 긴 손수건으로 눈물을 닦는다. 그 손수건은 땅에까지 닿아 있으
며 메디아혼은 염주를 돌리듯이 눈물을 닦는다.)

메디아혼　그때, 그런 일이 있었지.

　　　내가 저지른 일들을 기억해.

　　　가슴 아픈 기억들이야.

　　　지워버렸으면 좋겠어.

　　　가여운 새 신부를 위해

　　　지금 내가 할 수 있는 일은 뭐지?

　　　그 신부의 고운 피부가 까맣게 타들어 갔겠지?

　　　그녀의 늙은 아버지도 까맣게 타들어 갔겠지?

　　　살아남은 야손.

　　　내 복수가 거기서 그쳤더라면 좋았을 걸.

　　　지나온 시간을 되돌릴 수 있으면 좋겠어.

　　　내 눈물을 먹고 자라는 건 아무 것도 없어.

　　　화살같이 지나가 버린 시간.

되돌릴 수 없는 시간.
아! 그토록 잔인한 복수를 꿈꾸다니.
아무도 말리지 못했어.
아직도 나는 듣고 있어.

(얇고 가느다란 비명소리 나지막이 들려오기 시작한다.)

비명소리.
긴 비명소리.
밤을 넘어 내게 달려오는
그토록 긴 비명소린
아무도 듣지 못했겠지.

(나지막하게 들려오던 비명소리 점차 커진다.)

　제발, 이젠 그만, 그만 해!

제 8 장

(검은 상복들을 걸친 여인들, 메디아, 아이들의 관 위에 앉아 있다.)

메디아　아직도 비명을 지르고 있지?
　들리지? 그 여자의 비명소리.
　아직도 타오르고 있어. 자 웃어!
　난 너희들이 웃는 걸 보고 싶다.
　웃어. 웃어. 웃어봐. 웃어. 웃어.
　내 연극은 희극. 자 웃어. 이것들아!　・
여인2　우리에게 웃음을 권하는 메디아.
여인4　저 눈을 좀 봐. 광기에 사로잡힌 저 눈. 내게도 보여.

여인1 복수를 시작하려나 봐.

메디아 마무리 할 때가 왔어.

　　　　내 자궁에서 빠져나간 물고기들을 살해해야지.

　　　　우물쭈물 하다 더 혹독한 죽음으로 당할 테니까.

　　　　자, 강철같이 굳어라.

　　　　난 너희들을 내 심장에서 잘라내고 싶단다.

　　(메디아, 관 속에서 칼을 꺼내 쥔다.)

　　　　내 심장의 살, 내 기억, 내 사랑인 너희들.

　　　　내 피를 돌려다오.

　　　　오늘은 셈하는 날.

　　　　우리의 결혼식을 총정리할 시간.

　　　　오늘은 당신의 메디아가 빚을 돌려 받는 날.

　　　　이제 너희들 웃을 수 있겠지.

　　　　죽음이 선물이다.

　　　　나라는 이 인간의 손으로 아아

　　　　한 남자의 여인이 되기 전에

　　　　예전의 나 그대로 짐승인 채로

　　　　난 인류를 돌로 쪼개버리고

　　　　그 텅 빈 한 가운데서 살고 싶어.

　　　　나는 여자도 아니고 남자도 아니야.

　　　　죽음보다 더 나쁜 것은 나이를 먹는다는 것.

　　　　너희들은 죽음을 선물하는 이 손에 키스하겠지.

　　　　아아, 귀여운 내 강아지.

　　　　누구냐

　　　　너희들이 죽은 척해도 에미는 속일 수 없어.

　　　　너희들 마음속에는 개와 쥐, 뱀이 살고 있어.

　　　　멍멍 찍찍 쉿쉿

(잠시 정적)

쉿! 들리지?
엄마는 현명해.
난 너희들을 내 심장에서 잘라낼 테다.
웃는 얼굴로 이 칼을 받아라!
자, 어서.
내 피를 돌려줘!

(메디아 칼을 들고 안으로 퇴장. 잠시 정적)

여인3 안돼.
여인2 안되겠어.
여인4 저 애들을 살려야 해.
여인5 쉿 조용해.
여인1 아, 너무 조용해.
여인3 아, 안돼.
여인6 아, 모진 사람.
여인7 정말 일을 저질렀네. 미쳤어, 미쳤어.

(메디아 칼을 들고 안으로 퇴장. 잠시 정적)

여인3 안돼.
여인2 안되겠어.
여인4 저 애들을 살려야 해.
여인5 쉿 조용해.
여인1 아, 너무 조용해.
여인3 아, 안돼.
여인6 아, 모진 사람.
여인7 정말 일을 저질렀네. 미쳤어. 미쳤어.

(잠시 정적 이어지다가, 황폐한 바람이 불어오고 꽃잎들 어지럽게

날린다. 잠시 후 야손 등장.)

야손　메디아! 어디 있어! 내 신방을 피로 물들인 이 야만족! 어디로 숨
　　　었어.
　　　너로 인해 아이들은 고향을 잃게 되었어.
　　　아이들만은 내가 살려야 해.
　　　어미의 죄로 보복 살인을 당할 테니까.
여인6　야손. 당신의 불행을 아신다면 그런 말씀이 나오실까.
야손　날 노린단 말이지.
여인1　아이들이 죽었어요.
야손　누구? 누가! 누가!
여인6　당신의 아들들에게 피와 살을 준 어미.
야손　메디아.
여인6　그래요. 메디아.
야손　아, 이 계집. 날 완전히 망쳤어.
여인1　마음을 단단히 먹어요. 야손.
야손　어디서 그랬지?
여인1　저 문을 열어봐요.
야손　메디아. 문 열어.
　　　내 아들들을 죽인 널 그냥 두지 않을 테다.

　　　(갑자기, 메디아의 웃음소리가 터지면서 무대 뒤에서 메디아가 나타
　　　난다.)

메디아　왜 그렇게 문을 두들기시죠?
야손　천하에 몹쓸 악녀 같으니라구!
　　　제가 낳은 자식의 심장에 칼을 꽂고
　　　이 몸을 자식 없는 인간으로 만든 이 괘씸한 계집!
　　　죽어 없어져 버려라!
메디아　하하하. 시작은 누가 했던가요 야손.
야손　이제야 깨달았어.

제 아비를 배반하고 동생을 갈기갈기 찢어버리고,
고향땅을 원수로 삼았으며,
육체의 누더기를 걸치고
침실의 쾌락 때문에 자식을 죽인
네 년을 아내로 삼았다니!
그것이 바로 죄의 시작이었어.

메디아 그래요. 내게 속해 있는 모든 것을 난 당신 때문에 죽이고 낳았지.
나는 당신의 암캐, 당신의 창부.
차라리 당신을 만나기 이전, 한 여인이 되기 이전,
나 그대로 짐승인 채로 였다면 좋았을걸.

야손 너는 여자가 아닌 괴물.
사나운 천성의 계집.
뻔뻔스런 철면피. 꺼져버려라.
자식의 피로 물든 인간아.

메디아 실컷 비웃어요. 야손.
예전에 나는 당신의 사닥다리, 똥개, 노예, 위대한 창녀였지요.
당신의 승리는 나의 배반.
내 소유물이라곤 맞아죽은 영혼과
학대받은 자들의 비명.
그것 뿐이야.
나에 대한 사랑의 말 끝나기도 전에
나를 삐에로처럼 만드시겠다?
좋아요 이제 실컷 해 보시지.

야손 그렇게 말하는 네 심장도 울고 있을걸.

메디아 그래요. 내 슬픔 이제 당신도 비웃지 못할 테죠.

야손 이 독한 년!

메디아 애들을 되찾고 싶으세요? 당신의 아들들.
아들들은 당신 것이죠.

바로 당신의 죄가 이애들을 죽였어.

야손 그애들을 죽인 손은 내 손이 아니야.

메디아 당신, 남자들의 오만 때문이야.

야손 슬기로운 여자는 견딘다. 하지만 너는 마녀야.

메디아 마음대로 짖어보라지. 컹컹컹컹!

야손 아이들의 시체는 돌려줘.

메디아 안돼. 원수의 손에 파헤쳐지는 걸 원치 않아.

　　　내 손으로 헤라의 신전에 묻어주겠어.

　　　살았을 땐 당신의 아들들이었지만, 죽어서는 내 아들들이니까.

　　　그리고 야손.

　　　당신은 저 뱃전에 머리를 부딪치고 악인답게 죽어가는 거야.

　　　나와의 사랑의 마지막을 실컷 맛보면서.

야손 내려놔. 더러운 손에서 아이들을 내려놔!

메디아 집에 가서 신부나 묻어주시지.

야손 아아!

메디아 흥, 슬픈가 보죠? 아직 멀었어. 늙을 때까지 기다려야 할걸.

야손 아아, 귀여운 아들들.

메디아 귀여워 한 건 나, 당신이 아니야.

야손 그럼 왜 죽였지?

메디아 배반자의 씨앗이니까.

야손 아아, 이봐! 아이들의 입에 한 번이라도 입맞추게 해줘.

메디아 이제 와서 입을 맞춰보고 싶다고?

야손 제발, 아이들의 보드라운 손이라도 만지게 해줘.

메디아 안돼. 아무리 사정해도 소용없어.

야손 제발, 제발.

메디아 가요 가. 당신의 창녀에게로.

　　　거기 가서 애원해요. 붉게 타버린 처녀 신부의 치맛자락을 들추
　　　고.

　　　가요 가. 거기가 당신의 영원한 안식처.

모든 것은 거기서 출발했지.
거기가 당신의 무덤이 될테니까.

(메디아, 무대 너머로 사라지면 미친 사람처럼 뒤쫓는 야손, 퇴장한
다.)

제 9 장

(장미의 방, 성전같이 꾸며진 방. 무대는 장밋빛으로 붉다. 성전에는
해골로 된 아이를 안고 있는 메디아혼. 조명이 밝으면 자장가를 부
르는 메디아혼. 아주 평화로운 얼굴이다.)

메디아혼 잘 자라 우리 아가
  잘 자라 우리 아가
  기쁨도 슬픔도 모두 잊고
  우우우우 우우우우….

(메디아혼의 자장가 허밍음에 맞춰 메디아 폐허의 기억 속에서부터
독백을 읊조리며 서서히 걸어나온다.)

메디아 여기는 어디지? 우리들은 누구?
  남자의 찌꺼기? 아니면 여자의 찌꺼기?
  우연히 주어진 이름과 우연히 주어진 세계.
  우리들의 어머니의 어머니의 어머니의 어머니와
  우리들의 아버지의 아버지의 아버지의 아버지와
  우리들의 자식들의 자식들의 자식들의 자식들과
  산과 들과 시냇물 속에 눈물과 땀과 한숨을 섞는 중.
  내 이야기를 시작할까?
  조잘거리듯이, 속삭이듯이 말할까?

아니면 번개같이, 비바람같이, 천둥같이 쏟아버릴까?
내가 지나온 먼 길.
그 길을 돌아볼까.
내 기억은 무덤 속에 있어.
나는 그 무덤 속에서 나왔지.
낡은 기억 속에서, 쭈그러진 육신 속에서.
하나님은 교묘한 퍼즐게임처럼
인간이 생각하듯 이루어지지 않고
생각지 않은 것이 이루어지도록
함정에 함정을 만들고
그물에 그물을 엮어 나가죠.
그 사이에서 사람들은 관절을 삐는 것.
막다른 골목에 도달했을 때,
누구나 그런 순간이 있겠지.
한번쯤은 생각해봐요.
저길 봐, 저 어둠 속,
너희들의 기억을 훔쳐보듯이,
나의 기억을 데려오는 저 여자.
누구지?
느릿느릿한 움직임.
걸음마다 슬픔을 심는 움직임.
잠깐,
도대체 저 여자는 누구지?

(메디아혼, 메디아와 한몸이 되면서 서서히 퇴장)

에필로그

(황폐한 기억의 풍경 속에서 쓸쓸하게 들려오는 소리)

메디아3 인간의 기억력은 편리해.
기억해서 견디기 힘든 기억은
없었던 것처럼.
전혀 없었던 것처럼
하면 얼마나 좋을까.

(무대 서서히 회전하면 메디아와 메디아혼 무대 중앙에 자리하고 있다.)

메디아 · 메디아혼 나는 메디아!

(서서히 암전)

—막

결혼한 여자와 결혼 안한 여자

등장인물

정애 : 30대 초반의 주부
수인 : 정애의 친구. 노처녀
남자
남편
간호원

<무대>

무대는 기본적으로 두 부분으로 나뉜다.
한쪽은 칸막이로 구분된 좁은 부엌으로 식탁과 베란다가 있다. 또 한
쪽은 자유로운 공간으로 다방이나, 병원복도, 백화점으로 쓰인다. 무대
는 전체적으로 간단한 소품으로 변형시킬 수 있어야 하며 의식과 현실
을 넘나드는 환상적인 무대이어야 한다. 그러나 극 전체를 통해 정애
가 앉곤 하는 마치 왕좌 같은 흰색의 거대한 안락의자는 베란다 앞부
분에 항상 놓여 있다. 때로 그것은 평범한 일상과 권태로움의 상징이
다.

제 1 장

무대 중앙에 옷이 걸린 행거가 있고 구석에 신발 진열장이 놓여 있다. 그 앞에 소파가 있다.

도시의 소음. 천천히 등장하는 정애. 낡은 구두에 수수한 옷차림. 한 손에는 쇼핑백을 들고 있다.

경쾌한 음악. 정애 소파로 간다. 주위를 멍하나 둘러보며 구경을 한다. 소란스런 사람들의 웅성거림. 입술을 붉게 칠한 수인 등장.

수인 정애야 미안해. 많이 기다렸지. 아휴, 차가 얼마나 막히던지 버스 탈 게 못되더라. 내리려고 발버둥치다가 한 정거장 더 가서 내렸 지 뭐. 그런데 웬 인간들이 이렇게 많니?

정애 주말이잖아. (주위를 둘러보며) 그런데 왜 이런 어수선한 곳에서 만 나자고 했니?

수인 (행거 쪽으로 걸어가며) 내게 다 생각이 있어서 그래.

정애 (수인의 얼굴을 들여다보며) 웬일이야? 화장을 다하고?

수인 (관객을 향해 거울을 보는 것처럼) 이젠 늙었나봐. 화장을 안 하면 옷을 하나 안 입은 것 같애. 아침마다 거울을 보며 뭘 찾는지 아 니? 고뇌와 상심이 파놓은 눈가 입가 잔주름이다. 별수 있니? 세월 이 날 시들게 하는 걸 어떡하니. 화장이라도 해야지. (정애를 아래 위로 유심히 보며) 너 살빠진 것 같다.

정애 나 요새 운동하잖아. 애 아빠가 운동기굴 사줬거든.

수인 오호, 돌아봐, 정말 날씬하다. 잠깐만. 이리 와봐. (행거에서 옷을 고 르며) 애들은 잘 크지?

정애 (밝아지며) 응.

수인 (화려한 꽃무늬 원피스를 골라낸다. 정애의 몸에 대고) 잘 어울리는데. 이거 사 줄게. 그러고 보니 우리 오래간만이다.

정애 어머, 야!

수인 괜찮아. 작정하고 널 불러낸 거야. (정애의 어깨를 잡고 관객을 향해 바라보게 한다.) 저 거울 좀 봐. 누가 널 유부녀라고 보겠어.

정애 무리하는 거 아니니?

수인 괜찮아. 그러고 보니 너 처녀로 속이고 바람펴도 되겠다.

정애 고마워.

수인 뭘, 입어봐.

(정애, 탈의실로 가서 옷을 갈아입는다.)

정애소리 몸은, 괜찮니?

수인 (큰 거울 보며) 응 괜찮아. 요즘 영어하고 일어 배우느라 정신없다. 바쁘게 지내다보니깐 몸매관리도 못하고 이렇게 아줌마 꼴이 다 됐잖니.

정애 뭐. 애가 아줌마 앞에서 못하는 소리가 없네.

수인 너도 일을 해보지 그래.

정애 일?

수인 아니면 뭘 배우던지. 요즘 문화센터 같은 데 많잖아.

정애 애들은 어떡하고?

수인 놀이방에 맡겨. 돈 생각하지 말고 니가 니 인생 그만큼 찾는다고 생각해.

정애 그럴까? 이렇게 비싼 옷을 내가 받아도 될까?

(정애, 원피스를 입고 나온다.)

수인 멋있어. 정말 잘 어울려.

정애 정말, 옷이 날갠 날갠가봐.

수인 그럼 날개지. 나무꾼이 선녀 옷을 왜 훔쳤겠니.

정애 (자신의 옷을 내려다보며) 그럼 난 날개를 얻었으니 애들 안고 하늘로 올라갈까?

(이때 수인과 정애의 시선이 서로 부딪친다. 수인 행거 뒤 신발장을 바라본다.)

수인 (정애의 구두를 내려다보며) 이거 내가 재작년에 사 준 거 아니니.

정애 으응, 집에 구두가 많은데… 이게 발이 편해.

수인 잠깐만. (신발장에 다가가 구경하며) 어머! 분홍신이야. 너 신어봐. 그 옷에 잘 어울릴 거야. 신어봐.

정애 괜찮아.

수인 신어봐. 그 신발 신으면 너 춤출 것 같아서 그래.

정애 어머! 별일이다.

수인 갑자기 생각났어. 너도 알지? 분홍신이라는 동화 말야. 춤추고 싶지 않은데도 자꾸만 춰야 되는 분홍신 말야. 결국, 자기 다리를 자르려 할 때 춤이 멈춰지는 거.

정애 나 이거 안 신어도 돼.

수인 아이, 신어.

정애 애인한테는 신발 사 주는 거 아니라더라. (소파로 가서 앉으며) 그 신발 신고 가버린대.

수인 시집갈 때 선풍기 사가지 말라는 말하고 같구나.

정애 그래?

수인 그런걸 다 믿다가 어떻게 살겠니. 집안에 단풍나무가 있어도 안 된다며? 우습지 않니? 남편의 바람기를 사소한 물건 탓으로 돌리니 말야.

정애 난, 이해해.

수인 그래? 네 남편도 바람피니?

정애 (단호하게) 아냐….

수인 잘 감시해. 요즘 남자들 부인한테 잘해주면서 바람핀다더라. 예쁘다. 그 옷하고 정말 잘 어울려.

(수인 퇴장, 홀로 서 있는 정애.)

정애 우린 오랜 친구예요. 그럼에도 가슴속 깊은 애길 나누지 못했죠. 겨울 내내 전화도 없던 수인이가 갑자기 찾아왔어요. 거의 6개월 만이었죠. 그리고 이런 (자신의 모습을 내려다본다.) 옷을 선물하더군요. 십 년 됐어요. 여고 동창이죠. 우린 여고를 마치고 함께 서울로 올라왔죠. 같은 대학을 다니고, 그럭저럭 직장생활도 하고. 그러다 보니 서른을 넘었네요. 결혼생활도 이제 7년째 접어들고 있군요. 벌써 두 딸애의 엄마고… 삼십 세란 소설 읽어보셨어요? 바하만의 소설이었던가요? 그때 난 스물이었는데, 어느새 서른이 넘은 거예요. 뭐하나 제대로 해놓은 것도 없이 한심하게 나이만 먹은 거 같아요. 결혼 전엔 나도 꿈이 있었죠. 근데 지금은 제대로 살고 있는 건지조차 모르겠어요. 수인은 언제나 솔직하고 당당했어요. 늘 자기가 뭘 원하는지 알았지요. 단 한 줄의 카피를 쓰기 위해 한 달 동안 도서관에 처박혀 지낼 만큼 집념도 강했구요. 수인인 그 방면에 소질이 있었어요. 그 애가 만든 광고문구들은 거의 다 관심을 끌었죠. 서 있는 여자는 아름답다. 아마 그런 내용이었을 거예요. 구두광고였으니까요. 전기부속품, 장난감 레고, 컴퓨터, 때론 수입품인 사냥총까지… 그 덕분에 수인인 광고계에서 유능한 카피라이터로 인정받기 시작했죠. 그런데 어느 날 전화를 걸어서 불쑥 사표를 냈다는 거예요.

(소파에 기대고 선 수인 위로 스포트라이트)

수인   사장이 수입 사냥총 카피를 쓰라는 거야. 갑자기 숨이 탁 막혔지… 난, 언제나 일에 자신을 가졌거든. 종횡무진 치달렸어. 내가 만들어낸 미사여구로 수많은 사람들의 뇌리에 선명한 물질의 욕망을 남기기라고… 그런데, 엄청난 공포가 내 앞에 놓여서 날 오만스레 쳐다보고 있었지. 그 검고 단단한, 비정하리 만치 차가운 총구가 날 쳐다본 거야. … (불안한 목소리로) 그건 아버지의 눈이었어. 눈 덮힌 산에서 가냘프게 떨고있는 노루의 생피를 마시는, 아버지의 잔혹함. 순백의 눈 위에 뚝뚝 떨어지는 피… 사냥을 좋아하는 아버진 총이라면 광적으로 수집했지. 심지어 장난감 총까지… 그런데 지금, 내게로 향할지 모르는 무기를 광고해야 하는 거야. 이미 감각은 고통을 받기 시작했지. 이성의 제어를 받은 거야. 환상이었어. 현대가 심어놓은 손끝의 환상. 내가 손끝으로 불

러일으키는 환상, 그 환상의 정체를 보게 된 거지. 혼란스럽다. 나
이제 벗어나야겠어.

(수인, 목석처럼 서 있으면 조명 꺼지고, 정애는 안락의자에 앉아 스
포트라이트를 받는다.)

정애　너무 뜻밖이었어요. 늘 자신만만하고 일밖에 모르던 수인이가 그
런 이유로 사표를 냈다는 게 말예요. 누구보다도 이성적이고 세련
된 애였으니까요. 매사에 소극적이고 의지가 약한 저하곤 달랐어
요. 전 여기 이렇게 안락한 의자에 편히 앉아 있죠. 하지만 전 여
기서 일어나고 싶어요. 이정애란 이름을 가진 여자가 아무런 의미
도 갖지 못하고 존재하는 이 일상에서 과감히 벗어나고 싶다구요.
하지만 난 영영 그렇게 되지 못할 거예요. 이 지긋지긋한 일상은
때때로 날 미치도록 외롭게 만들기도 하지만 그래도 여긴 그런대
로 날 지켜줄 수 있는 울타리가 있으니까요… (의자에서 일어난다.)
대학을 졸업하고 다니던 출판사에서 겨우겨우 2년째로 버티고 있
을 때 누군가 날 불러냈죠. 선을 보고 결혼이라는 걸 하고. 평범한
중산층의 가정주부가 된 거죠. 남모르는 갈증에 허덕이면서 말예
요. (흥분을 절제하며) 방. 내 방이 생각나요. 내 방은 한강이 한눈
에 내려다보이는 흑석동 산비탈에 있는 한옥집이었어요. 집 앞에
마을버스가 다니는 길이 있고, 그 뒤에 약수터가 있었죠. 버스를
놓치면 별 보며 등산하는 기분으로 낑낑거리며 올라가야 하는 것
이죠. 눈이 내리면 스키를 타도 될 만큼 미끄러웠어요. 난 넘어질
까봐 언제나 조심조심 다녔는데 동네 꼬마아이들은 신나게 썰매를
타곤 했어요. 그 시절, 삶은 온전히 나 혼자만의 것이었어요. 조금
은 불안하고 위태로웠지만 그래도 그땐 내가 있었죠. 누구의 집사
람도 애들의 엄마도 아닌 바로 나 자신이요.

(어둠과 함께 경쾌한 음악)

제 2 장

정애의 자취방.
낮은 탁자와 방석 두 개가 놓여있다.
오른쪽에서 수인 노란 장미 한아름 안고 등장. 자취방을 둘러본다.

수인 아, 힘들어! (방을 이리저리 둘러보며) 무슨 승방 같구나.

정애 (부엌에서) 으응, 방이 좁지?

수인 (털썩 주저앉으며) 힘들다 힘들어. 에베레스트산 정복하러 온 것도
아닌데, 네 얘기만 듣고 가까운 줄 알았다. 이사가! 이런데서 어떻
게 사니! 방값 비싸도 하산해.

(정애, 반바지에 티셔츠 차림으로, 한 손에는 꽃병을 한 손에는 과일
과 접시가 담긴 바구니를 들고 부엌에서 나와 방으로 온다.)

정애 응. 살 만해.

수인 장하다 장해! 나 같으면 벌써 하산했겠다. (웃옷을 벗으면 정애 받아
서 옷걸이에 건다.) 직장 다니니까 어때? 학교 다니던 때가 그립지
않니? 그땐 말야 지금 생각하면 축복 받은 생활이었어.

정애 (꽃병에 장미꽃을 꽂으며) 그래도 난 돈을 버니까 사람 구실하는 거
같애… 효녀노릇도 하고 말야.

수인 효녀노릇도 좋지만 니 인생 니가 챙겨. 한푼이라도 보태서 좀더
좋은 데로 갈 거 아니니. 안 그러면 너 평생 이런데서 못 벗어난
다.

정애 (탁자 위에 꽃병을 올려놓고) 됐어. 야! 이 방이 호강하는구나.

(매미소리 들린다.)

수인 어머! 이 동네 매미도 다 사니?

정애 산이 있어서 그런가봐. 산너머엔 국립묘지다.

수인 맙소사.

정애 (꽃병을 물끄러미 바라보다 사과를 깎는다.) 난, 생활의 낙을 모르고

사는 거 같애. 가끔 꽃도 사다 꽂을 만한데 말야. 방을 꾸밀 줄도 모르고 어떻게 색을 맞춰 입어야 할지 생각한다는 게 골치 아퍼. 우리 편집장님은 마흔이 다 됐는데도 처녀처럼 얼마나 세련된지 몰라. 맨날 나보고 뭐라는 줄 아니?

수인　뭐라는데?

정애　아래위 콘셉이 안 맞아요. 그 여잔 걸핏하면 영어를 섞어 쓰는데 혀를 얼마나 돌리는지 아주 그럴듯해 보이는 거 있지.

수인　너 옷 사 입는 게 고민이구나.

정애　괜찮다 싶은 옷은 너무 비싸고 가격이 맞으면 내 맘에 안 들고.

수인　그런 거 걱정마. 메이커래도 얼마든지 싸게 살 수 있어. 너 나랑 언제 옷 살 때 같이 가자. (사과를 먹으며) 어머! 이 사과가 왜 이러니?

정애　왜?

수인　퍼석퍼석 해. 다 골은 거야… 난 서울 와선 사과 안 먹어. 고향에서 먹던 맛이 하나도 안나.

정애　그래도 별수 있니? 사과를 안 먹으면 변비가 걸리는데.

수인　애, 지금쯤 홍옥이 발갛게 익었겠지? 과수원에서 금방 딴 빨간 사과. 꿀이 담뿍 들은 사과 말야. 한 입에 깨물면 와사싹….

정애　(참을 수 없다는 듯 비명을 지른다.) 야아! 우리 고향만큼 맛있는 사과는 못 먹어봤어.

수인　서리맞은 부사는 얼마나 기막히니.

정애　아, 그만해. 당장 달려가고 싶으니까.

수인　…그래? … 아버진 여전히 통근하시니?

정애　아니, 읍사무소로 옮기셨어. 내년엔 정년퇴직이야.

수인　(정애를 물끄러미 보며) 우리 아버진 무책임함의 극치를 달린 분이지. 그래서 그런가봐. 다혈질에, 만족을 모르는 불같은 성격을 나도 이어 받았으니….

정애　그래도 난 부러워. 뭔가 활력 있는 일을 하니까. 나에 대해서 뭐 카피 쓸 거 없니?

수인　봉급은 올랐니?

정애　일 년에 겨우 삼만 원 올랐어. 수시때때 야근이고… 순위고사 준비하는 것도 막연한 꿈이고, 그냥 이렇게 사는 거지 뭐.

수인　(키득거리며) 시집이나 가지 그래.

정애　(진지하게) 생각 중이시다… 넌 좋은 사람 생겼니?

수인　좋은 사람?

정애　생겼구나! (숨가쁘게) 어떤 남자니? 뭘 해? 어떻게 만났어?

수인　(홍조를 띄며 그러나 대수롭잖게) 너한테 뭘 속일수가 없구나. 하지만 시작도 안된 걸 뭐. 하긴, 그게 편해… 사무실에서 매일 만나는 사람이야… 아아. 아냐. 아직은 아냐. 아무 관계도 아니라구.

정애　몇 살이야?

수인　(정색을 하며) 그만, 그만하자. 이대로 좋아. 내가 누군가에게 맘을 열었다는 사실 하나만으로 성공인 일 아니니? 난 이성적으로 살 거야. 아직 할 일도 너무 많고. 어차피 결혼한다고 해도 서로 맞추기 쉽지 않을 거야. 난 내 인생 내가 책임져. 누가 기대는 것도 싫고 나도 마찬가지야. (갑자기) 왕자가 아닌 사기꾼을 만난 신데렐라를 상상해 본적이 있니?

정애　그 사람이 사기꾼이니?

수인　아냐. 하지만 내게 아무것도 해줄 수 없는 남자야.

정애　그럼 너가 해주렴.

수인　내가?

정애　그래, 신데렐라가 못 될 팔자라면 평강공주는 될 수 있겠지.

수인　평강공주? (웃으며) 난 믿지 않아. 한 남자를 키우는 능력도 없거니와 그렇게 인생을 소모하고 싶지도 않아… 9살 때, 처음으로 받은 선물이 뭔 줄 아니?… 백 원 짜리 『바보온달과 평강공주』였어. 그 때, 우리 엄만 29살의 미혼모였지.

정애　(슬픈 표정으로 수인을 바라본다.) ….

수인　마리아도 처녀의 몸으로 예수를 낳았으니까. 하긴, 우리엄만 성령으로 잉태하지 않았고, 무책임한 바람둥이였던 아버지로 인해 날 낳았으니 뭐 신비로울 것도 없겠지.

정애 이제야 얘기하는 걸 보니 너도 어른이 됐나보다.

수인 그냥, 말할 기회가 없었어. 내가 기억하고 있는 유모만도 세 명이 야. 환경이 바뀌어도 난 울지 않았대. 엄만 스무 살에 날 낳았어. 그 어린 나이에… 행여나 아버지가 마음을 잡을 거라 믿었대. 정 말 순진했나봐. 그 후, 서른에 엄만 새로운 삶을 택했어.

정애 미국에 계시는 이모 말이지?

수인 어릴 때부터 엄말 이모라 불렀어. 물론 말 안해도 넌 알고 있었지. 지금 살고 있는 아파트가 엄마 거야.

정애 그래. 아버지도 무슨 이유가 있었겠지.

수인 원래 가정이란 걸 싫어한 한량이었으니까. 그렇지만 엄마가 떠난 다음해 바로 결혼하드라. 지금 살고 있는 그 엄만 아이를 못 낳아.

정애 안됐다.

수인 아버지를 만난 게 그 여자의 불행이야… 도대체 남자 때문에 왜 여자가 불행해야 하니? 바보온달이 평생 바보였담 평강공주는 어 떻게 됐겠니?

정애 공주도 바보가 됐겠지.

수인 그게 바로 천생연분인 거야.

정애 내게도 천생연분이 있을까?

수인 짚신도 짝이 있다는데 너같이 참한 처녀에게 짝이 없다니 말이 될 소리니? (정애의 얼굴을 들여다보며) 내가 관상을 보건대, 넌 틀림없 이 이 나라의 전통이 요구하는 대로 현모양처가 될 상이야.

정애 뭣 때문에?

수인 (정애의 이마를 손가락으로 그리듯이 짚어가며) 복숭아씨 같은 이마 하며, 넓고 반듯한 것이 초년에 부모 덕이 있었고, 코끝이 도톰하 니 재물이 모일 수고 귓밥이 통통하니 덕이 많을 수다. (손바닥 을 내밀며) 자, 복채 내.

정애 엉터리! 좋은 말만 하고 (수인의 손바닥을 찰싹 때리고 수인의 얼굴 을 감싼다.) 이젠 내가 해줄게.

수인 (정애의 손을 잡아 내리며) 난, 내가 더 잘 알아… 네 손 참 따뜻하구나.

(뭔가 '우르르 쾅'하면서 무너지는 소리. 포크레인 소리)

수인 이거 무슨 소리니?

정애 (벌떡 일어나며) 문 닫았니?

수인 응?

정애 (재빨리 무대 뒤로 사라졌다 돌아나오며) 아휴 먼지투성이야. 정말 못 참겠어. 오다가 공사하는 거 봤지?

수인 응.

정애 말도 마. 밤새 집이 한 채 무너지더니 퇴근할 때 새 집이 솟아있다니까. 왜들 그렇게 부수고 지어대니? 이 동네 한옥들 내년엔 흔적도 없이 사라질 거야. 난 한옥이 좋던데.

수인 그래서 넌 이런 한옥집 문간방에 사는구나.

정애 좀 불편하지만 얼마나 운치 있니? 우리 나라 사람들 그저 새 것만 좋아해. 미적 감각이 없나봐. 지어도 정말 볼품없이 막 지어대.

수인 (방구석을 가리키며 경악의 표정) 어! 어! 어!… 바바퀴벌레. (비명을 지르며 탁자 위로 올라간다.) 악!

(정애 수인의 가방을 들고 살금살금 다가간다. 이러저리 뛰어다니며 가방으로 바닥을 내리치나 놓쳐버린다.)

정애 놓쳤어… 이렇다니까. 집을 부서대니까 바퀴벌레도 살 집이 없어 극성이야. 골목마다 밟히는 건 바퀴벌레야. 잡아도 잡아도 끝이 없어.

수인 애. 안되겠다. 너 당장 짐 싸들고 우리 집에 가서 살자.

정애 앉아. 하긴 요즘 잠도 못 자. 너 바퀴벌레가 얼마나 영리한지 아니? 어느 날 밤 바닥을 기고 있는 바퀴벌레와 눈이 마주쳤어. (수인 내려서다 움찔 놀라 다시 책상 위로 올라선다.) 그놈은 내가 노려보고 있다는 걸 알았던 거야. 꼼짝 않고 죽은 듯이 있겠지?… 와,

정말 크더라. (엄지손가락을 보이며) 이만했나? 잽싸게 국어사전을 쳐들었어. 그랬더니 재빨리 도망치는 거야. 나도 눈에 불을 켜고 팍 내리찍었어. (수인 질겁을 한다.) 푹하고 부서지드라. 끽하는 비명소리 같기도 하고… 도저히 사전을 들 수가 없었어. 이상했어… 죄도 없는 한 생명을 죽였다는 생각도 들고, 냄새도 지독했어. 휘발유 같기도 하고 암모니아 냄새 같기도 하고….

수인　그만. 도저히 못 듣겠다.

정애　… 지쳤어. 직장생활도 앞이 뻔하구… 나 이번 주말에 선봐.

수인　정말?

정애　뭔가 변화가 필요해. 새로운 직업을 택해야겠어.

수인　새로운 직업?

정애　응. 새로운 직업… 선을 보기로 했어.

　　　(암전)

제 3 장

다방.
마주보고 앉아있는 정애와 남자.
정애는 약간 촌스럽지만 얌전한 원피스차림의 이십대다.

남자　(담배를 피워물며) 피워도 되겠습니까?

정애　예, 피우세요. (먼 곳을 응시한다.)

남자　자취를 하시니 힘드시겠습니다. 더구나 여자 혼자서….

정애　그렇게 힘들진 않아요.

남자　전 형님 두 분이 다 서울 계시지만 졸업과 함께 독립을 했습니다. 운이 좋은 건지 일찍 자리를 잡은 거죠. 아파트도 운 좋게 장만했고. 하긴 남자 나이 서른일곱이면 많지도 않은 나이죠. 스물다섯이라구요? 좋은 나입니다.

정애 (조심스럽게) 담배를 많이 피우시나보죠?

남자 예, 좀 피웁니다. 술도 좀 하는 편이구요… 결혼하게 되면 직장을?

정애 그만두는 게 좋으시죠?

남자 제 생각은 아니고, 단지 어머님의 뜻입니다. (대수롭지 않게) 여자와 사기그릇은 집밖으로 내돌리지 않는 법이라는 게 그분의 철학이니까요.

정애 전 사회생활에 흥미가 없어요. 하지만, 언젠가는 순위고사를 쳐서 국어선생님은 되고 싶어요.

남자 ….

정애 그렇지만, 막연한 생각이에요… (갑자기) 사기그릇하고 살 자신이 있으세요?

남자 네?

정애 (자조적인 목소리로) 사기그릇같이 여자를 소중하게 다룰 수 있냐구요?

남자 전, 그저 평범한 남잡니다. 물론 상처를 줄 수도 있겠지요. 그렇지만 결혼이란 서로 양보하며 살아가는 것 아닙니까?

정애 무얼 양보한다는 거죠?

남자 그건 잘 모르겠습니다. 아직 결혼을 해본 적이 없어서….

정애 취미가 뭐죠?

남자 음악감상요.

정애 바하 좋아하세요?

남자 (멍하게) 바하?… 아, 예…. 정애씬 취미가 뭐죠?

정애 책 읽는 거요

남자 아주 좋은 취미를 가지고 계시는군요.

(어색한 침묵. 남자 머뭇거리며 표 두 장을 주머니에서 꺼낸다.)

남자 영화구경 좋아하세요?

정애 좋아하는 편이에요.

남자 그럼, 지금 보러갈까요?

정애 네?

남자 자, 가시죠.

(그들은 함께 서둘러 일어난다. 정애 얼떨결에 일어나면, 결혼행진곡 울려 퍼지면서 암전)

제 4 장

안락의자에 앉아있는 정애.

정애 서로 다른 환경에서 살아온 한 남자와 한 여자가 만나서 부부가 되기까지 정확하게 몇 일이 걸릴까요? 한 달? 일 년? 십 년? 아니면 단 한순간. 저는 이렇게 생각해요. 결혼이란 함께 잠을 자고, 함께 일어나서 세수 안한 얼굴을 보고, 이를 닦는 것이지요. 비가 오나 눈이 오나 어떤 낯선 남자와, 혹은 여자와 한 이불 속에서 잠을 잔다는 것 때론 증오하고, 투정하고 멸시하며, 가끔은 상대에 대한 연민으로 수많은 세월을 함께 살아야 하죠… 저는 9월의 마지막 날에 결혼을 했어요. 제주도로 신혼여행을 갔어요. 그날 밤 남편은 꼭 먹이를 발견한 굶주린 호랑이 같았어요. 어떻게 알겠어요? 그 순간 여자들이 얼마나 많은 위안을 필요로 하는지 말예요. 등을 돌리고 잠이 들더군요. (사이) 어머니는 첫날밤 여자가 겪게 되는 일에 대해 설명해 주었지만 영혼의 깊은 상처에 대해서는 말해주지 않았어요. 우리 어머니들은 헛된 밤을 위해 결혼에 대한 환상을 심어 준거죠… 그렇지만, 어쩌겠어요. 난 이미 덫에 걸리고 말았는걸요… 월경이 끊겼어요. 엄마가 된다니 맙소사.

제 5 장

어둠 속에서 전화벨.
자동응답기에서 수인의 음성이 흘러나온다.
이후, 어둠 속에서 정애의 소리가 흘러나온다.

수인 안녕하세요. 지금은 외출중이니 메모를 남겨주세요. 확인하는 대로 연락 드리겠습니다. 좋은 하루 되세요.

정애 수인아. 나야, 정애. 나간 거야? 집에 있으면 전화 좀 받아. 왜 통 연락을 안해. 그래, 이제 나 같은 아줌마랑은 놀아줄 시간이 없다 이거지? 야, 이수인. 우리 연락 좀 하고 살자. 잘 있어.

제 6 장

어둠 속에서 초인종소리.
수돗물소리에 섞여 희미하게 들린다.
무대 밝아지면 수인이 무대밖에 서 있다.
곧장 거실로 들어간다.

수인 정애야. 어디 있니?

정애의 소리 어, 잠깐만.

> (베란다에서 나오는 정애. 임신복을 입고 있으며 한 손에는 흙이 묻은 부삽을 들고 있다.)

정애 왔어?

수인 (머뭇거리며 그러나 부른 배를 내려다보며) 너 힘들겠구나.

정애 앉어. 화분에다가 나팔꽃을 좀 심었어. 베란다를 타고 퍼지면 예쁠 것 같아서 (정애, 사과를 깎는다. 수인은 정애를 낯설게 바라보며 의자에 앉는다.) 사과 먹을래? 고향에서 한 박스 보냈어. 너도 알잖니. 나, 사과 돼지라는 거.

수인 (넋 놓고 본다.) ….

정애 (사과를 재빠르게 깎아놓으며) 왜 그렇게 봐? (자기 배를 내려다보며) 내가 이상하니?

수인 아니. 보기 좋아. 오랜만에 널 만났는데 이런 모습일 줄은 몰랐어.

정애 너무 오랜만이라서 그래.

수인 그래, 곧 코 흘리는 애가 네 치맛자락에 매달리는 건 순식간이겠지?

정애 배가 부르니까 숨쉬기도 힘들어. 어떨 땐 애기가 미워죽겠어.

수인 기분은 어때?

정애 아직, 모르겠어. 시댁에선 벌써부터 야단이야. 은근슬쩍 아들을 강요해. 그게 어디 내 맘대로 될 일이니?

수인 착잡하겠다.

정애 말도 마. 나란 존재는 그저 튼튼한 암소의 역할만 하면 돼. 그 이상 자아실현에 대해선 아무도 관심을 가져주지 않아요. 하긴, 이꼴로 뭘 하겠니.

수인 ….

정애 (조심스럽게) 너 안색이 나쁘다. 무슨 일 있어?

수인 이번 학기는 휴학을 해야겠어. 대학원 공부가 다 그런 거지만 어쨌든 시간이 아까워 미치겠어.

정애 그래도 공부를 다시 한다는 게 어디야

수인 그렇지도 않아. (깜짝 놀라며) 참, 내 정신 좀 봐. 내가 요즘 이래. (자리에서 일어나며) 나 잠깐 나갔다 올게.

정애 어딜 가니? (수인을 잡는다.)

수인 뭐라도 사와야겠어. 너 필요한 거 뭐니?

정애 아냐. 됐어. 사과나 먹어.

수인 (지나가는 말투로) 나 연애해.

정애 (과장되게) 그 남자구나. 맞지? 내 그럴 줄 알았어.

수인 (고개를 끄덕이며) 결국 그렇고 그런 사이가 됐어.

정애 언제 그렇게 됐어?

수인 너 결혼하느라 정신없을 때… 마음이 허하니까 이런 일도 생기나봐. (한숨을 쉰다.) 어디서부터 말을 꺼내야 할지 모르겠어. 이렇게 사는 널 보니 내 하소연은 혼란만 줄 것 같애.

정애 무슨 소리야.

수인 아냐… (한숨을 쉰다.) … 나, 늙었지?

정애 늙기는? 너도 별 걱정을 다 한다.

(수인, 정애의 눈길을 피하며 심드렁하게 말한다.)

수인 그사람 유부남이야.

정애 뭐!

수인 나 며칠 전에 점을 봤어. 심란하고 앞길이 깜깜해서 도무지 기운이 안 날 땐 점만큼 좋은 게 없더라… 거기도 카운슬링 하는 곳이잖니. 인생에 대해 초연해지기도 하고… 늦게 결혼하래. 팔자가 센가 봐… 하긴, 이대로 죽을 때까지 살 수 있을 것도 같애. 돈 있고 하고 싶은 일 있으면 혼자 사는 게 편할 거야.

(정애 신문지를 펼치고 부삽을 내려놓는다.)

수인 너 정말 나팔꽃 심었니?

정애 응, 베란다에 흙을 채워서 고추도 심을까. (사이) 사실, 나 무서워. 수인아….

수인 해신달이 가까우면 다들 그렇대. 걱정하지마.

정애 며칠 전 신문을 보니까 어떤 여대생이 소파 수술하다가 죽었대. 마취에서 안 깨어난 거야. 나도 마취에서 안 깨어나면 어떡하지?

수인 (정애의 손을 잡아주며) 걱정 마. 네게 그런 일은 안 일어날거야.

(침묵. 사이. 갑자기 뻐꾸기 시계에서 뻐꾸기 울음소리가 들린다.)

수인 가야겠어.

정애 벌써?

수인 지나는 길에 들렀어. 나오지마. 몸조리 잘해. 연락할게. (정애의 배
     에 대고) 아가야. 이모 갈게. 안녕.

정애 자주 좀 놀러와.

수인 그래.

     (정애, 수인을 찬찬히 관찰하며 배웅한다. 수인 퇴장, 정애 무대너머
     로 시선을 고정시키고 있다.)

정애 나는 수인에게 말하지 못했어요. 가슴속의 앙금을 가라앉히기 위
     해 내가 어떤 몸부림을 치고 있는지… 병원에서 아이의 성별검
     사를 했을 때 내가 얼마나 울었는지 수인이가 이해할까요?… 말못
     하고 짊어져야 할 치욕이 얼마나 많은지….

제 7 장

     저녁 무렵의 사무실.
     관능적인 음악과 더불어 조명이 어슴푸레 아주 약간 밝아지면 칸막이
     너머로 비치는 남녀의 실루엣.
     그들은 흐느적거리며 서로 부둥켜안고 있다.
     칸막이 아래로 구두를 벗은 여자와 남자의 발이 유난히 돋보인다.
     이때 갑자기 문을 두드리는 소리, 처음에는 약하게 두어 번. 나중에는
     계속적으로 두들겨댄다. 그제서야 음악 끊기고 조명 밝아지면 칸막이
     뒤에서 헝클어진 모습으로 나오는 정애의 남편.

남편 (가상의 문을 향해 짜증스럽게) 누구세요.

정애의 소리 여보. 나예요. 문 좀 열어줘요.

남편 아. 다 당신? 웬일이야?

정애 (등장한다. 한 손에는 한약상자를 들고 있다.) 어머. 당신 있었군요.

난 당신이 퇴근했으면 어쩌나 걱정했어요.

남편 저 전화를 하지 그래.

정애 어쩌다 그렇게 됐어요. 이 근처 한약상가에 약 좀 지으러 왔다 가… (칸막이로 눈이 간다.) 미스 최?

남편 아. 미스 최는 아직 퇴근을 안했어. 워낙 일이 많아서 말야. 타이프할 서류가 산더미처럼 쌓여서 말야. (칸막이 너머에서 타이프를 치는 미스 최. 작은 소리로) 도무지 일을 못해. 영 서툴러. 계산착오도 이만저만이 아냐. 지금 그것 때문에 신경이 곤두서서. 당신도 알잖아. (정애를 소파에 앉힌다.) 내 사업이 지금 불경기라는 거.

정애 (남편을 물끄러미 쳐다보며) 네, 알아요.

남편 (담배를 꺼내 물며) 당신 다음부터 이렇게 혼자 다니지 말어. 내 차를 보내줄 테니까. 커피 마시겠어? (대답도 듣지 않고) 미스 최 여기 커피.

정애 아네요. 저 커피 안 마셔요.

남편 아, 미스 최 여기 녹차로 줘.

미스최 소리 (사무적인 목소리) 네, 사장님.

정애 미스 최 바쁘다면서. 제가 탈게요. (자리에서 일어난다.)

남편 (정애의 손을 잡고 앉히며) 아냐. 당신은 그냥 앉아 있어요. (담배를 부벼 끄며) 그래, 당신 무슨 약을 지었어?

정애 ….

남편 (정애의 손을 쓰다듬으며) 딸 둘이면 어때. 당신 너무 신경 쓰지마. 어머님이야 손자 원하시는 거 당연하지만. 난, 만족해.

정애 (손을 슬그머니 빼며) 당신 손이 너무 뜨거워요.

남편 (대수롭지 않게) 신경을 좀 썼더니. 요즘 뒷골이 당기면서 팔다리가 욱신욱신 쑤셔. 당신도 알지? 우리 나라 사십대 사망률이 세계 1위라는 거. 스트레스 탓이야.

(미스 최가 쟁반에 녹차를 들고 와서 탁자에 놓는다.)

정애 토요일엔 미스 최도 약속이 많을 텐데… 좀 일찍 퇴근시키죠.

남편 이제까지 그랬지. 하필 오늘 결산 날이라서 이렇게 붙들고 있는 거지. 안 그래 미스 최.

미스최 네.

정애 스물 둘이라 했던가?

미스최 네, 사모님

정애 정말 좋은 나이에요. 안 그래요 여보?

남편 미스 최, 내일 하도록 하고 그만 퇴근하지 그래.

미스최 네, 사장님.

정애 어머! 미스 최… 다리가 참 예쁘네요. 여자는 발목이 가늘어야 섹시하다면서요 여보. 당신이 맨날 얘기했잖아요.

남편 내가 언제.

    (미스 최 다급하게 칸막이 너머로 퇴장. 침묵. 미스 최 가방을 들고 나온다.)

미스최 그럼, 먼저 퇴근하겠습니다. 사모님, 즐거운 주말 보내세요.

정애 잘 가요. 미스 최….

    (미스 최 퇴장, 그 둘 사이에 어색한 침묵이 흐른다.)

남편 여보 내일 어디 놀러갈까? 우리 여행을 안 해본지도 오래됐군… 참, 오랜만에 처갓집에 한번 갈까? 참, 눈에 선하군, 당신하고 내려갔을 때 말야. 그때 중앙선을 타고 갔지. 점점 산골짜기로 들어가더니 탁 트이는 곳이 무릉도원 같더군… 그곳이 당신 고향이었어. (정애의 어깨를 감싸안는다.) 사과꽃이 안개처럼 만발했더군. 그 아래는 냉이꽃이 수북히 피어 있고 말야.

정애 ….

남편 왜 그래? 여보 말을 해봐.

정애 …. (운다.)

남편 무슨 일이야. 어디가 아픈 거야?

정애 (몸서리를 치며) 만지지 말아요!

남편　여보!

정애　가까이 오지 말아요.

남편　조용해! 당신 미쳤어? 왜 소리를 지르지?

정애　당신 입에서 루즈냄새가 나요. 왜요? 난 그런 말도 못하나요? 난 그저 벙어리처럼 아무말도 하지 말란 말인가요?

남편　좀 조용히 말해. 당신 소리가 얼마나 큰지 알아?

정애　….

남편　나 피곤해. 그만 집에 가자.

정애　미스 최는 스타킹을 아무 데나 벗어놓고 다니나보죠? (소파에서 스타킹을 들어올린다.)

남편　그 여자가 스타킹을 벗는지 입는지 내가 어떻게 알아… 도대체 당신 왜 그래?

정애　미스 최는 스타킹을 안 신었어요.

남편　그래서!

정애　…. (남편을 노려본다.)

남편　아니, 그렇게 자신이 없어? 당신이란 여자. 내가 뭘 원하는지 알기나 해? 아니 관심이라도 있어? 아.

(남편은 자신의 목덜미를 움켜쥔다. 허탈한 표정으로 남편을 바라보는 정애. 암전)

제 8 장

시원한 파도소리.
넓은 바닷가.
벤치에 앉은 수인.
그 뒤로 관객에게 등을 돌리고 바다를 보고 있는 남자.

수인 여자는 어쩔 수 없나봐요. 사랑하는 남자를 위해 뭐든지 다하고
싶거든요. 음식은 할 줄 모르지만, 당신을 위해서 당신이 좋아하는
북어국을 끓이겠어요. 요리책을 보면 금방 할 수 있어요. 쉬워요…
제 말 듣고 계세요? 요즘 제가 뭘 배우는지 아세요? 한복 만드는
법을 배워요. 제 손으로 당신 모시저고리를 해 주고 싶어서요. 커
튼도, 이불도, 베개도, 모두 제 손으로 만들 거예요. 집도 비둘기
집처럼 예쁘게 꾸미고 (웃는다.) 나 웃기죠?… 저도 제가 이런 여
잔줄 몰랐어요… 어릴 때 제 꿈이 뭔 줄 아세요?… (우울해지며)
현모양처가 되는 게 꿈이었어요. 아이를 낳으면 시골에서 키울 거
예요. 흙 속에서 뒹굴고 냇가에서 개구리도 잡고 산이나 들로 뛰
어다니며 진달래도 따먹고, 찔레도 꺾어먹고, 자연 속에서 함께 자
라도록 할 거예요. 아이를 하나만 낳으면 그앤 외로울 거예요. 자
기밖에 모를 테고요. 이기적인 아이를 낳고 싶진 않아요. 다섯 명
이면 적당할 것 같아요. 아들 셋, 딸 둘. 어떻게 생각하세요? 앞으
로 어떡하실 건가요?… 말해봐요. 차라리 죽어버리겠어요. 당신은
내가 사라지길 바라죠? 그래요. 모든 것은 똑똑하지 못한 내 행동
탓이란 말이죠? 당신의 행동을 비난할 자격은 내게 없는가요? 아
니, 당신은 왜 스스로 자책하지 않는 거죠? (폭발한다.) 난 알아요
당신은 절대로 이혼하지 않아요!… 차라리 당신하고 결혼하느니
자살하고 말겠어요. 당신 아내를 속이듯이 나를 속이겠지요. 나는
당신의 입맛에 맞는 찌개나 끓일 테고. 거미줄에 걸린 나비처럼
일생동안 퍼덕거리다가… (사이. 멍하니 서 있다. 갑자기 어떤 생
각에 충격을 받은 듯한 표정 바다를 본다. 갈매기소리. 강렬한 유혹을
받은 표정) 미안해요. 우린 서로 다른 위안을 꿈꿨나봐요. 당신이
위안을 찾듯이 내게도 위안이 필요했어요. 난 알고 있었죠. 당신은
영리한 고양이 같이 날 놓아주죠. 비틀거리며 상처받은 생쥐처럼
당신을 벗어나려 하면 어느새 당신의 발톱아래 나는 쓰러져 있어
요… 당신은 냉정한 이방인처럼 굴지요. 당신의 단단한 성역엔 한
발도 들어서지 못하게 하고서 내 성역에는 함부로 들어와서 마구

휘저어 놓고 갔어요. 참 잘 됐네요. 이제 편안해진 것 같아요. 참 오랫동안의 불장난이었죠.

(암전)

제 9 장

무대 정애의 아파트 부엌.
안락의자에 앉아있는 정애.
축 처진 몰골로 서 있는 수인. 한동안 꼼짝없이 서 있는다.
바바리를 입고 생머리를 아무렇게나 풀어놓은 수인의 모습은 초라하고 처참하기까지 하다. 비를 흠뻑 맞은 듯 그녀의 온몸은 축축하다.
잔잔한 빗소리.

수인 (목이 잠긴 소리로) 정애야. 너 내일 시간 좀 내줄 수 있니?

정애 (잠에서 깨어난 표정으로 의자에서 일어난다.) 수인아! 어머 비 맞았니? 으… 술냄새. (수선스럽게 수건으로 닦아주며) 가을비 맞으면 차가워서 금방 감기에 걸려… 저녁은 먹었니?

수인 (정애가 바바리를 벗기는 대로 몸을 맡기며) 아냐. 생각 없어.

정애 왜 그래? 싸웠어?

(정애가 스웨터를 수인의 어깨에 감싸준다.)

수인 (의자에 무너지듯 앉는다.) 복학을 서둘러야겠어. 아무 생각도 말고 죽어라 공부만 해야지. 만사가 어수선해.

정애 그래, 이왕 공부하려면 후딱 해치워. (수인의 눈치를 보며) 무슨 일 있어?

수인 머리 깎고 절에 갈까? 아냐. 나 같은 사람은 받아주지도 않겠지? 그래, 이런저런 생각은 집어치우고 나 아무나 붙잡고 시집이나 갈까?

정애 도대체 무슨 일이야?

수인 난 결국, 혼자야. 이렇게 질질 그 남자에게 끌려 다닐 수 없어. 진작부터 맘을 끊었어야 했는데… (한숨을 쉬며) 엄마가 보고싶어. 왜 날 낳았을까. 가엾은 엄마!

정애 그 사람하고 헤어졌니?

수인 … 더 이상 그 사람 얘긴 입에 올리기도 싫어. (사이) 나 임신했다.

(정애, 당황하여 왔다갔다한다.)

정애 그래, 꿈꿨다고 생각해.

수인 꿈이라고 생각하기엔 너무 억울해. 난 어디서 보상받아야 하니? 오기로 더 버틸까도 생각했어. 그래야 명분이 설 것 같아서. (힘이 빠진 목소리로) 불장난에 놀아난 여자가 된 거지. 날 용서할 수 없어. 말이 되니? 또 다른 내가 날 경멸하고 있어. (침묵) 치사하지만 결혼해달라고 죽자사자 매달리고 싶었어. 내가 판 구덩이에 스스로 뛰어드는 거지만… 그게 오히려 명분 있어 보이더라.

정애 솔직히 말해봐. 너 정말 결혼하고 싶니?

수인 모르겠어. 하지만 이런 상황보다는 낫지 않겠니?

정애 어떤 상황?

수인 이런 상황 말야. 부초같이 떠도는 느낌… (갑자기 절박하게) 정애야. 나 늙어 보이지? (거울을 꺼내 들여다보며) 한 사십은 된 것 같다. 이젠 시장에 가도 다들 날 아줌마라고 불러. 학생이라고 부를 때가 언제였는데 갑자기 모두 날 아줌마래. (폭소를 터트리는 정애) 웃지마! 넌 웃음이 나와!

(웃음을 그치는 정애. 사이)

정애 너가 부러워… 네겐 선택의 여지가 있잖니. 맘만 먹으면 얼마든지 삶을 바꿀 수 있지 않니? 네 생활을 찾아. 그리고 어디에도 기대지 마. 아마 이건 내 자신에게 하는 말인지도 몰라. 어차피 결혼이란 자신을 깎아내는 거야.

수인 그래도 다들 그렇게 살아가잖아. 여고동창 중에 일찍 결혼해서 아
    이 놓고 사는 애들 보면 그런 생각해. 산다는 건 별거 아니다. 저
    렇게 똘똘한 아이 낳아 기르면 인생의 반은 성공한 거 아닌가 하
    고 말야.

정애 니가 뭘 알아. 남편이 배가 고프면 그 남자의 밥상이 되고 커피나
    재떨이가 되고 아이들의 젖이 되고 장난감 되는 거. 그게 그렇게
    아름답게 보이니? 자아실현? 흥! 좋은 말이지. 너 두 개 다 할 수
    있니? 배부른 소리하지 마. 혼자 살어! 너 일하면서 자유롭게 연애
    나 하면서 혼자 살어! 세상에 혼자 사는 여자가 한둘이니. 수녀도
    있고 비구니도 있어. 그래도 넌 할 일이 있잖아. 넌 니 일 하면서
    자유롭게 살아. 그래, 잘 생각했어. 애는 지워버려. 애 낳는다고 누
    가 박수쳐줄 것도 아닌데, 애는 낳아서 뭐하니. 이런 말 천벌 받을
    소린지 모르겠다만, 지워. 더 이상 이렇게 팔자 타령만 하지 말고
    잊어. 그래야 니 분이 삭을 거 아냐!

수인 그래, 넌 니가 원하는걸 다 가졌으니 그런 말할 수 있겠지. 넌 의
    지할 아이라도 있지만 난 세상에 덩그라니 혼자야. 살아있다는 게
    얼마나 무섭고 두려운지 몰라. 내가 부럽다고? 니가 뭘 알어. (운
    다. 사이) 난, 아이를 낳고 싶어. 정애야.

    (무대조명 서서히 어두워지면 점점 처참해지는 수인의 표정. 정애는
    안락의자로 가서 지친 듯 눈을 감고, 수인은 무대 앞을 왔다갔다하
    며 서성거린다.)

정애 그날 밤 난 밤이 새도록 늦가을의 빗소릴 들었습니다. 산다는 게
    원래 그런 거 아닐까요? 좋은 날도 있고 나쁜 날도 있고, 그저 아
    무렇지도 않은 날도 있고, 그럴 땐 그저 견디는 수밖에 달리 방법
    이 없겠지요.

    (암전)

제 10 장

오래 계속되는 조용한 음악, 무대조명 서서히 밝아지면 무대 중앙에 긴 나무 의자만이 관객을 향해 놓여있고, 무대 뒤쪽으로 긴 복도가 있고 그 마지막에 커다란 문이 하나 있다.
이제까지와는 달리 비현실적이고 그로테스크한 무대장면.
왼쪽에서 등장하는 정애와 수인.

정애 (머뭇거리며) 간단하대. 회복도 빠르고.

수인 (어색한 미소짓는다.)

정애 괜찮을 거야. 도살장에 끌려가는 소처럼 그러지 말고 힘내.

수인 (애써 당당하게) 너 나 때문에 고해성사할 거 하나 생겼겠다.

정애 그런 소리 마. 내가 그렇게 속없는 여잔줄 아니?

　　 (의자에 앉는다. 아무렇지도 않다는 듯 앉아 있는 수인. 초조하게 손을 만지작거린다. 정애, 말을 하려다 그만두고 수인의 손을 잡는다. 그들은 그렇게 한동안 누군가를 기다리고 앉아 있다.)

정애 날씨가 꽤 추워. 이젠 영락없이 초겨울이야.

수인 응 그래.

정애 너 방은 따뜻하니?

수인 응.

정애 찬 방에 자면 안돼. 찬물에도 손 넣지 말고.

수인 … 정애야… 나, 안 깨어나면 어떡하지?

정애 무슨 소리야?

수인 (농담처럼 웃으며) 나 신문에 나지 않도록 해줘. 창피하잖니.

　　 (사이)

정애 그런 일은 없을 거야.

　　 (사이. 구두굽소리가 요란하게 울리며 간호원이 등장)

간호원 이수인씨!

수인 예.

간호원 준비하세요.

(멀어지는 구두굽소리. 수인, 정애의 손을 힘주어 잡는다. 초조한 몇 분. 수인 결심한 듯 자리에서 벌떡 일어난다. 수인 패기 있게 바바리를 벗어 정애에게 건네준다.)

수인 (재빠르게) 책이라도 사 올걸 그랬어. 너 지루할 텐데.

정애 아냐. 내 걱정은 하지마.

수인 나 복학했어.

정애 그래 잘했어.

간호원의 소리 이수인씨 들어오세요.

수인 기다려줘. 참 집에는 전화했니?

정애 응. 금방이면 끝나. (수인을 안심시키듯) 의사가 그러는데 간단하대.

수인 정애야 고마워.

(수인, 무대뒤쪽으로 걸어간다. 그녀의 뒷모습은 거대한 문 속으로 빨려 들어간다. 초조하게 서성이는 정애. 등을 돌린 채 천천히 움직인다. 정애는 백과 바바리를 의자에 내려놓고 잠시 혼자 서 있다. 쓸쓸한 음악소리. 수인은 바바리를 입어보고 팔짱을 낀 채 문을 뚫어져라 쳐다보다가 성호를 긋는다. 의자에 앉은 수인은 백을 열어보고 손거울을 꺼내 자신의 얼굴을 들여다보다가 머리핀을 풀어 다시 머리를 묶는다. 그리고 루즈를 꺼내 자신의 입술에 칠해본다. 어색한 듯 휴지로 입술을 닦고 바바리를 벗어 가지런히 놓고 잠시 꼼짝 않고 앉아있다.

사이.

음악이 갑자기 뚝 끊기면서 조명이 밝아진다. 소리도 없이 문이 열리며 어기적거리며 다가오는 수인. 파리해진 얼굴과 부은 듯 창백한 수인의 처연한 모습. 복받치는 울음을 간신히 억누르는 수인의 입술이 떨리고 있다. 정애, 수인을 발견하고 달려가 팔을 잡는다.)

수인 괜찮아.

정애 여기 좀 앉았다 가자.

수인 중간에 마취에서 깼어. 꼬챙이로 마구 긁어내는 것 같았어. 얼마나 아픈지 날 내버려 달라고 소리쳤어… 창피해 죽을 뻔했어.

(의자에 앉는 그들)

정애 우리 집으로 가자. 내가 미역국 끓여줄게.

수인 싫어! 집에 갈래. 내일 세미나가 있어. 내가 발표할 차롄데 정리만 하면 돼. 일부러 내가 한다고 그랬어. 아무거나 닥치는 대로 해야지. 좀 살 것 같애. (아랫배를 꾹꾹 누르며) 몸이 가벼워진 느낌이야. 너 집에서 난리난 거 아니니?

정애 아냐.

수인 전화해봐.

정애 많이 기다리지도 않았어. 너 들어가자마자 곧장 나왔는걸 뭐.

수인 (의아하게) 그래?… 한 십 년은 흘러간 기분이다.

정애 괜찮겠어?

수인 괜찮아… (갑자기 목이 메이며) 아일 낳았다면 나도 우리엄마처럼 되었겠지? 이런 일이 내게 생기다니!

정애 너무 깊이 생각지마. 될수록 빨리 잊구 좋은 일만 생각해.

수인 그래 그래야지. 고마워. 정애야. 내 다 보답할게.

정애 별소릴 다한다.

수인 정애야. 넌 행복하니?

정애 행복? 그걸 어떻게 알아. 남들이 보기 나름이지. 사실, 자기가 행복하다고 느끼는 사람이 몇 명이겠니? 며칠 전에 냉장고 문을 열어보니 정말 반찬할 게 하나도 없는 거야. 그날 따라 동전만 몇 개 있고… 그땐 너무 당황해서 나도 모르게 우울증에 빠졌어. 참, 우리 저녁 먹고 들어갈까?

수인 아냐. 집에 빨리 가야돼.

(그들은 자리에서 일어나 무대 앞으로 나온다.)

수인　당분간 연락 안해도 욕하지마. 앞으로 나 몹시 바쁠 거야.

정애　내가 너 몸조리하는 거 돌봐야 하는데. 끼니 거르지 말고 꼬박꼬
　　박 먹어야돼.

수인　누가 애 엄마 아니랄까봐. 알았어.

정애　택시 타고 가.

수인　알았어.

정애　그래 몸조리 잘해.

수인　… 고마워.

　　　(퇴장하는 수인. 그녀를 한동안 바라보는 정애. 긴장이 풀린 듯 휘청
　　　거리는 정애 안락의자로 가서 간신히 앉는다. 조명 스포트라이트)

정애　정말 수인인 겨울 내내 전화 한통하지 않았습니다. 나는 그녀가
　　　겨울동안 회복되기를 바랬습니다. 그리고 봄이 되면 모든 아픔이
　　　다 아물거라 생각했죠. 드디어 봄이 왔을 때 수인이가 전화를 했
　　　죠. 남편은 지방 출장 중이었고 그날 우린 함께 밤을 보내기로 했
　　　어요. 우린 백화점에서 만났어요. 그리고 수인인 나에게 원피스와
　　　분홍구두를 사주었죠. 반년만에 만난 수인인 전에 없이 밝고 명랑
　　　했지만 나한텐 오히려 상처를 감추려 안간힘 쓰는 거 같아서 마음
　　　이 아팠어요. 그해 겨울을 어떻게 보냈는지 그애는 말하지 않았지
　　　만 전보다 더 세월의 무게를 지니고 있었지요.

제 11 장

정애의 아파트.
새벽 종소리.
사이.
정애와 수인 소파에 앉아 있다.

수인은 가방을 갖고 있고, 정애는 수인이 사준 원피스를 입고 있다.

수인 나 때문에 잠을 깼지!

정애 아냐. (하품을 하며) 바로 가려고?

수인 응. 잠도 안 오고… 내 방이 아니라서 불안해.

정애 (시계를 보고) 지금 나가면 전철은 탈 수 있겠지만 아침이라도 먹고 가지?

수인 가슴이 뻥 뚫린 기분이야. 특히 새벽에 심해… 이래서 새벽반을 다녀. 어학이라도 공부해야지. 아니면 잡생각이 나서 그땐 나도 감당 못하겠어.

정애 너도 성당에 다녀봐라.

수인 성당?

정애 어수선할 땐 뭐라도 믿는 게 좀 위안이 될 거야. 하긴 요즘 성당에서 봉사 활동하는데, 마음먹고 잘 나갈려고 해도 잘 안되는 거있지. 그런 것도 마음이 심란할 땐 잘 안되더라. 해리 아빠 사업도 그렇고. 이 옷 고마워.

수인 (정애를 힐끔 보고) 너한테 어울린다. 그 위에 너 카키색 바바리를 걸쳐 입어봐. 나오지마.

정애 아냐. 산책 나갈 겸 전철역까지만 바래다줄게.

(일어나 무대중앙으로 걸어나온다. 무대 새벽의 푸르스름한 빛이 가득하다. 수인 오른쪽으로 천천히 퇴장. 새벽 종소리가 울린다. 정애 무대 너머 한 곳에 시선을 주며 서 있다.)

정애 지하도 안으로 사라지는 수인일 바라보는데 왜 그런지 자꾸 눈물이 났어요. 우리가 다시 만나기까지 또 몇 달이 걸릴지도 모릅니다. 생활에 지치거나 상심했을 때, 전화기를 들고 몇 시간이나 하소연하는 버릇도 차츰 줄어갔어요. 우리는 다만 서로 간절히 바랄 뿐이었습니다. 우리가 가고 있는 길이 험하고 외로울지라도 그 길이 벼랑으로 통하지 않기를 말입니다. 도대체 산다는 게 뭘까요?

정말로 이 인생엔 우리가 이렇게 눈물겹도록 힘겹게 붙잡아야 될 그 무엇이 숨어있는 건가요? 다음날 남편은 지방에서 돌아왔고. 내 생활은 표면상 그저 평범하게 흘러갔습니다. 여전히 나는 이 의자에 앉아 잠이 들곤 했죠. (사이) 그리고 가끔 수인의 방문을 기다렸습니다.

(조명, 점점 어두워지면 정애와 수인의 소리만 들린다.)

정애 잠자는 공주를 아니?

수인 마법에 걸려 백 년이나 잠든 공주?

정애 그래, 어느 날 백마를 탄 왕자가 잠든 공주를 깨우지. 아, 그들은 행복했을 거야.

수인 아, 우리들의 왕자는 어디 있을까?

(수인과 정애, 까르르 웃는 동안 암전되고 음악이 흐른다.)

─막

1. 배꼽

극작가 김윤미는 경상도 봉화라는 산 많은 고장에서 태어났다. 그는 간혀있는 자연의 성장조건 때문에 우리가 잃었거나 잊어가고 있는 오래된 전통과 관습을 거기 묻어있는 정서와 기질, 심지어 그릇된 판단과 미신까지도 몸에 배도록 익혀온 사람이다. 그렇기 때문에 그의 희곡 속에는 그의 고장의 독특한 사고방식과 생활방식이 짙게 담겨있으며 그곳에서 자라온 사람간의 관계가 딴 곳과는 다른 특유한 맛과 냄새를 풍기며 전개되고 있다.

김윤미의 작품은 우리 세대가 겪는 세련된 도시적 갈등이 아니라, 오래된 사고와 고정관념이 변화하는 시대와 어울리지 못하고 갈등하면서 빚어내는 특유한 고집과 성깔이 강하게 부각되고 있다. 한 예로 「배꼽」을 보자. 작가는 이 작품에서 한국인의 고정관념 중에서 가장 강력한 남아선호 사상으로 인해 이 땅의 여인들이 받아야했던 고통과 수치심이 그 얼마이며 인간을 인간답게 살게 하는 가치들이 유독 아들을 낳아야만 성립되고, 남자가 집안 어른 행세를 해야하는 고정관념을 앞세워 다른 모든 가치들을 짓밟은 결과, 여인들이 얼마나 정신적으로 인격적으로 불구가 되었는가를 잘 보여주고 있다.

33세의 기혼부가 임신한 사실을 치욕으로 생각하고 그 아이를 낳아야 하느냐로 고민하는 것은 정상적인 사고로서는 이해하기 곤란한 사고이다. 혹 그 임신이 부정하고 불미스런 행위의 결과라든가 출산의 진통을 감당할 만한 건강이 아니라든가 하는 이유에서라면 또 모른다. 그러나 그러한 이유가 전혀 아니라면 그러한 생각을 유발한 사고방식이야말로 가장 비인간적이요, 반윤리적 사고가 아닐 수 없다. 그런데 이러한 남아선호사상이 먼 옛날에만 있었던 것이 아니라 바로 지금, 현재에도 엄존하고 있다면 우리 사회의 도덕과 윤리와 가치체계는 다 어찌된 것이냐고 작가는 절규하고 있는 것이다. 딸만 낳아 길러 저주 스럽고, 아들 못 본 것을 천추의 한으로 여기는 아버지를 둔 집안을 배경으로 한 희곡 「오줌주」와 「황토산」을 쓴 작가 김윤미는 이번 「배 꼽」에서는 이상의 두 작품과는 달리 그저 한 집안에서 자란 한 여인 이 겪어야만 하는 정신적인 문제를 심각하게 제기하고 있다. 그것은 모성성과 여성성을 거부하여 여성을 하나의 도구로 전락시키는 여성의 자기 정체성을 거부하는 것이었다.

극중의 한 주인공은 자신의 부른 배를 내려다보면서 자기, 여성이라 는 존재가 무엇인가를 자성하고 그동안 자기가 배운 것은 여성으로서 의 진실을 밝혀주는 것이 아니라 더 애매하게 가릴 뿐이었으며, 어떤 책을 통해서도 자기 몸이 원하는 그 어떤 것을 찾을 수 없었고, 그래 서 여성으로서 자기가 원하는 어떤 진실한 감정들이 혹시 별나거나, 변태거나, 아니면 이중인격자의 감정이 아닌지 의심하게 되었다고 말 하고 있다. 그도 그럴 것이 "나는 내 모든 욕구를 억압하고 숨기는 것 을 당연하게 생각했어요. 언제나 그랬죠." 그러다 보니 자기가 누구인 지 점점 알 수 없게 되었고 나중에는 자신이 임신했다는 사실조차 믿 으려 하지 않고 아기를 낳아야 할 것인가 고민하게 된다. 그 모든 것 이 오로지 자기가 여자이기 때문이었다는 것이다.

"나는 내 육체가 겨울 땅이기를 원했어요. 하나의 씨앗도 움트지 않 게 꽁꽁 얼어붙은 육체가 되기를 원했죠… 여자의 자궁은 여자의 무 덤이니 도려내야 한다… 하지만, 상관없이 담쟁이 넝쿨이 자라듯 끈질 기게 새 삶이 시작되려 하고 있어요."

모성이란 것이 자기에게도 존재하는가를 생각하기 시작한 것은 이때 부터이다. 처음에는 낳은 아기를 죽이거나 내다버릴 생각까지 했지만 아이를 낳은 것이 무엇을 의미하며 좋은 어머니란 어떤 것인가 하는 쪽으로 생각이 바뀌기 시작하였다. 자신이 한 사람의 여성이며, 모성을 지니고 있다는 의식에 눈뜨기 시작했다는 것을 의미한다. 그것은 그녀 가 이제야 비로소 여자로 자라면서 보고 배운 여성에 대한 이 땅의 온

갖 편견, 거짓, 잘못의 두터운 장벽을 허물고 한 사람의 온전한 독립된 인격체로서 새로 태어남을 의미한다. 그 새로운 태어남의 계기는 새로 태어난 아기의 배꼽을 바라보면서 얻은 하나의 성찰에서 비롯된다. 그것은 아기가 세상에 태어나면서 최초로 갖는 고통의 상후이며, 평생 지우지 못하는 문신과 같은 것으로 어미와 자식이 서로 영혼 깊숙이 새겨놓은 상흔이라는 것이다.

이 작품은 하나의 특별한 소재를 갖고 흥미를 끌기 위해 정교하게 마련된 플롯을 지닌 희곡은 아니다. 그러나 이 나라에서 태어난 여인이라면 숙명적으로 겪거나 고려해야 할 절실한 문제를 제시해주고 있다. 하나의 악몽이겠거니 하고 여기지만 엄연한 현실로써 우리에게 다가오는 한국적 현실은 보는 이로 하여금 전율과 경악을 금치 못하게 할 것이다.

(한상철, 한림대교수, 연극평론가)

2. 낙원에서의 낮과 밤

중앙대 문창과 출신의 김윤미는 대학 재학중인 1988년 「열차를 기다리며」로 동아일보 신춘문예에 당선되었다. 이후 「백몽」, 「오래된 연인」, 「조용한 손님」, 「낙원에서의 낮과 밤」, 그리고 「메디아 환타지」 등을 계속적으로 발표하였으며, 1993년 대산재단 창작지원을 받아 희곡집 「상자 속 여자」를 펴낸 바 있다.

「낙원에서의 낮과 밤」은 아주 독특한 분위기를 자아내는 작품이다. 남의 시선을 피해 외딴 곳에 와 있는 두 쌍의 남녀 ―자녀들의 성화 때문에 늙으막에 재혼을 할지도 모르는 노인과 노파, 그리고 불륜의 관계를 지속시킬지 여부를 앞두고 정사를 벌이는 사내와 소녀 ―를 중심으로 이야기를 전개시켜 나간다. 전자의 남녀는 아직 어떤 합의에 이르지 않았음으로 망설이고, 후자의 남녀는 이미 파경에 들어섰음을 알면서도 최종적인 결말을 유보시킨 채 줄다리기를 계속하고 있다. 그러므로 그들 사이의 대화 역시 정상적이지 못하며 원만하지 못하다. 두 쌍의 남녀가 주고받는 이야기들은 마음을 드러내놓는 진정한 대화가 되지 못한 채 겉도는 말, 긴 넋두리, 남을 의식하지 않는 독백, 의미 없는 형식적인 대화, 수다 속의 침묵, 대화의 단절 속에 홀로 듣는 이어폰, 그리고는 격렬한 싸움과 단말마적이고 열정적인 사랑 행위가 대신 자리잡고 있다. 마치 부조리 연극에서 서로 통하지 않는 말을 주고받듯이, 상대방에게 들리지 않는 말을 혼잣말처럼 뇌까리고 있다.

극의 행동은 앞 무대를 이룰 여관뜰과 호숫가에 자리잡은 사내와 소녀의 행동, 그들의 행동을 실내 커피숍에서 지켜보는 노인과 노파의 반응, 그리고 이 둘의 분위기를 관조하다가 운명처럼 조종하는 지배인의 행동이 중첩적으로 제시되어 있다. 극행동의 중심은 야생마 같은 기질의 소녀가 막다른 골목에 도달하여 불나방이 불에 뛰어들어 몸을 사르듯 호수에 투신하여 "세상의 끝," 낙원에 이르는 과정에 놓여 있다. 이 작품은 낙원여관에서 보낸 낮과 밤 중에서 낮보다는 밤의 세계가 더 지배적이다. 밤에 벌어지는 길고 긴 시소 게임 과정을 지켜보면서, 결말에서는 아이러니컬하게 소녀는 죽음에 이르게 되지만 오히려 노인들은 새로운 삶의 방향을 찾아가는 것을 소박하게 대비시켰다.

이 작품은 작품 전면을 압도하는 그로테스크한 분위기와 그를 조성하는 지배인의 모습, 그리고 유령처럼, 환영처럼 찾아드는 가면 쓴 무리들을 통해 밤의 분위기를 한껏 고조시키고 있다. 이들을 통해 밤과 죽음의 세계를 효과적으로 시각화시키고 있다.

(이재명, 명지대교수, 연극평론가)

3. 낙원에서의 낮과 밤

I. 작가 김윤미

김윤미는 인간의 운명을 읽고 싶어한다. 그 욕망은 용한 점쟁이로부터 점술을 사사받을 정도로 집요한 구석이 있다. 몇 번의 인사치레 뒤에 필자와 본격적으로 말문을 트던 술자리에서도 김윤미는 필자의 사주를 짚어주고, 손금을 읽고, 이름을 풀이해 주었다. 점집에서 흔히 듣는 조잡한 이야기 대신에 타고난 사주가 빗물이라는 식의 애매모호한 풀이에, 독설과 여림이라는 이중성을 지녔다고 꽤 정확한 성격 분석을 가미하면서 낯선 자의 닫혀있던 경계심을 슬근슬근 열어제친다. 자신은 보지 못하고 타인만 바라보는 일상의 삶에서 나의 실체가 용한 점쟁이에게 탄로나는 순간, 무능한 인간들은 경탄하며 자신을 읽어준 대가로 점쟁이에게 사례를 한다. 그렇지만 김윤미는 사례금을 받지 않는다. 대신 피리 소리에 이끌려 바구니 밖으로 얼굴을 내미는 인도의 뱀처럼 점쟁이의 한 마디에 과거의 이력을 주절주절 끄집어내는 사람들의 반응을 흥미롭게 지켜보면서 인간에 대한 이해의 지평을 넓혀가는 것이다. 인간의 운명을 파악하려는 김윤미의 욕망은 단순히 술자리에서 선심이나 쓰는 사주풀이로 끝나지 않는다. 그것은 여기에 불과하다. 그의 욕망은 본업인 극작가에서 본격적으로 발화되어진다. 연극이라는, 인간세계를 가장 구체적으로 반영하는 예술장르 속에서 인간에 대한 자신의 호기심을 해결하고자 하는 것이다. 그러나 그 안에서도 언제나 그는 극작가라는 이방인이다. 술자리에서 먼저 들려준 쪽은 그였지만, 파할 때는 항상 듣는 자의 입장에 서 있었던 것처럼 무대라는 세계의 축약도 안에 직접 들어가지 않고 밖에 서서 속삭이고 흔들거리는 배우들을 엿볼 뿐이다. 자신이 던져둔 대사들이 배우라는 인간들에 의해 다양하게 해독되어지는 것을 바라보면서, 또 관객이라는 인간들에 의해 제각각 감상되어지는 것을 지켜보면서 신비와 수수께끼에 싸여있는 인간과 그들의 관계망을 좀더 깊이 읽어나가는 것이다. 그래서 김윤미는 극을 쓰는 작가이지만 동시에 인간을 읽는 자이다. 읽는 것을 즐거워하기 때문에 그의 글쓰기는 점점 더 풍요로워지고, 김윤미의 작품을 읽는 우리들 관객도 작품 속에 스며있는 스스로의 모습들을 발전하면서 함께 풍요로워진다. 이런 과정 속에서 작가에 의해 만들어지는 인간의 모습은 당연히 도식적이고 규격화된 이미지를 탈피하게 된다. 64괘의 변화무쌍한 확률로 인간을 해석하는 주역에 매료된 것처럼 획일적인 이분법을 지양하고, 꿈과 현실이 교감하며 내면과 외면이 교차하고 삶과 죽음이 공존하는 복합구조를 지향하는 것이다. 따라서 적대적으로 보이는 두 세계 ―예를 들어 젊음과 늙음, 남과 여, 현실과 환영……― 는 일방적으로 흘겨보지만 않는다. 물어뜯기면서 껴안고 어루만지면서 할퀸다. 모든 인물이 가해자이며 동시에 피해자인 것이다. 작가의 삶의 내력이 동인이 된 여성에 대한 고집스런 글쓰기 역시 페미니즘의 일방적인 도식에서 벗어나 있다. 어머니를 죽음에 몰아넣을 정도로 아들에 집착하는 아버지의 모습이 상처투성이의 지친 노인으로 나타나기도 하고(황토산), 어머니와 딸은 서로 사랑하면서도 질투한다(상자 속 여자). 작가의 이런 특성은 때때로 관점이 모호하다는 지적을 받기도 하지만, 정형화된 틀 속에 살아 숨쉬는 인간을 구겨 넣지 않는다는 측면에서 교조주의를 넘어선 생명력 있는 시도로 받아들여져야 할 것이다.

젊은 세대가 만드는 「우리연극만들기」에서 필자는 작가 김윤미와 다시 만났고, 「낙원에서의 낮과 밤」이라는 작품을 매개로 작가와 드라마투르그라는 새 인연을 맺었다. 그리고 첫 번째 인연에서 그가 맡았던 점쟁이의 역할을 이번에는 필자가 맡고자 한다. 드라마투르그가 할 역할은 작가의 손금의 한 획과는 같은 작품을 읽고 풀이하는 것이기 때문이다.

II. 작품 「낙원에서의 낮과 밤」

이 작품은 '낙원'이라는 이름을 가진 교외의 여관을 공간적 배경으로 삼고, 늦여름이라는 시간대에 5명의 등장인물을 축으로 전개되어진다. 이들 인물은 현실 부적응자인 지배인과 두 쌍의 남녀 손님인데, 결합을 꿈꾸는 노인과 노파가 그 한 쌍이고 중년의 유부남과 소녀가 나머지를 이룬다. 모두 7장으로 이루어진 작품은 시간이 흘러감에 따라 두 쌍의 사랑을 대조적으로 제시해 주고 있다.

'낙원' 밖에서 사랑하던 사이였던 유부남과 소녀는 '낙원'에 투숙하면서 헤어지고, 반대로 노인과 노파는 어색한 관계에서 '낙원'에 투숙하지만 귀향할 때는 결합을 약속하게 된 것이다. 그러면 작품에 대한 이런 간단한 정보를 토대로 구체적인 분석에 들어가기로 하자.

일반적으로 제목은 수용자가 작품의 실체와 직접 대면하기 이전에 만나는 하나의 기호로, 그 작품이 어떤 작품일지를 막연하게나마 암시해주는 실마리이다. 이 실마리는 첫 인상에만 머무르지 않고 수용 과정에서도 계속 작용을 미치는데, 자칫 미궁에 빠지기 쉬운 작품 속의 세세한 여러 가닥의 길을 정리해 주고 독자가 가야 할 본류를 알려주는 일종의 길잡이와도 같은 존재인 것이다. 따라서 필자 역시 작품을 분석하는데 있어서 그 출발점으로 제목을 삼고자 한다.

작가 김윤미는 「낙원에서의 낮과 밤」이라는 제목에서 작품을 이해할 수 있는 두 가지의 고리를 제시하고 있다. 당연히 '낙원'이란 말과 '낮과 밤'이다. 낮과 밤은 서로 대립되는 시간 구조이고, 낙원 역시 낮과 밤이란 설정과 마찬가지로 작품에서 대조적인 의미를 지니고 있는 것으로 보인다. 작품에서 낙원이란 도심에서 벗어난 교외의 여관이름을 지칭하기 때문이다. 화려한 호텔이 아니라 평범한 여관이라는 사실, 도심에서 벗어난 점, 휴가철이 끝난 뒤의 늦여름이라는 작품의 시간대를 고려해 볼 때, 낙원이란 말은 말 자체가 주는 일반적인 이미지와 함께 한물 가서 퇴락해 간다는 반대의 의미를 또한 동시에 내포하고 있는 것이다. 노인과 노파는 인생의 사랑을 한다는 측면에서 그러하다. 이들 인물들에게 낙원이란 한편으론 감내해야 될 삶의 장소이고

노파   뉴욕에 있을 때도 딸애와 어디 호순지 몰라도 아주 넓은 호수에 갔었어요. 일 년 내내 휴가를 즐기는 사람도 있었답니다. 그야말로 낙원이에요.

노인   낙원에서 살지 한국엔 왜 왔소.

노파   ….

노인   (미안하듯 노파의 눈치를 살피며) 허긴, 자기 살던 곳이 낙원이지. 쇠똥같이 굴러도 이승이 나은 걸.

— 4장 중에서

또 한편으론 억압 많은 일상의 삶으로부터의 도피처이기도 하다.

> 소녀   그렇게 두려우세요? 전화한 사람은 나예요. 내가 전화했어요. 댁의
> 남편과 나는 사랑하는 연인이에요. 우리는 곧 낙원으로 떠나요. 다
> 시는 돌아오지 않을 거라고 말했어요.
>
> ― 4장 중에서

죽음에 대한 공포에 시달리는 노파와 노인에겐 살아오면서 축적된 고통의 몫이 아무리 크다고 하더라도 삶이란 낙원과 같다. 반대로 아직도 살아야 할 시간이 많이 남아있는 소녀와 사내에게 그들의 삶이란 이탈하고 싶은 가상의 공간인 것이다. 이들 살고 싶은 자와 떠나고 싶은 자들이 '낙원'이라는 교외의 여관, 역동적인 삶의 장소도 아니고 완전히 현실에서 벗어나지도 못한 어중간한 장소에 모여든다. 여관 밖의 진짜 낙원의 가능성을 탐색하기 위해서이다. 그러면 이들이 낙원에서 어떤 낮과 밤을 지내는지 살펴보기로 하자. 일반적으로 낮이란 밝음/삶/운동의 시간이고 밤이란 어둠/죽음/정지의 시간이다. 작품 속에서 이런 구분은 일차적으로 등장인물들의 대조적인 연령에서 나타나고 있다. 젊은 소녀와 사내는 낮이라면 늙은 노인과 노파는 밤을 상징한다고 할 수 있기 때문이다. 두 쌍의 남녀는 무대 위에서 함께 존재하면서 서로의 젊음과 늙음을 끝없이 부각시켜주고 있다. 그러나 낮은 기울어짐을 예고하고 있고 밤은 밝음을 잉태하고 있다. 절대적으로 대립해 있는 시간대가 아니라 자신 안에 모순과 반대물을 함유하고 있는 것이다. 등장 인물들도 마찬가지이다. 삶의 막바지에서 노인과 노파는 어설프게 결합을 시도하면서 새로운 삶을 준비하고, 젊은 소녀와 사내는 사람의 정점이 내리막길로 치닫는 절망과 공허의 상태에 서 있다. 이들 등장인물 이외에는 또 한 명의 등장인물인 여관의 지배인 역시 낮에는 무기력한 부적응자로, 밤에는 과거의 악몽을 되씹고 악령들과 교감하는 마술사처럼 등장한다. 모든 인물들이 자신 안에, 그리고 관계 속에서 낮과 밤을 공유하고 있는 것이다. 낮과 밤의 이미지는 대화구조와 독백이 날실과 씨실처럼 엮이는 대사에서도 부영되어진다.

대화란 밖으로 드러나는 이야기며 외관의 세계이다. 낮이라는 시간 대처럼 밝음, 즉 보임의 세계인 것이다. 반면 독백이란 드러나지 않는 내면의 이야기로 밝음에 묻혀 보이지 않는 어둠처럼 존재하지 않는 듯이 여겨지지만, 낮이라는 현재의 순간을 만들어내는 동력이며 본질의 세계이다.

대사의 반에 달하는 독백은 작품 속에서 주로 과거에 대한 공포를 알려준다. 노파 역시 바람 피던 남편이 준 상처와 자식들을 이민 보내고 혼자 사는 삶의 스산함에 대해 주억거린다. 소녀에겐 근친상간의 욕망에 대한 공포가 있고, 사내에겐 가정을 버릴 수 없다는 중산층의 이기심이 숨어있다. 상대방을 의식하는 형식적인 대화에선 할 수 없었던 내면의 세계가 독백이라는 형식을 통해 표출되면서 외관의 모습만으로는 포착할 수 없는 복합적인 인간의 모습이 형성되어진다. 안과밖, 낮과 밤이 동시에 공존하고 있는 것이다.

그러나 이런 내면은 흐름이 일상의 세계와 마찬가지로 논리적이고 정연하게 전개됨으로써 다소 설명적이라는 인상을 주고 있다. 일반적으로 의식 흐름은 두서없이 하나의 생각이 떠올랐다가 또 다른 생각에 의해 대체되고 갑자기 비약하는 등 우연적이고 기복이 심한 편이다. 인간의 이런 파편적인 의식 구조를 짜맞추어서 전체적인 하나의 그림을 만들려는 작가의 배려가 너무 자상해서, 등장인물들은 옛날 이야기를 들려주듯이 자신의 과거사를 훑고 상대방을 만나게 된 과정을 차례대로 들려주고 있다. 밤의 이야기를 들려주면서 이야기의 전달방식은 명료함과 질서라는 낮을 선택하고 있는 것이다. 이런 아쉬움은 지배인에 의해서 어느 정도 중화되는데, 지배인은 낮에는 벙어리처럼 침묵하다가 밤이 되면 그동안 응축했던 그의 침묵이 폭발하듯이 시인처럼 악몽을 노래하고 절규한다. 논리라는 곽에 들어가지 않는 그의 외침은 때로는 광란의 장광설이 되고 때로는 비탄이 되어 과거라는 밤의 존재와 암투를 벌이고 있다. 이로써 작품의 기저를 이루는 일상적이고 사실적인 대사들이 지배인의 밤의 시와 맞물리면서, 작품은 현실과 과거, 보임과 숨김이라는 원래의 구조를 부각시키게 된다.

물론 이 간극은 위태롭다. 일상이 지나치게 부각되면 지배인의 절규는 공허하게 겉돌 것이고, 서로 다른 두 형식을 하나로 통일시킨다면 낮과 밤 중 하나의 세계만이 존재하게 될 것이다. 따라서 작가의 원래 의도인 어둠과 밝음의 공존 상태, 안과 밖의 공존 상태를 어떻게 표출 시킬 것인지, 상이한 두 형식의 말들을 유기적으로 결합시킬 것인지가 무대화의 관건이 될 것이다.

(김명화, 극작가, 연극평론가)

4. 메디아 환타지

관능적 연기에 묻힌 예술성·

월드스타' 강수연이 관능적이고 깜찍한 메디아를 연기해냈다. 그녀의 첫 연극무대 나들이인 「메디아 환타지」(김아라 연출, 김윤미 재창작)는 그녀의 국내 인기도를 증명하듯 첫 공연부터 만원이었다. 관객들은 무대 위 스타의 요염한 자태와 동작선을 뒤쫓는 재미에 1시간 20여 분의 비교적 짧은 공연시간이 어느덧 끝났는가 싶다.

그러면 스타 강수연이 창조한 개인적 대중 신화와 공연 「메디아…」의 바탕을 이루는 예술적 신화 사이에 어떤 상호작용이 일어나고 있는지를 한번 살펴보자.

공연 「메디아 환타지」의 기본 서술구조는 희랍비극 작가 에우리피데스가 희랍신화를 바탕으로 쓴 비극 「메디아」다.

아버지와 오빠를 배반하고 남편 이야손의 사랑을 택했던 여인 메디아가 두 아들을 낳은 후 이야손에게 배반당하자 자신의 두 아들을 살해한다는 끔찍한 복수비극의 이야기다.

희랍비극은 주제가 갖는 '보편적 호소력'이 큰 반면 코러스의 역할을 중심으로 한 배우와 코러스의 앙상블효과는 사실주의 연극에 익숙한 우리 연극상황에서 끝없이 도전해야 할 과제이기도 하다.

재구성·재창작된 이번 공연은 메디아의 역할을 메디아, 메디아여신

코러스로 분산시킴으로써 메디아의 역할과 인기비중을 많이 가볍게 했다.

연출은 섬세한 여성적 감각으로 화려하고 아기자기한 무대장면을 만들었다. 또한 여성코러스의 사용, 남성 역할을 여성배우가 연기하는 역할극 요소, 피아노에 의한 코러스효과 강조 등으로 실험적·해체적 공연 스타일을 시도했다.

이 공연의 관건은 메디아 신화의 해체와 메디아 인물의 재창조 및 그 무대적 재현이다. 그러나 인물에 대한 새로운 해석보다는 강수연의 요염한 열연이 눈에 띄었다. 그녀의 연기에 총체적 무대감각이 보완된다면 배신의 고통, 恨과 복수의 분노 등 다층적 감정구조를 가진 여인 메디아가 좀더 호소력 있게 우리에게 다가올 것 같다.

(심정순, 연극평론가)

5. 결혼한 여자와 결혼 안한 여자

탄탄한 구성력, 깔끔한 연출, 차분한 연기

인간에게 있어, 특히 여성에게 있어 결혼은 과연 어떤 의미를 지니는가? 안정과 행복을 보장하는 이로운 제도인가? 아니면 개인의 삶을 억제하는 해로운 제도인가. 그도 아니라면 할 수 없이 감수해야하는 필요악인가? 극단 서전이 공연중인 「결혼한 여자와 결혼 안한 여자」는 바로 이런 질문을 던지고 있다. 두 여자가 있다. 하나는 결혼을 하고 다른 하나는 결혼을 안 한다. 둘은 막연히 상대방의 처지를 부러워한다. 즉 결혼한 정애는 결혼을 안한 채 카피라이터가 됐다가 대학원에 진학하는 수인을 자아실현의 본보기로 여기는데 반해 수인은 정애의 삶을 안정된 행복의 지표로 생각한다. 그러나 사실은 둘다 괴롭다. 고달픈 직장생활에 지쳐 별 애정도 없이 서둘러 결혼한 정애는 사업을 하는 남편의 무관심과 바람기를 견뎌야함은 물론, 딸만 둘을 낳은 죄로 시댁의 눈치까지 봐야하고 결손가정에서 자란 수인은 정상적인 결혼을 갈망하지만, 내부에 자리잡은 결혼공포 때문에 결국 유부남과 이루어질 수 없는 사랑을 하다 헤어지고 만다.

그간 문학과 연극, 영화가 결혼을 소재로 한 경우는 수없이 많았는데 대부분 여성주의를 표방하는 이 작품들은 '결혼은 곧 여성의 불행'이라는 피해의식 내지 '남성은 여성의 적'이라는 이분법적 적대감을 강하게 표출하고 있다. 그러나 이 작품은 이렇듯 단순한 시각을 넘어 결혼과 상관없이 힘든 여성의 삶을 짚기에 스스로를 제약한다는 것이다. 연출 역시 이러한 핵심을 파악하듯 두 여성을 중심에 놓고 정애의 남편과 수인의 애인 등 여성 외적존재는 철저히 축소시켰다. 즉 이름마저 명시되지 않은 두 남성의 역을 대사없이 뒷모습만을 보여주었다.

이 작품이 가시적 갈등 표출을 의식적으로 자제하고 있음에도 불구하고 관객들에게 일정한 매력을 선사하는 데에는 두 여성 연기자의 공로가 결코 적지 않다. 두 여배우는 깨끗한 이미지와 차분한 연기로 느리면서도 집요한 일상의 권태와, 발산되는 힘 내부에 도사린 역설적 고뇌를 적절히 표현했다.

(오세곤, 연극평론가, 순천향대교수)

극단 서전이 공연중인 「결혼한 여자와 결혼 안한 여자」는 여성관객을 불러들이는 요소와 한국 페미니즘연극의 문제를 동시에 생각케 하는 작품이다.

남성중심의 사회에 희생되어 살아가는 여성들의 이야기를 통해 기혼여성은 정애의 불행한 부부생활을 위안 삼게 되고, 미혼여성은 수인의 이루어질 수 없는 사랑을 보며 안도하게 된다. 관성적인 결혼, 남아선호, 남편의 외도, 유부남과의 연애, 미혼모의 낙태수술 등 TV 멜로물의 주 메뉴가 그들의 현실에 대한 공감과 남성에의 분노를 유발하기도 한다.

고향친구인 두 여자가 대학졸업 후 직장생활을 하다가 전업주부와 독신의 각기 다른 길을 택하면서 겪게되는 심리적인 경험들을 섬세하게 들려준 점과 오늘의 시점에서 출발해 먼 과거로부터 다시 거슬러 올라와 현재를 재조명한 구성력 등은 탄탄해 보인다. 또 소극장의 무대가 답답해 보이지 않도록 검은색의 스크림(반투명천) 벽을 이용해 벽의 앞뒤를 최대한 활용, 공간을 잘 분할한 깔끔한 연출과 현실을 실감나게 재현하는 연기, 이러한 것들이 여성관객을 이 작품 앞에 끌어 앉히는 힘으로 작용한 듯하다.

(최준호, 연극평론가, 예술종합학교 교수)

공연예술신서 26

김윤미 희곡집

달을 쏘다

지은이/ 김윤미
펴낸이/ 이정옥
펴낸곳/ 평민사

초판 1쇄/ 2000년 5월 30일
초판 2쇄/ 2001년 8월 30일

주소/ 서울시 서대문구 남가좌2동 370-40
전화/ 02)375-8571(영업) · 02)375-8572(편집)
fax/ 02)375-8573
e-mail/ yeeuny@unitel.co.kr
등록번호/ 제10-328호

값/ 8,500원